META MILLER

FRÜHER HATTE ICH EIN LEBEN, JETZT HABE ICH SCHULPFLICHTIGE KINDER

echt EMF

META MILLER

FRÜHER HATTE ICH EIN LEBEN, JETZT HABE ICH SCHULPFLICHTIGE KINDER

ELTERNFOLTER GYMNASIUM –
eine Mutter packt aus

echt EMF

INHALT

FESTIVAL-STIMMUNG AM SCHULTOR

DER ERSTE SCHULTAG IN DER VIERTEN KLASSE

„Auf welche weiterführende Schule wird deine Tochter nächstes Jahr gehen?“ Erbarmungslos riss mich Sabine, die Mutter von Noah, an diesem ersten Schultag nach den Sommerferien mit ihrer Frage aus meinen friedlichen Urlaubsträumereien. Geradewegs und ohne Vorwarnung löste sich der Palmennebel der Kanaren in meinem Gehirn auf und ich erwachte mitten im Gedränge vorm Schultor.

Eigentlich hatte ich vorgehabt, Lilly am Morgen wie üblich an der Straße rausspringen zu lassen. Anschließend wollte ich so schnell wie möglich an den Schreibtisch eilen, wo ein matterhornhoher Berg Arbeit wartete. Doch als ich den Wagen in einer freien Parkbucht stoppte, bat mich Lilly: „Kannst du mich heute ausnahmsweise bis zum Schulhof begleiten? Nach den Ferien blockieren die Mütter immer das Tor. Ich komm da nicht durch.“

Und tatsächlich: Vor dem Schultor ging es zu wie auf einem Rockkonzert! Über die gesamte Länge des Zaunes drängten sich die Groupie-Mütter. Sie hingen mit den Armen über dem Geländer und winkten und riefen die Namen der kleinen Stars, die es schon bis auf die Schulhof-Bühne geschafft hatten. Kusshände flogen, zum Glück immerhin keine Kleidungsstücke, wie das sonst bei Musikevents üblich ist. Andere Mütter unterhielten sich lautstark – sie hatten sich ja sechs Wochen nicht gesehen. Sie gackerten und kreischten wie Teenager. Den Bürgersteig hatten sie komplett okkupiert und die halbe Straße gleich mit. Es mussten um die hundert aufgeputschte Weiber sein, da konnte einem himmelangst werden!

Ich fasste die Hand meines Töchterchens fester, wild entschlossen, ihr wie ein Eisbrecher einen Durchschlupf freizurammen. Am äußeren Rand der Traube versuchte gerade Valentina aus der Nachbarschaft, eine besonders voluminöse Dame mit Schäferhund an der Leine um Durchlass zu ersuchen. Dafür tippte das blonde Mädchen der Matrone sacht auf den Arm, doch die bekam das gar nicht mit. Kurzerhand nahmen wir Valentina in unseren Tross auf und stürzten uns zu dritt in den Kampf durch die Masse.

Es gelang uns, bis fast zum Grenzbalken mit dem feuerrot umrandeten Verbotsschild vorzudringen, der das gesamte Schulgelände dahinter zur elternfreien Zone erklärte. Doch hier war es besonders menschenvoll und eng – nichts für klaustrophobisch veranlagte Gemüter. Wir waren eingequetscht, inmitten von Parfüm- und Schweißwolken, auch nach Zigarettenqualm stank es. Ich vornedran als Bollwerk, die beiden Mädchen abgeschirmt dahinter. Gerade als ich mich bei den beiden Verehrerinnen lautstark bemerkbar machen wollte, die vor mir kreischend am Schlagbaum hingen, verlor ich meinen rechten Schuh. Ich tauchte hinab, um ihn zu suchen – da entdeckte ich unten einen kleinen Jungen. Der Knabe war besonders schmächtig geraten, und ohne seinen kunterbunten Schulranzen mit den gefährlichen Dinosauriern hätte ich ihn gar nicht bemerkt. Geistesgegenwärtig schnappte ich mit der einen Hand den Knaben am Arm, mit der anderen meinen verloren gegangenen Aschenputtelschuh – und mit dem Schwung beim Auftauchen katapultierte ich die beiden am Grenzposten lungernden Matronen auseinander. Schnell drehte ich mich seitwärts, um den mittlerweile drei Kindern den Durchschlupf zum rettenden Schulhof freizuhalten. Die drei reagierten blitzschnell, und kaum war auch der kleine Fremdling durchgehuscht, schloss sich die Lücke sofort wieder.

Gerade wollte ich unerkannt den Rückzug antreten – dabei muss ich irgendwie Sabine gestreift haben.

„Jetzt sag schon, welche weiterführende Schule soll es bei euch sein?“, wiederholte sie.

Erst gestern Abend beim Einschlafen hatte ich mir noch vorgenommen, meine beschwingte Erholungsstimmung so lange wie möglich in den Alltag hinüberzuretten. Und jetzt kam die dumme Kuh gleich Montagfrüh mit dieser Frage? So unsanft und schnell war ich noch nie in der Tretmühle zurückerwacht! „Darüber habe ich mir noch gar keine Gedanken gemacht“, versuchte ich mich fürs Erste herauszuwinden. „Wann sind denn die Anmeldungen?“

„Im März."

„Dann ist doch noch ewig Zeit." Ich winkte ab.

Sabine lächelte gequält. „Deine Ruhe möchte ich haben."

Nach sechs Wochen Sommerferien war mir ein wenig das Gehirn eingeschrumpelt. Das brauchte erst mal ein bisschen Stress und gute Industrieluft, um wieder vernünftig zu arbeiten.

Und so hatte ich bisher auch jeden Gedanken daran verdrängt, dass für mein Töchterchen heute das vierte und letzte behütete Grundschuljahr anbrach. Und dass danach der Ernst des Lebens beginnen würde! Dies hatte ich zwar damals schon beim Eintritt in die Grundschule befürchtet – doch zum Glück ging es in Lillys Grundschulklasse ähnlich beschaulich zu wie im Kindergarten. Besser gesagt: Sie fühlte sich dort geborgen und ich war nach drei Jahren immer noch froh, dass wir uns für die winzige Schule mit den uralten Kastanien auf dem Schulhof entschieden hatten. Vom Wohnort her wäre auch eine andere Grundschule infrage gekommen: ein helles, modernes Gebäude mit viel Platz und herausragenden Kletter- und Spielmöglichkeiten. Noch dazu mitten im reinen Wohngebiet, mit einem ungefährlicheren Schulweg durch den Park und fernab von jeglichem Verkehrslärm. Damals kannte ich mich hier noch nicht aus, wir waren erst kurz vor der Anmeldung in den Stadtteil gezogen. Es war eine reine Bauchentscheidung gegen diese so perfekt wirkende Grundschule: zu groß, zu modern, zu organisiert. Andere Mütter sehen das vielleicht ganz anders, aber ich bin im Herzen eben ein Landei geblieben. Wäre ich begütert und hätte die Wahl zwischen einem schicken Penthouse in der City und einem Fachwerkhäuschen mit

Gemüsegarten in der Pampa: Ich würde ohne Zögern das Häuschen nehmen.

Bei der Auswahl der Grundschule hatten wir also ein supergutes Händchen bewiesen. Hoffentlich würde uns das Glück auch diesmal bei der Entscheidung treu bleiben!

Das kommende Grundschuljahr würde ich jedenfalls ruhelos und innerlich aufgewühlt verbringen, so viel stand fest. Wir würden uns intensiv mit Schulkonzepten auseinandersetzen, würden das Für und Wider von Fachkombinationen im sprachlichen Bereich und von MINT-Schwerpunkten abwägen, würden uns zusammen mit gefühlt tausend anderen interessierten Eltern und deren mehr oder weniger begeistert dreinblickenden Sprösslingen bei den Tagen der offenen Tür über Schulflure und durch Klassenzimmer schieben lassen – und am Ende dieser Odyssee würden wir genau wissen, welche Schule das Töchterchen künftig besuchen sollte. Hoffentlich.

Auf die Schulanmeldung würden weitere nervenaufreibende Wochen folgen, in denen alle Eltern bangten, ob die Wunschschule das Töchterchen oder das Söhnchen auch tatsächlich aufnahm. Denn erfahrungsgemäß gab es mehr Bewerbungen als Plätze. Außerdem kamen oft schulinterne Kriterien hinzu, in die man keinen Einblick hatte. Beispielsweise wurde gemunkelt, dass das Risiko einer Ablehnung stieg, wenn es sich beim Spross um einen bekannten Rüpel oder um eine bekannte Rüpelin handelte. Weil mein Lillykind nun aber eigentlich ganz brav war, hoffte ich für uns das Beste. War diese erste Hürde einmal genommen, hatte ich den Rest des letzten schönen Grundschuljahres genügend Zeit, mir einen riesengroßen Kopf um die neue Schule und die Skills aller Beteiligten zu machen: Würde die Tochter den Anforderungen dort gerecht werden? Würde sie mit dem vielen Stoff und den neuen Lernmethoden klarkommen? Konnte sie weiterhin mit ihren Freunden dieselbe Klasse besuchen? Waren die neuen Mitschüler nett? Passte denn überhaupt das Einzugsgebiet? Taugten die neuen Lehrer was? Konnten sie sich in Kinderseelen hineindenken? Waren sie in der Lage, Wissen zu vermitteln? Hatten sie Humor? Mochten sie überhaupt Kinder? Hoffentlich litt keiner der Lehrer an einen Minderwertigkeitskomplex ...

Durch meinen großen Sohn war ich da ziemlich vorgeprägt. Ich hatte schon ungeheuerliche Sachen erlebt und deswegen keine hohe Meinung vom Bildungssystem, und von der Lehrerschaft erst recht nicht. Was Freunde und Bekannte an Dramen zum Thema „Sprössling versus Schule" berichteten, trug auch nicht dazu bei, dass ich dem anstehenden Entwicklungsschritt gelassen entgegensah. Genau deswegen hatte ich bis gerade eben jeden Gedanken an die weiterführende Schule aus meinem Kopf verjagt!

Von wegen *Deine Ruhe möchte ich haben!* – das war reiner Selbstschutz, weiter nichts.

ANDERE HÄUSER, ANDERE SITTEN

EIN BLICK HINTER DIE KULISSEN

Schon an diesem ersten Vormittag nach den Ferien war es also Essig mit meinem Seelenfrieden und meiner Erholung – auch mein getakteter Arbeitstag am Schreibtisch drohte den Bach runterzugehen: Ich war nur halbtags-selbstständig, stand aber immer noch vor der Grundschule. Mich schnell von hier zu verdrücken funktionierte nicht mehr, denn neben Sabine standen weitere Mütter aus Lillys Klasse. Das war mir nur in dem Tumult vorhin nicht aufgefallen. Gerade ergriff Mutter Emil das Wort. Sie absolvierte derzeit mit dem Sohn noch einmal die Grundschule. Ob sie im nächsten Jahr mit ihm die Schule wechselte oder ob sie sich doch lieber einen Job suchte, würde ich sicher gleich erfahren. „Also der Emil, der geht auf alle Fälle aufs Hans-Böckler-Gymnasium! Das habe ich mir schon ganz genau überlegt!"

Aha, aus ihrem Job wurde wohl nichts.

Eigentlich hieß Mutter Emil Bianca, doch den Namen hatte sie bei der Geburt des einzigen Sohnes abgelegt. Sie war Emils Mutter, und fertig. Kannte man Emil nur aus ihren Erzählungen, dann musste man annehmen, es handele sich um ein hochsensibles Engelchen. Doch hatte man dann Kontakt mit dem Knaben – oder besser: hatte das eigene Kind Kontakt mit dem Knaben! –, merkte man schnell, um was für einen Rabiato es sich beim kleinen Emil handelte. Er haute und trat, wenn ihm etwas nicht passte; er bockte und kniff, wenn es nicht nach seinem Willen ging. Mit Verbalattacken ließ er sich auch nicht lumpen. Der kleine Emil verhielt sich wahrlich „verhaltensoriginell".

Da fragte man sich: Wieso wichen die Realität und das Bild der Mutter so stark voneinander ab? Das ließ sich recht einfach erklären: Sobald Mutter Emil die Bühne betrat, wurde der kleine Emil ganz handzahm. Dann versteckte er sich hinterm Rockzipfel und petzte ihr schnell ein paar ihm widerfahrene Ungereimtheiten ins Ohr, die sie dann empört und augenblicklich mit der Klassenlehrerin, Frau Diesing, debattieren ging.

Mehrmals die Woche hatte Emils Mutter Gesprächsbedarf. Sei es, dass Emil im Unterricht zu sehr schwitzte, weil das Klassenzimmer zu stickig war und häufiger gelüftet werden müsse, oder dass er schon den zweiten Tag sein Frühstück nicht aufgegessen hatte und Frau Diesing bitte dringend darauf achten solle, dass er ausreichend aß und trank – schließlich sei Emil ja ein Leistungssportler und habe eine große Zukunft beim Eishockey vor sich. Wenn sein Körper im Wachstum nicht genügend Nährstoffe bekomme, sehe seine Mutter da schwarz. Das habe ihr auch der Trainer bestätigt, der habe nämlich ein Auge auf den talentierten Emil geworfen. Aber es drehte sich nicht nur um Emils Gesundheit, auch zwischenkindliche Probleme ging Mutter

Emil besprechen. Ums Weihnachtsfest herum passte ihr plötzlich die Freundschaft zum ebenfalls sehr lebhaften Philip Schmidt nicht mehr. Die beiden Burschen waren eigentlich Kindergartenfreunde und hingen auch so immer zusammen herum, weil sie ein ähnliches Temperament hatten. Doch Mutter Emil hatte sich in den Kopf gesetzt, dass Philip schlechter Umgang für den braven Emil sei. Deswegen suchte sie eines Freitags nach dem Unterricht Frau Diesing auf – so hätte die mehr Zeit, sich übers Wochenende eine Separierungsstrategie zu überlegen. Ich vermute, Frau Diesing ließ die besorgte Mutter mit ihrer Idee abblitzen, denn von dem Tag an war Emils Mutter wirklich schlecht auf die Klassenlehrerin zu sprechen. „Was werde ich froh sein, wenn der Emil da nicht mehr hingehen muss!“, informierte mich die enttäuschte Glucke nun jedes Mal, wenn wir uns zufällig über den Weg liefen. Sie wedelte dann immer energisch mit der Hand in die grobe Richtung vom Schulhaus. Manchmal war sie auch durcheinander – bei all dem Stress ja kein Wunder –, da stimmte die Himmelsrichtung dann nicht: Da wedelte sie mehr irgendwohin in den Wald hinein – aber ich wusste ja, welchen unaussprechlichen Ort sie meinte.

„Warum willst du Emil denn zum Hans-Böckler schicken?“, fragte Claudine Touré. Sie arbeitet als Vorstandssekretärin bei einer Bank in Düsseldorf, ist ewig busy und ich sehe sie nur zweimal im Jahr: am ersten Schultag und zum Elternabend. „Das Hans-Böckler ist doch ganz weit weg. Warum gibst du ihn denn nicht hier im Stadtteil aufs Waldgymnasium? Da gehen doch alle hin und er kann mit dem Fahrrad hinfahren. Da kannst du in der Zeit gut arbeiten gehen.“

„Das möchte ich nicht!“, antwortete Mutter Emil schnippisch. „Mit dem Fahrrad ist mir viel zu gefährlich! Wenn ich morgens mit dem Auto die Kinder überhole und sehe, wie die träumend durch die Gegend radeln und mir fast unter die Motorhaube schlingern: Hilfe! An der Bushaltestelle vom Schulbus sieht es auch nicht besser aus! Da müssen sich Hunderte Kinder mit riesigen Schultaschen in einen einzigen winzigen Bus quetschen! Das will ich auch nicht! Wenn ich das schon schon sehe! Der Emil ist noch so klein und so schüchtern. Die lassen den doch stehen! Der kann sich doch nicht durchsetzen! – Letztens hat mir eine Freundin erzählt, dass ihr Sohn früh oft nicht mitgenommen wird. Dann ruft er unter Tränen seine Mutter an und sie muss ihn bringen. Da fahre ich Emil lieber gleich selber zur Schule! Dann weiß ich auch, dass es ihm gut geht!“

„Für so was habe ich keine Zeit“, entgegnet Claudine. „Meine große Tochter fährt schon jahrelang mit dem Fahrrad. Egal, wie das Wetter ist! Sie ist jetzt in der achten Klasse. Bloß wenn es schneit, bringe ich sie. Und mit Lola werden wir das ganz genauso halten. – So, die Damen, ich muss jetzt gehen! Ich muss zur Arbeit!“

Das wäre die Gelegenheit gewesen, mich ebenfalls zu verabschieden; doch ich zögerte einen Moment zu lange. Außerdem wurde der Austausch zunehmend interessant, denn die immer gut gelaunte Irina aus Kasachstan krauste die Stirn: „Bist du sicher, dass Emil Empfehlung für Gymnasium kriegt? Bin ich mir bei Alina nämlich nicht sicher, die tut sich bisschen schwer. Emil schreibt meistens gleiche Note wie Alina. Wenn sie nur Empfehlung für Realschule kriegt, machen wir auch so. Ich will nicht ständig Nachhilfe bezahlen.“

Emils Mutter funkelte Irina giftig an: „Natürlich bekommt er eine Empfehlung fürs Gymnasium! Dafür sorge ich!"

Sabine neben mir grinste. „Und warum soll es ausgerechnet das Hans-Böckler sein? Ich wollte Noah auch hier am Waldgymnasium einschulen."

„Das hat einen ganz schlechten Ruf! Da gibt es nur Kinder, die die Nase ganz weit oben tragen. Und wo die Eltern sich für was Besseres halten. Und die Lehrer erst! Die sind dort genauso eingebildet!"

„Und am Hans-Böckler soll das anders sein?"

„Ja, die sind da ganz menschlich. Denen geht es darum, dass sich alle wohlfühlen."

„Woher weißt du das denn?"

„Habe ich mir alles schon vor gut zwei Jahren angesehen! Ich habe mich zuerst in den Infoelternabend gesetzt und dann mit Emil an den ganzen Veranstaltungen für die neuen Schüler teilgenommen."

„Wieso das denn?! Damals war er doch gerade mal in der ersten Klasse!"

„Na, falls er eine Klasse überspringt! Da bin ich lieber vorbereitet!"

Jesses, wäre ich vorhin doch lieber arbeiten gegangen! Es war ja ziemlich in Mode, ganz normale Kinder zu Hochbegabten umzudeuten. Eine-Klasse-Überspringen hatte ich bei Ben, meinem großen Sohn, im Grundschulumfeld schon erlebt: Da hatten auch zwei durchschnittlich begabte Jungen auf dringenden Wunsch und wohl wegen des Egos der Eltern jeweils eine Klasse übersprungen. Der eine war in der Klasse meines Youngsters gelandet (beide Eltern waren Ärzte), der andere hatte sie verlassen (sein Vater war

Bankdirektor). Nach jeweils einem Jahr dämmerte dann aber allen Beteiligten, dass den Knaben das Schuljahr schlicht fehlte, und es wäre ratsam gewesen, sie wiederholen zu lassen. Doch das wollten die Elternpaare nicht, und so setzten die beiden ausgebremsten Ferraris ihre Schullaufbahnen auf Privatschulen fort, wo man sich kostenindividuell auf ihren Wissensstand einstellte. Der eine zog sogar gleich dort ein, er ging aufs Internat. Bei Mutter Emil wagte ich den finanziellen Background in der Größenordnung Privatschule mit angegliedertem Internat allerdings anzuzweifeln.

„Und was machst du, wenn er es nicht schafft?“, fragte ich deshalb.

„Dann geht er auf die Privatschule! Da würde ich ihn eh am liebsten gleich anmelden – aber das ist mir zu teuer.“

Na immerhin, so viel war ihr schon klar.

„Nele soll auch aufs Waldgymnasium gehen“, ergriff Steffi, die Mutter von Lillys bester Grundschulfreundin, das Wort. „Das ist nah und sie kennt sich aus, weil die Klasse ja öfter mit Frau Diesing zu den Veranstaltungen hinläuft. Wir schauen uns die anderen Schulen aber trotzdem an, vielleicht ändert sich ja noch was.“
Ich nickte, das deckte sich mit meinen Gedanken.

Neben mir stand Silvia Reuth. Ihre Tochter Hanna war eine von Lillys lockereren Freundinnen. Will sagen, die Mädchen mochten sich, kamen aber auch gut ohne einander aus. „Mir ist egal, welche Empfehlung Frau Diesing für Hanna ausspricht. Ich bin Sozialarbeiterin, ich weiß, wie man Kinder fördert. Mir ist klar, dass Hanna langsamer lernt und manchmal nicht so gut mitkommt. Aber wir werden diesem Schlechten nicht nachgeben. Wir werden das Gute fördern, indem wir sie auch aufs Hans-Böckler schicken!"

Hatte ich das wirklich richtig verstanden? „Was hat das Hans-Böckler denn damit zu tun?"

„Mein Großer geht dorthin. Die haben da nicht so einen Leistungsdruck wie an den anderen Gymnasien. Das liegt am Einzugsgebiet. Das Umfeld ist dort sozial ziemlich schwach. Die Schüler sind schlechter, deswegen ist auch das Niveau angepasst. Für Hanna ist es das richtige Gymnasium. Am Ende zählt nur, dass sie das Abitur kriegt. An welcher Schule sie das macht – da kräht später kein Hahn mehr danach."

Gut, dass ich geblieben war; hier ließ sich ja kompetenzmethodisch richtig hinter die Kulissen blicken!

„Mir ist das Waldgymnasium gerade wegen des Einzugsgebiets wichtig!" Steffi schüttelte den Kopf und Nina Albers, die Mutter von Liz, einem immer sehr modisch gestylten Mädchen aus der Klasse, stimmte zu: „Genau, mir auch. Obwohl wir durch den Umzug so wohnen, dass wir zum Einzugsgebiet vom Hans-Böckler gehören. Ich bringe Liz lieber weiterhin morgens mit dem Auto her oder mein Vater macht das, der ist Rentner. Mit dem Bus und mit der Straßenbahn wäre sie fast eine Stunde unterwegs, weil sie viermal umsteigen müsste, und nachmittags das Gleiche dann zurück."

„Seid ihr alle bekloppt?" Irina regte sich auf. „Was macht ihr für Handstand wegen Schule? Schule muss so liegen, dass Kinder einfach hinkommen! Kinder gehen mindestens acht Jahre hin! Wollt ihr bis Rente Taxi spielen?"

„Natürlich! Für mein Kind mache ich das! Mir ist wichtig, dass aus Emil was wird!“

„Ist mir auch.“ Irina verdrehte die Augen. „Aus meinen Kindern wird auch was. Mir ist Wichtigstes, dass sie glücklich sind!“

„Ich überlege ja, ob Simon nicht besser die Gesamtschule besuchen soll ...“ Maren Wächter hatte bisher noch gar nichts gesagt. „Mein großer Sohn geht aufs Waldgymnasium. Er lernt nicht so gern. Besonders Vokabeln sind ein Problem. Englisch, und in der sechsten Klasse ist dann noch die zweite Fremdsprache dazugekommen. Er hat das letzte Schuljahr deswegen nur mit Ach und Krach geschafft. Das ist schon ziemlich anstrengend. An der Gesamtschule bleibt den Kindern mehr Zeit bis zum Abitur. Das ist auch für die Spätzünder gut.“

„Das mit der zweiten Fremdsprache haben die am Hans-Böckler super gelöst!“ Silvia schlug sogleich kräftig die Werbetrommel für die Problemviertelschule: „Die fangen bereits in der fünften Klasse zusätzlich mit Latein an!“

„Was ist denn daran toll?“ Ich konnte Silvia eigentlich schon immer gut leiden, aber heute taten sich doch Krater zwischen uns auf. „Wieso ist das denn super, wenn die Kinder zu all dem Neuen in der neuen Schule – Mitschüler, Lehrer, Unterrichtsstruktur und Stoffmenge – auch gleich noch eine zweite Fremdsprache pauken sollen? Die sind im Deutschen noch lange nicht fertig, können es mehr schlecht als recht schreiben, büffeln ständig Englischvokabeln und sollen dann auch noch Latein reinschaufeln? Das ist doch schrecklich! Wo bleibt denn da die unbeschwerte Kindheit?“

„Das ist doch nicht schrecklich. Schule ist kein Ponyhof! Besser sie gewöhnen sich früh daran, dass Leistung zählt. Bei meinem Erstgeborenen war es so, dass er sich am Anfang am Böckler nicht richtig wohlfühlte. Er kannte keinen und hat sehr darunter gelitten. Weil der Einstieg ins Lateinische wirklich sanft vollzogen wird, hat er da richtig gute Noten geschrieben. Und die schenkten ihm mehr Selbstvertrauen. Durch Latein kam er gut in der neuen Schule an."

„Und wie steht er jetzt in Latein? Wie hat sich das in den letzten zwei Jahren entwickelt?"

„Nun läuft es nicht mehr ganz so gut. Der Urs braucht halt ein bisschen länger. So ähnlich wie Hanna. Jetzt steht er so im Vierer-Bereich. Das tut er in den anderen Fächern aber auch."

„Emil freut sich vor allem auf den Sportunterricht am Gymnasium! Wenn dann endlich mal richtig Sport gemacht wird! Und das mit dem Singen und Klatschen hier ein Ende hat! Wenn ich Emil mittags frage, ‚Und, was habt ihr heute in Sport gemacht?', und er mir dann erzählt, ‚Wir haben Plumpsack gespielt' oder so einen anderen Kindergarten-Pipifax, frage ich mich schon: Was hat das denn bitte mit Sportunterricht zu tun? Wie sollen die denn am Gymnasium mit den Anforderungen klarkommen, wenn sie es in der Grundschule nicht lernen? Ich sage ja immer zu meinem Mann: ‚Gut, dass unser Emil so sportlich ist!'"

„Hanna gefällt das gut, wenn sie Plumpsack spielen. Sie mag solche Gruppenspiele gern leiden."

„Hanna ist ja auch unsportlich. Die will da auch keinen Leistungsdruck. Aber Emil! Der braucht das, sich mit anderen zu messen!"

„Dafür hast du ihn doch beim Eishockey angemeldet, da kriegt er seine Erfolge. Das reicht doch."

„Trotzdem. Ich bin besorgt, wenn die neuen Mitschüler dann in der fünften Klasse alles besser können als Emil, nur weil er hier auf diese Schnarchnasenschule geht."

„Emil macht das schon." Silvia legte Mutter Emil beruhigend den Arm um die Schulter. Eine Sozialarbeiterin mit Leib und Seele. Ich hätte Mutter Emil ganz schön was gegeigt, wenn sie meine Tochter so beleidigt hätte. Egal, ob das inhaltlich korrekt gewesen wäre oder nicht. Kein Wunder, dass der Bengel so rotzig war!

„Ich warte erst mal ab bis zum Elternabend!" Nina Albers stieß sich vom Zaun ab, an dem sie gelehnt hatte. „Frau Diesing wird uns schon erzählen, wie es nun weitergeht. Das vierte Schuljahr fängt ja gerade erst an, da muss ich mich nicht heute schon verrückt machen. Deswegen fahre ich jetzt auch heim und kümmere mich um mein Baby!"

Während ich noch überlegte, ob ich den Rest des Vormittags nun endlich meinem Tagwerk nachgehen sollte – oder gleich hier vorm Tor mit den anderen Müttern auf das Schulende warten –, ließ Mutter Emil noch einen kräftigen Rohrkrepierer ab: „Hoffentlich hat Emil im nächsten Schuljahr überhaupt noch Zeit für die Schule! Weil der Sport ist ihm sehr wichtig, er ist sehr ehrgeizig. Nächste Woche kommt ein Talentscout zum Training, der sucht sich die Besten raus. Der nimmt Emil mit und vielleicht noch einen anderen, der ist aber nicht halb so gut. Hach, ich bin ja so stolz auf meinen Sohn!"

„War der Scout denn schon mal da?“

„Nein, aber ich weiß das. Emil ist eben der Beste in Sport!“

Daraufhin verließ wohl auch die Mütter mit dem geruhsamsten Standfleisch die Lust auf weiteres Brainstorming, denn unser Round Table am Zaun leerte sich so schnell, als wenn ein Unwetter lostobte. Auch ich flüchtete und machte, dass ich zu meinem Auto kam.

Aus den Augenwinkeln sah ich, dass Mutter Emil mich ins Visier nahm und ebenfalls den Weg bergan einschlug. Verfolgte die mich etwa? Ich verfiel in einen leichten Trab. Der nützte mir aber nichts, denn der Verkehr ließ es nicht zu, dass ich die Straße rechtzeitig vor ihr überquerte. Emil-Mum kam neben mir am Straßenrand zum Stehen. „Auf welche Schule geht deine Tochter nächstes Jahr?“ Sie war ein wenig außer Atem. „Das Mädchen ist so still, bei der merkt man überhaupt nicht, dass sie da ist! Ich mag solche unauffälligen Kinder in Emils Klasse! Lass uns doch einen Brief ans Hans-Böckler schreiben, damit unsere Kinder wieder gemeinsam in eine Klasse kommen! Bis Schulschluss habe ich jetzt Zeit, wir könnten gleich ein Schreiben aufsetzen!“

Erst wollte ich der dummen Nuss vors Schienbein treten, doch dann besann ich mich: „Meine Tochter wird keine Schule in der Innenstadt besuchen. Dafür ist sie nämlich zu still!“

WENN PATENTE ELTERN ZICKIG WERDEN

SCHULANMELDUNG MIT HINDERNISSEN

Auf welche weiterführende Schule schicke ich mein Kind? Knapp 750.000 Grundschuleltern stellen sich jedes Jahr dieselbe Frage. Dabei ist die Wahl der Schulform noch nicht einmal das Schwierigste, die Eltern haben klare Vorstellungen. Denn Schulwahlentscheidungen sind Statusentscheidungen! Beim Elternsprechtag zeigt sich schnell, ob der Elternwille und die Vorstellung der Grundschullehrerin einen Konsens finden. Wobei deren Meinung in fast allen Bundesländern heute unwichtig ist: Dort zählt letztlich, was den Eltern genehm ist, Übertrittsbeschränkungen in Form von Notenschnitten gibt es keine.

Am beliebtesten unter den Eltern ist das Gymnasium. Ganz gleich, ob das inhaltlich die treffende Wahl für den Spross ist – es geht nun mal nichts über ein gesundes Markenimage. Darauf folgt im Beliebtheitsranking die Gesamtschule;

abgeschlagen dahinter die Realschule und ganz am Schwanzende und deshalb als Auslaufmodell: die Hauptschule.

Ich nehme mich von diesem Imagewahn nicht aus. Im Lebenslauf meiner Tochter soll natürlich ebenfalls die gymnasiale Laufbahn stehen. Und wenn möglich, im Anschluss ein Universitätsstudium. Wir Mütter und Väter reißen unseren Kindern sämtliche Türen für ihre Zukunft sperrangelweit auf, die lieben Kleinen brauchen nur noch vorsichtig, mit der Hand am Geländer, durchzutapsen und den Wegweisern zu folgen.

Nach dem turbulenten ersten Schultag war es mir zunächst gelungen, den Wechsel weiterhin in den Hintergrund zu drängen. Das lag vor allem daran, dass das Wetter nicht auf Herbst umswitchen wollte. Die strahlende Sonne schrumpelte die Sorgen klein. Die Stimmung kippte erst im November, als es draußen finster und nass und über Nacht ziemlich trostlos wurde. Ende November starten nämlich die Informationselternabende an den weiterführenden Schulen. Etwa zwei Wochen vorher werden die Grundschulen mit Prospekten und Katalogen zugeschüttet. In den meisten Fällen handelt es sich um überflüssiges Zeug, wie Hochglanzbroschüren von spielenden Kindern auf Klettergerüsten. Dass die Hüpfburg einer Schule TÜV-geprüft ist und die Plakette jährlich erneuert wird, animiert vermutlich wenige Eltern, den Spross dort anzumelden. Vielmehr zählen doch die inneren Werte: Ist die Performance des Schulleiters gut? Gelingt es ihm, seine Schule auf der Infoveranstaltung interessant und als verständnisvollen Partner zu verkaufen? Machen die älteren

Schüler beim Tag der offenen Tür an den Mitmachstationen einen gesunden, fröhlichen Eindruck? Wie schaut es mit der Mittagsbetreuung und der Hausaufgabenunterstützung aus? Handelt es sich um eine Brennpunktschule? Und nicht zuletzt: Welche Schule besuchen die Freunde? Solche Kriterien sind ausschlaggebend, da muss nicht der halbe deutsche Wald kleingehäckselt und zu Schulreklame verarbeitet werden …

Bei uns sah das wie folgt aus: Das erste Imagepaket, das Lilly nach Hause brachte, waren die Werbematerialien des Hans-Böckler-Gymnasiums in der Innenstadt, von dem Silvia so geschwärmt hatte. Zur besseren Übersicht lag ein separater Terminplan bei. „Schau, Lilly, kommenden Sonntag veranstalten die den Tag der offenen Tür. Sollen wir uns das zusammen ansehen?"

„Nein! Ich geh nirgendwo hin! Ich will auf der Grundschule bei Frau Diesing bleiben!"

„Das geht nicht! Außer du bleibst sitzen …" Möglichkeiten gäbe es.

„AUF GAR KEINEN FALL! Dann geh ich eben zum Waldgymnasium. Da gehen auch alle aus meiner Klasse hin!"

„Lass uns die anderen Schulen doch wenigstens einmal anschauen."

„Das ist nicht nötig! Ich bleibe bei meinen Freunden!"

Nach einigem Hin und Her fühlten mein Mann und ich von Lillys Schulwahlargument überzeugt. Die Kameraden waren das Wichtigste, da hatte sie schon recht. Alles andere würde sich finden. Wir ahnten nicht, wie kompliziert das alles noch werden würde.

Im Verlauf der nächsten anderthalb Woche schleppte Lilly das Infomaterial sämtlicher Schulen der Stadt nach Hause. Auch Haupt-, Real- und Gesamtschulen waren darunter. Binnen kurzer Zeit war unsere blaue Tonne randvoll.

Schließlich lud die Stadt uns Wechselpflichtige zu einem Infoabend ein, bei dem alle Schulformen gleichzeitig um die Gunst der Eltern buhlten. Freundliche Fügung: Die Veranstaltung fand im Waldgymnasium statt. Ich war spät dran, die Mitmütter aus Lillys Klasse hatten mir einen Platz freigehalten. Schön mittig zwischen ihnen, ich fühlte mich geborgen. Es war das letzte Mal, dass wir so harmonisch beieinandersaßen.

Den Pitch eröffnete die Rektorin der Gesamtschule. Sie schien das noch nie gemacht zu haben, sie tat ihrer Einrichtung keinen Gefallen. Die Leiterin der Hauptschule präsentierte sympathisch, der Direktor des Gymnasiums akzeptabel – doch der Chef der Realschule war grandios! „Ich will Sie nicht mit Fakten langweilen, davon haben wir heute schon genug gehört. Ich erzähle Ihnen lieber aus meinem Unterricht heute Morgen, als ich die letzte Mathearbeit zurückgab!“

Mir gefallen solche Schulgeschichten. Soweit das möglich war, machte ich es mir auf dem Holzstuhl mit der blasenfeindlichen Sitzfläche bequem. Ich war ganz Ohr.

„Zwischenmenschlich verhielten sich die Schülerinnen und Schüler heute … unruhig. Nicht dass ich das nicht verstehe, ich warte auch aufs Wochenende!“ Er ließ eine effektvolle Pause einfließen, indem er an seiner Brille nestelte und ins Publikum grinste. „Ich fragte also: ‚Können mich in der letzten Reihe alle hören?‘ Normalerweise wird es dann ein bisschen ruhiger. Heute rief einer zurück: ‚Ja, stört aber nicht.' Natürlich ging der Tumult daraufhin erst richtig los! Ich suchte die Arbeit des Witzbolds raus und überreichte sie ihm. ‚Warum denn eine Sechs? So eine schlechte Note hatte ich noch nie!' Ich habe ihn dann beruhigt: Das würde sich bestimmt nicht wiederholen, wenn er sich mehr anstrengte. Aber wenn nicht, würde er für die nächste Arbeit dieser Qualität eine Sieben bekommen."

Der Rektor vergaß auch nicht, das humanitäre Engagement seiner Schutzbefohlenen herauszustellen. Letztens hatten sie an die Eingangstür einen Aufruf getackert: „Jeder spendet heute 1 Euro gegen Kindesmisshandlung im Rektorzimmer!" Bei knapp 1000 Schülern sei er bis in den Nachmittag damit beschäftigt gewesen, das Geld einzusammeln – wodurch eine geplante Deutscharbeit ausfiel. Nicht nur hinsichtlich der Klausur fand er die Idee der Schüler raffiniert: Er würde die Qualität seines Deutschunterrichts noch mal überdenken.

In dieser Art erzählte er weiter, wir amüsierten uns köstlich über seine Anekdoten. „An der Stelle endet der gemeinsame Teil unseres Elternabends. Gymnasial interessierte Eltern bleiben bitte hier in der Aula sitzen; Hauptschuleltern folgen meiner netten Mitbewerberin auf den Flur, und wer sein Kind zu mir an die Realschule schicken möchte, den lade ich in die Cafeteria ein!"

In das allgemeine Stühlerücken drehte sich Sabine zu uns um: „Ich bin dafür, wir lassen das mit dem Gymnasium. Lasst uns lieber mit ihm Kaffee trinken gehen! Ich fand seine Show klasse!"

Wir lachten, sie hatte recht. Nur Steffi guckte peinlich berührt.

Doch entweder verfolgte da jede von uns schon ehrgeizig den Plan der Häuptlingsaufzucht oder Steffis Blick zog uns so runter: Wir blieben jedenfalls alle sitzen.

Trotz der großen Unruhe leerte sich der Saal kaum, die entstandenen Lücken im Publikum fielen fast nicht auf. Es gab offenbar nur noch schlaue Kinder. Das bestätigte sich auch umgehend, denn als die Saaltüren wieder schlossen, kam der Chef der Sehnsuchtsanstalt gleich zur Sache. Er schwärmte, wie umfassend man an seiner Schule die Mathegenies und Sprachtalente förderte. Im Umgang mit Hochbegabten gebe es keine Herausforderung, die zu groß sei, aber auch um die schwächeren Schüler kümmerten sie sich intensiv. Nachhilfen, Patenschaften, sonstige Förderprogramme: Sie wären in allem hervorragend ausgebildet und bestens vorbereitet. Steffi neben mir bekam einen ganz verklärten Blick. Ich hingegen konnte nur innerlich den Kopf schütteln. Glaubte der seinen Lobgesang selber?

Zu meiner Linken saß Maren Wächter. Ihr Erstgeborener hatte mittlerweile – ebenso wie meiner – seine gymnasiale Schullaufbahn vorzeitig abgebrochen. „Ich kotz gleich, wenn ich der Beweihräucherung hier weiter zuhören muss!“, knurrte sie.

Ich verstand sie gut. „Das ist das Finale, gleich hat er’s.“

Steffi runzelte die Stirn. Die Kaltfront, die von unserer Seite zu ihr rüberzog, schien sie auf ihrer Wolke durchzurütteln. „Habt ihr zwei mal darüber nachgedacht, dass das vielleicht an euren Söhnen liegt? Oder an euch? An eurer Erziehung? Die Schule kann doch nichts dafür, wenn es nicht läuft!“

Maren klatschte sich mit der flachen Hand vor die Stirn. Den Ansatz hatte sie offensichtlich noch nicht bedacht.

„Seid ihr nun auch noch beleidigt, weil euch mal jemand mit der Wahrheit konfrontiert?"

Ich zuckte die Schultern und lächelte. Wer noch kein Kind durch die Pubertät begleitet hatte, verstand manches Problem nicht. Aber das machte nichts. Sie würde schon noch dahinterkommen. Da das jedoch innerfamiliär stattfinden würde, konzentrierte ich mich hier lieber wieder auf den Direktor. Der war unterdessen bei einem hochbrisanten Punkt angelangt: der Klassenverteilung. Das war das Einzige, was mich an der ganzen Veranstaltung wirklich interessierte!

„Wir bemühen uns, die Grundschulklassen zusammen einzuschulen. Ein vertrautes Kollektiv ist für die Kinder bei der Umgewöhnung am einfachsten. Sie, liebe Eltern, brauchen sich also um nichts zu kümmern, wir erledigen das für Sie!"

Prima! Einfach nur: prima! Vielleicht sollte ich meine Einstellung der Schule gegenüber doch noch einmal überdenken. Auch Maren Wächter guckte überrascht. Steffi hatte sich wieder entspannt auf ihrer Wolke ausgestreckt und ich fühlte mich plötzlich wunderbar leicht, so als würde jemand eine Zentnerlast von meinen Schultern hieven.

Wenn es Steffi gut ging, war sie eigentlich ganz nett. Außerdem war sie die Mutter von Nele, Lillys Freundin. Nele und Tim waren seit der ersten Klasse Lillys beste Freunde. Auf dem Weg zum Auto fragte mich Steffi: „Wie fandest du es?"

„Ich bin erleichtert wegen der Klassenverteilung."

„Ich auch. Mir ist ein Stein vom Herzen gefallen, dass unsere Mädchen zusammenbleiben werden!"

Überraschend stänkerte meine Lebenserfahrung in diesen Moment und ich hörte mich sagen: „Trotzdem sollten wir unsere Anmeldungen besser zusammen abgeben. Nicht dass am Ende die Klasse schon voll ist und sie doch noch getrennt werden. Was hältst du davon?"

„Eine ausgezeichnete Idee! Genauso machen wir das!" Steffi reichte mir die Hand, wir besiegelten unseren Pakt.

Nach diesem Abend ging es mir besser. Meine Gedanken kreisten nicht mehr unaufhörlich um das Fremde, in das ich mein kleines Mädchen schicken musste. Lilly würde geborgen in ihrer Gemeinschaft in den neuen Lebensabschnitt starten. Bis auf wenige Abtrünnige, die eine andere Schulform wählten – besonders tat es mir um Hanna leid, denn Silvia würde die Idee mit der Innenstadtschule durchziehen, dafür kannte ich sie gut genug. Aber auch dieser Verlust vermieste mir die Stimmung nicht, ich blickte geradezu euphorisch in die Zukunft. Die Baustelle weiterführende Schule ruhte bis zum Halbjahr, wenn das Anmeldeformular dem Zeugnis beilag. Und auch der Weg danach lag klar vor mir.

Endlich konnte ich mich wieder in meine Arbeit stürzen. In den letzten Wochen war ich nur mit halber Kraft bei der Sache gewesen und hatte viel nachzuholen. Um mich nicht erneut zu verzetteln, legte ich meine außerfamiliären Sozialkontakte vorübergehend auf Eis. Ich meldete mich bei niemandem, ich reagierte auf keine Nachrichten, ich tauchte ab. Wie das halt so war, wenn man rund um die Uhr schuftete.

Eines Tages holte ich Lilly von der Schule ab. Am Tor traf ich Steffi. „Wir haben uns ja eine Ewigkeit nicht mehr gesehen!“, begrüßte ich sie ehrlich erfreut. Mir wurde schlagartig bewusst, dass ich die Menschen außerhalb meines Mikrokosmos vermisste.

Steffi machte einen gestressten Eindruck. „Ich habe gleich einen Termin mit der Englischlehrerin.“

„Warum? Hat Nele was angestellt?“

„Nele stellt nie etwas an!“

„Warum sprichst du dann mit Frau Wolters?“

„Wir möchten Nele in der bilingualen Klasse einschulen. Wir sind uns aber nicht sicher, ob sie das schafft. Ich möchte Frau Wolters um ihre Einschätzung bitten.“

„Wieso das denn auf einmal? Du hast doch erst letztens bei der Veranstaltung gesagt, dass Schule schon ohne Bilingual anstrengend genug sei! Vier Wochenstunden mehr Unterricht und ab der siebten Klasse Erdkunde und Geschichte komplett auf Englisch!“

„Eben drum. Aber Uwe meint, das schafft sie.“ Ach, daher wehte der Wind! Hatte ich mir ja gleich gedacht, dass der dahintersteckte! Mit ihm war ich nie warm geworden. Schon allein sein Putzfimmel ging mir auf den Geist. Wenn er seine Tochter bei uns abholte, musste sie vor dem Auto die Straßenschuhe ausziehen. Die stellte er dann im Kofferraum in eine Schmutzfangwanne. Im Wagen trug Nele Autopuschen, damit sie unterwegs nicht fror. Dass sie später auf Englisch über Palmölplantagen und den Dreißigjährigen Krieg referieren könnte, schien ihm wichtiger, als dass sie die knappe Freizeit, die das Regelschulsystem den Kindern übrig ließ, mit Sachen verbrachte, auf die sie Lust hatte. Das Kind konnte einem leidtun.

„Und was ist mit unserer Abmachung?“

Die Schulglocke schrillte und Steffi ließ mich ohne eine Antwort stehen.

Am Abend erzählte ich meinem Mann davon. Er winkte ab, er sah das pragmatisch: „Bilingualer Unterricht ist nichts für Nele. Da brauchst du dir keine Sorgen zu machen."

„Und was ist mit Lilly? Hast du für sie mal darüber nachgedacht?"

„Ich bin dagegen. Bilinguale Klassen sind modern, so wie das früher die Bläserklassen waren. Erinnerst du dich? Alle wollten in die Bläserklasse. Und dann wollten alle so schnell wie möglich wieder raus, weil das Pensum zu anspruchsvoll war. Oder was meint Lilly?"

Wir riefen die Tochter zum Gedankenaustausch hinzu. „Auf keinen Fall will ich in die bilinguale Klasse!! Tims Schwester besucht eine. Der Unterricht ist viel zu schwer! Jedes Jahr hören ein paar Kinder auf, weil sie nicht mehr mitkommen. Die sind nur noch zu neunt in der Klasse!"

Damit war die Sache für uns erledigt. Sollte Lilly später mit den anderen über Palmöl quatschen wollen, konnte sie sich das auch bei einem Auslandsaufenthalt draufschaffen.

Wie mein Mann prophezeit hatte, verschwand das Thema auch für Nele schnell vom Tisch. Doch Steffis Beratungstermin sprach sich unter den Müttern herum. War es vor ein paar Wochen ausschließlich um „Welche Schule?" gegangen, drehte sich jetzt alles nur noch um den bilingualen Zug. Eine Hysterie hatte die andere abgelöst, und so mutierte die Englischlehrerin zur gefragtesten Frau der gesamten Grundschule. In jeder Pause, am Ende jedes Schultages und auch gern zwischendurch gaben sich nun Mütter die Klinke in die Hand. Alle wollten mit Frau Wolters sprechen. Alle wollten bilinguale Sprösslinge aufziehen. Normaler Englischunterricht fand kaum noch ohne Störung statt.

Eines Tages, die dritte Schulstunde hatte gerade begonnen, eilte eine dunkelhaarige Frau über den Schulhof.

Lilly drehte sich zu Philip Schmidt um: „Deine Mama kommt! Wirst du abgeholt?"

„Denke nicht." Der Junge guckte unglücklich.

„Was will sie denn dann hier?"

„Sie will fragen, ob ich auch Bilingual machen soll …"

Es klopfte und Frau Schmidt steckte den Kopf zur Tür herein. Frau Wolters atmete tief ein und verließ den Raum.

„Aber du hast doch in Englisch eine Fünf geschrieben. Und soweit ich mich erinnere, waren deine Klassenarbeiten in den anderen Fächern nie besser als Drei."

„Sag das mal meiner Mutter!" Philip blickte fast schon panisch drein. „Ich will nicht Bilingual! Ich hab da keine Lust drauf! Ich schaff das nicht! Hoffentlich sieht Frau Wolters das auch so!"

An einem frostklaren Samstag fand dann am Waldgymnasium der Tag der offenen Tür statt. „Ich möchte nicht hingehen, Mama. Mir reicht's schon, dass ich ab nächstem Schuljahr jeden Tag dort sein muss! Lass uns lieber daheimbleiben, ich möchte mit dir kuscheln."

Doch in dem Punkt ließ ich nicht mit mir reden. Das Offene-Tür-Event an der Wunschschule war eine Pflichtveranstaltung! Es wäre nicht das erste Mal gewesen, dass es bei der Anmeldung genau auf diesen einen Besuch ankam. Allein im Jahr zuvor hatte die Schule 40 Bewerber abgelehnt, weil die maximale Klassenstärke erreicht war. Nach welchen Kriterien sie die Überzähligen aussortierte, stand nicht in der Zeitung.

„Kannst du dann wenigstens Steffi antickern? Nele und ich möchten uns gemeinsam die Stationen anschauen."

Es war kurz vor 10 Uhr, wir saßen noch am Frühstückstisch. Ich tat Lilly den Gefallen und schrieb Steffi eine WhatsApp.

„Wir waren schon dort", kam es nach einer Weile knapp zurück.

Am Montag startet die Anmeldungen. Gleich in der Früh machte ich mich mit Lillys Unterlagen auf den Weg zum Gymnasium. Als ich am Ende der Straße einparkte, entdeckte ich Steffi, die gerade das Schulgelände verließ. Ich blieb im Wagen sitzen, bis sie weggefahren war.

„Mama ...", druckste Lilly am Nachmittag herum, „als du mich heute angemeldet hast ..., hast du da einen Brief beigelegt?"

„Was denn für einen Brief?"

„Nele und Franzi haben heute in der Schule erzählt, dass ihre Eltern gemeinsam einen Brief geschrieben hätten, damit sie zusammen in eine Klasse kommen. Kannst du bitte auch einen schreiben?"

„Das ist nicht nötig, der Direktor hat beim Elternabend versprochen, dass das Gymnasium euch alle zusammen lässt. Da brauchst du dir keine Sorgen zu machen."

Am nächsten Tag nach der Schule fing Lilly wieder davon an. „Könntest du nicht doch einen Brief schreiben? Das wäre sicherer. Was passiert denn, wenn die Klasse schon voll ist? Und wenn dann ausgerechnet ich in eine andere müsste?“ Sie war den Tränen nahe. „Noahs Mama hat auch einen Brief geschrieben!“

Die letzte Aussage versetzte mich in Unruhe. Ich griff zum Telefon. Sabine bestätigte, dass sie gemeinsam mit ein paar Jungsmüttern eine Bittschrift verfasst hatte.

„Wie seid ihr denn darauf gekommen, einen Brief zu schreiben?“

„Den Tipp hat uns die Sekretärin beim Tag der offenen Tür gegeben. Ich dachte, du wüsstest davon. Habt du und Steffi keinen verfasst?“

„Bis jetzt nicht …“

„Holt das bloß schnell nach!“

Lilly war mir nicht von der Seite gewichen, sie hatte gelauscht. „Siehst du, Sabine sagt das auch! Bitte, Mama, schreibt einen, damit ich nicht allein sein muss!“

Nun hatte Steffi mich ja vermutlich nicht grundlos übergangen. Ich wusste nicht, welche Laus ihr über die Leber gelaufen war, aber alles in mir sträubte sich, ihr jetzt hinterherzulaufen. „Was hältst du davon, wenn wir gemeinsam mit Tims Mutter einen Brief aufsetzen?“

„Mit Tim geht nicht, der macht Bilingual!“ Nun fing Lilly tatsächlich an zu weinen. „Ich würde auch viel lieber mit Tim in eine Klasse gehen, der ist nicht so launisch wie Nele. Aber er will unbedingt Bilingual machen wie seine Schwester.“ Die Tränen kullerten über Lillys unglückliches

Gesichtchen. „Ich will trotzdem nicht in die bilinguale Klasse! Bitte, Mama, schreib einen Brief mit Steffi zusammen!"

Die unglückliche Kleine im Arm zu halten – mein Mutterherz übernahm augenblicklich die Oberhand über meinen Stolz.

„Okay, ich mach's!" Ich strich Lilly die nassen Haarsträhnen aus dem Gesicht. Noch während sie auf meinem Schoß saß, verfasste ich eine Nachricht an Steffi. „Liebe Steffi, ich habe gehört, man sollte einen Brief schreiben, damit Freunde zusammen eingeschult werden. Sollen wir nicht auch einen aufsetzen?"

Kurz darauf erhielt ich eine Antwort. „Wir haben einen mit Franzi geschrieben. Wir möchten, dass Nele mit Franzi in eine Klasse geht!"

Zuerst war ich geschockt. Was hatte ich ihr denn getan? Nele rief fast jeden Tag bei uns an, um die Hausaufgaben zu vergleichen. Sie war nicht sauer auf Lilly, so viel stand fest.

Ich schrieb zurück: „Was sagt Nele denn dazu? Möchte sie nicht mehr mit Lilly befreundet sein?"

Daraufhin hörte ich nichts mehr. Keine Antwort war auch eine. Lilly weinte den ganzen Abend und die halbe Nacht. Am nächsten Morgen waren ihre Augen dick verquollen und von blauschwarzen Schatten umrandet. Mein sonst so fröhliches Töchterchen hockte wie ein Häuflein Elend am Frühstückstisch. Apathisch starrte sie auf ihren Lieblingstoast: Erdnussbutter. Sie rührte ihn nicht an. Gott sei Dank war bald Wochenende.

Mitten hinein in unsere trostlose Essensausgabe vibrierte mein Handy, eine Nachricht kam an. Von Steffi: „Wir haben mit Nele gesprochen. Sie möchte mit Lilly in einer Klasse bleiben. Du kannst einen Brief aufsetzen, ich unterschreibe ihn dann morgen früh am Tor."

Lilly jubelte. Sie sprang auf und fiel mir um den Hals. „Danke, Mama! Ich weiß, wie schwer dir das gefallen ist!"

Mein kleines Engelchen. Sie so erleichtert zu sehen, alles würde ins Lot kommen.

Den Brief verfasste ich gleich nach dem Frühstück, nicht dass noch etwas dazwischenkam. Stromausfall, Hochwasser, Erdbeben – die möglichen Szenarien schienen mir endlos.

„Sehr geehrter Herr Direktor, wir, die Eltern von Nele und Lilly wünschen uns, dass unser Töchter weiterhin zusammen eine Klasse besuchen. Mit freundlichen Grüßen." Zwei Unterschriftsfelder, beide Adressen, zwei Ausdrucke, fertig.

Am nächsten Morgen fand ich mich 20 Minuten vor der Zeit am Schultor ein. Ich wusste, wie viel Wert Steffi auf Pünktlichkeit legte. Wobei „pünktlich" für sie bedeutete: eine Viertelstunde vor dem verabredeten Zeitpunkt. Ich hingegen bin die Auf-die-Minute-Ankommerin. Heute fiel es mir leicht, mich anzupassen: Im Partnerbrieffall hatte ich meine Würde ja schon vor drei Tagen begraben …

Da stand ich also mutterseelenallein vorm Tor. Weit und breit war kein Mensch zu sehen. Der Wind pfiff unbarmherzig, er kniff mir in die Wangen und biss mir in die Ohren. Er fand einen Weg zwischen Hals und Schal hindurch bis hinunter zu meinem Herzen. Der Uhrzeiger schlich langsam vorwärts, ebenso langsam trudelten die ersten Schüler ein. Endlich, als Lillys Klasse schon fast vollzählig über den

Schulhof gelärmt war, kam auch Steffi. Sie bemühte sich nicht um Eile, trotzdem begrüßte ich sie freundlich. Steffi streckte nur wortlos die Hand nach dem Brief aus. Ich sah es ihr an, Gatte Uwe hatte sich wieder eingemischt. Er schien ihr mächtig die Hölle heißgemacht zu haben, denn nachdem sie meinen Brief überflogen hatte, knurrte sie: „Unterschreib ich nicht!"

„Wieso denn nicht? Du hast doch gestern gesagt, dass Nele mit Lilly zusammenbleiben möchte. Will sie das heute nicht mehr?"

„Was Nele will, ist unerheblich!" Steffi schaute mich aus eiskalten Augen an und wedelte mit dem Brief. „Das hier ist nicht unser Wunsch! Unser Wunsch ist, dass Nele mit Franzi in eine Klasse geht!"

„Nun, wenn dem so ist." Man muss erkennen, wann ein Kampf verloren ist. Ich klickte meinen Kugelschreiber ein, drehte mich um und ging. Sie war nichts weiter als der verlängerte Arms des Pinkels. Sein Erfüllungswerkzeug. Sollten sie zusammen in ihrer Welt glücklich sein.

Bloß – wie sollte ich das Lilly beibringen? An diesem Tag arbeitete ich wieder mal nichts. Stattdessen saß ich am Schreibtisch und recherchierte alternative Möglichkeiten. Ich machte Pro-und-Kontra-Listen, ich wägte ab. Selbst dem bilingualen Zug gegenüber fühlte ich mich nun aufgeschlossen. Doch dafür war es jetzt sowieso zu spät: Die Anmeldungen waren durch. Wie gut, dass ich freiberuflich im Homeoffice arbeitete – mit meinem Privatkram und meinen Selbstgesprächen wäre ich heute garantiert aus jedem Job geflogen ...

So vertrackt sich die Situation auch entwickelt hatte – der Zufall bescherte uns doch noch ein Happy End! Am Nachmittag kam Lilly von der Schule nach Hause gerannt. Außer Atem sprang sie die Treppe herauf, der pinkfarbene Schulranzen mit den Pferdchen hopste vergnügt auf und ab. „In Deutsch hatten wir heute ‚Briefe schreiben'! Jeder bekam eine Briefmarke und durfte an eine Person seiner Wahl schreiben. Nele schlug vor, dass wir beide zusammen an den Direktor vom Gymnasium schreiben, damit er uns auf jeden Fall in dieselbe Klasse schickt! Wir haben ihm zwei Seiten geschrieben und begründet, warum wir uns das wünschen. Und zum Schluss haben wir ihm noch ein Bild von uns beiden gemalt. Mit ganz vielen Herzchen drumherum!"

DER WAHNSINN TRÄGT EINEN NAMEN: GYMNASIUM!

VERSTÖRENDER START AN DER NEUEN SCHULE

Wie stellte man es an, dass sechseinhalb Wochen Sommerferien langsamer vergingen und das Unausweichliche so weit wie möglich hinausgezögert wurde? Man stopfte die Zeit prallvoll mit Abenteuern! Als da in unserem Fall waren: einen Ort zum Kraxeln ausfindig machen; so lange im Meer herumplanschen, bis die Schwimmhäute tragfähige Ausmaße annahmen; entfernt wohnenden Verwandten mit mehrtägigem Besuch auf die Nerven gehen; irgendwo in wilder Natur zelten, damit sich das Vampirgetier vorm Winter noch mal ordentlich satt saufen konnte (Letzteres war in Zeiten des Insektensterbens besonders wichtig) und und und … Die Highlights drängten sich so dicht zusammen wie beim Wocheneinkauf die Schleckereien im Kofferraum der Familienkutsche. Und auch wenn Ihre persönliche Hitliste für eine perfekte Familienzeit bestimmt anders aussieht als meine, Sie kennen das Phänomen: Egal, wie viel man reinpackt – irgendwann ist Schluss.

Trotz meiner Verzögerungstaktik und ehe wir uns versahen, war unser Lillykind in einem kurzen feierlichen Akt in der fünften Klasse eingeschult. Bis das Glockengeläut zum Einsegnungsgottesdienst einsetzte, hatte es sich geweigert, das Auto zu verlassen. „Ich geh nicht in die neue Schule! Da könnt ihr allein reingehen! Ich kenn da keinen!"

„Aber du kommst doch mit deinen beiden Freundinnen in eine Klasse. Nele und Franzi. Ihr bleibt doch zusammen."

„Die wollen mich aber nicht mehr. Die wollen nur noch allein befreundet sein. Und außerdem will ich weiter mit Tim in eine Klasse gehen!"

„Das geht leider nicht. Der besucht die Bilinguale."

„Eben. Darum bleib ich ja auch daheim!"

Zum Glück setzte der erste Glockenschlag dieser durchaus schlüssigen Argumentationskette ein donnerndes Ende. Die Kleine wechselte die Farbe – von Tomatenrot zu Leichenblass – und öffnete die Wagentür. Sie schulterte mit gesenktem Blick ihr nagelneues blaues Ränzlein und schlich gebrochen zum Kirchenportal. Mir schnürte der Anblick die Kehle zusammen, Tränen verschleierten mir die Sicht. Mein Mann griff fest nach meiner Hand und raunte mir ins Ohr: „Untersteh dich!"

Das Weitere rauschte dann irgendwie an mir vorbei. Meine Muttergefühle ließen meinem Verstand keinen Raum zur Aufnahme äußerer Reize. Aus Erzählungen weiß ich, dass wir Familien an einem kurzen Einschulungsgottesdienst in der Kirche teilnahmen, anschließend in die Aula des Gymnasiums umzogen, wo uns die Kinder entrissen wurden und zur Ablenkung ein ebenfalls kurzes, dafür aber umso holprigeres Programm der neuen Sechstklässler präsentiert wurde. Ruckzuck fanden wir Verwaisten uns zusammen mit anderen traumatisierten Erzeugern auf dem Schulhof wieder. Sabine winkte mir zu, doch ich tat so, als sähe ich sie nicht. Eilig zog ich meinen Mann in eine abseitige Ecke hinter eine Säule. Ich wollte in meinem Schmerz um Gottes willen nicht in ein Gespräch verwickelt werden!

Die Pausenglocke ertönte. Sämtliche Glastüren des modernen Schulkastens flogen auf und spuckten lärmende Kinder älterer Jahrgänge aus. Ein paar der Schüler kannte ich vom Sehen. Weil sie eigentlich keinen unglücklichen Eindruck machten, entspannte ich mich etwas. So schlimm schien die Schule nicht zu sein.

In Nullkommanichts war der Schulhof mit gefühlt Hunderttausenden herumtobenden Kindern geflutet. Ich verlor in dem Gedränge und bei dem Gekreisch total den Überblick. Doch auf einmal teilte sich vor mir die Menge und mein Töchterchen tauchte auf wie das strahlende Licht am Ende des Tunnels. Augenblicklich wurde es um mich herum ganz still. Die Kleine lächelte mich entspannt an, während sie die wenigen Schritte auf mich zugelaufen kam. Da war es um meine Beherrschung geschehen. Ich schloss sie in die Arme und konnte meine Tränen nicht mehr zurückhalten. Es waren heiße Tränen der Erleichterung.

Doch ich hatte mich zu früh gefreut. Das merkte ich am nächsten Tag. Die allererste Hofpause als offizielle Gymnasiasten wollten Lilly und ihr bester Kumpel Tim gemeinsam verbringen. Jetzt, wo die beiden Unzertrennlichen nicht mehr im Unterricht beieinandersaßen, mussten sie die freie Zeit umso intensiver nutzen. Es schellte zur Pause und Lilly sauste auf den Pausenhof, um keine Sekunde der kostbaren Zweisamkeit mit dem Freund zu verschwenden. Der Gong war noch nicht richtig verhallt, als sie sich schon völlig außer Puste auf den Stufen vor der Aula niederließ. Mittlerweile hatte sich der Hof dicht gefüllt und Lilly war wieder zu Atem gekommen – allein der Kumpel tauchte nicht auf. Konnte er sie etwa nicht finden? Das Gewimmel aus über 1000 Kindern auf dem Schulhof waren sie nicht gewohnt. Lilly kletterte aufs Geländer, um sich von dort auf einen Mauervorsprung zu hieven. Nun konnte sie den ganzen Hof überblicken. Gerade ließ sie ihren Blick kreisen, da entdeckte sie die Hofaufsicht, die auch schon schnaubend und aufgebracht mit der Faust fuchtelnd in ihre Richtung steuerte. Geistesgegenwärtig ließ sich mein Töchterchen von der Mauer fallen und tauchte im Getümmel unter. Als die Pausenaufsicht das betreffende kleine Mädchen nicht finden konnte, biss sie in ihren Frühstücksapfel und verzog sich wieder. Lilly war zwischenzeitlich hinter den Mülltonnen in Deckung gegangen und lugte durch einen Schlitz: Das war gerade noch mal gut gegangen! Weil sie sich sorgte, dass der Kumpel sie ebenfalls nicht entdecken würde, nahm sie – da die Luft wieder rein war – erneut den Platz auf der Treppe ein. Nach etlichen Minuten endlich erschien der Kumpel, begleitet von drei fremden Kindern. „Wo bleibst du denn?“ Lilly stürzte zum Freund. „Die Pause ist doch gleich um! Ich warte schon ewig auf dich! Hast du schon neue Freunde gefunden?" Sie betrachtete die Ankömmlinge freundlich, doch der Kumpel baute sich distanziert vor ihr auf, so als kenne er sie nur flüchtig: „Ich darf nicht mit dir sprechen! Zwei Wochen lang nicht! Tschüss!"

„Wieso denn nicht? Wer sagt denn das?"

„Unsere Klassenlehrerin, Frau Strunz."

„Warum sagt sie das denn? Ich hab doch gar nichts angestellt!"

„Wir dürfen die Pausen nur mit den Kindern aus unserer bilingualen Klasse verbringen! Auch nach der Schule, am Nachmittag, dürfen wir uns nur mit denen treffen!"

„Warum denn? Was soll denn das? Man darf keinen ausschließen! Das haben wir in der Grundschule gelernt!"

„Hier ist aber keine Grundschule!" Ein Junge von der Eskorte mischte sich ein und zog Tim am Arm weg. Im Gehen fauchte der fremde Bengel Lilly an: „Wir sind jetzt groß! Und außerdem sind wir Bilingual! Wir sind schlauer als ihr! Merk dir das!"

So ließ Tim seine Freundin nun auch nicht behandeln – Frau Strunz hin oder her! Er schüttelte den Arm ab und drehte sich zu Lilly. Damit hatte der fremde Junge wohl gerechnet, denn er packte erneut zu und zischte Tim ins Ohr: „Wenn du jetzt nicht mitkommst, verpetz ich dich bei Frau Strunz!"

Während sich die Klassenlehrerin der Bilingualen besonders intensiv auf ihre neuen Küken stürzte und ihnen quasi verbot, mit den Schmuddelkindern zu spielen, fehlte in Lillys Klasse die führende Hand vollkommen: Ihre Klassenlehrerin, Frau Pfau, war verreist! Vom ersten Schultag an die ganze Woche, mit einer sechsten Klasse auf Klassenfahrt. Meine Mitmütter empörte das schlechte Timing zutiefst und sie machten ihrem Unmut Luft: „Die können doch wohl einen anderen Lehrer zur Erholung schicken! Eingewöhnung geht vor! Wenn da am Anfang was versaut wird, das holen die Kinder nie wieder auf!"

Eine der Mütter ärgerte sich so sehr, dass sie am zweiten Gammeltag mit Alibiunterricht von 9 bis 11 Uhr den Schulleiter, Herrn Machold, aufsuchte. Mich stresste die Sache nicht so sehr, sah ich doch die Vorteile: Spät kommen und früh heimgehen – wenn es nach mir gegangen wäre, hätte das die nächsten acht Schuljahre lang so bleiben können! Lesen, Schreiben und Rechnen hatten die Kinder in der Grundschule gelernt – wahnsinnig viel Nützliches würde in den nächsten Jahren vermutlich nicht dazukommen. Wegen des bisschen Englisch brauchten die hier auch nicht so eine Hektik zu machen. Schickte man eben die Kinder später für eine Weile ins Ausland, da lernten die das schon.

Doch die empörte Mutter schien den Bildungsnotstand nicht so entspannt zu betrachten wie ich und veranstaltete beim Direktor einen solchen Terz, dass der seine Stellvertreterin und Leiterin der Unterstufe, Frau Pressler, augenblicklich in die Klasse abkommandierte. Also mehr oder weniger abkommandierte, denn sie hatte in der Zeit auch noch eine andere Klasse zu unterrichten. Lehrermangel, Sie wissen schon ...

Frau Pressler rauschte also um kurz nach 10 Uhr in den Vertretungsunterricht. Dort ging es gerade drunter und drüber, die Klasse wurde von einer Referendarin beaufsichtigt. Die Aufgabe der Stunde lautete: „Macht eine Collage von eurem bisherigen Lebensweg! Zeichnet die Menschen ein, die ihr zurücklassen musstet, und vergesst auch diejenigen nicht, die neu hinzugekommen sind." Bis auf wenige Ausnahmen bearbeiteten die Kinder die Aufgabe ganz dem Geschlechterklischee entsprechend: Die Mädchen schwatzten und zickten sich an, die Jungen rauften. Keiner beachtete die Referendarin, der das aber ganz recht zu sein schien, denn sie war mit ihrem Smartphone beschäftigt. Im Klassenzimmer ging es zu wie in einem Irrenhaus.

„DAS HIER IST EIN GYMNASIUM!" Frau Pressler donnerte die Tür hinter sich ins Schloss. „UNSERE SCHULE IST EIN ORT DES LERNENS! WENN IHR HIERBLEIBEN MÖCHTET, MACHT IHR, WAS EURE LEHRERIN SAGT! – WER DAS NICHT WILL, DESSEN ELTERN RUFE ICH AN. DER KANN SICH SOFORT ABHOLEN LASSEN!"

Das saß. Solche Form kräftiger Ansprache waren die Kinder nicht gewohnt. Nachdem die Wände ausgewackelt hatten, war es totenstill im Raum. Alle schauten wie hypnotisiert zu Frau Pressler. Nach dem starken Auftritt sah sie aber auch interessant aus: Die grauen Haare standen zerzaust vom feuerroten Kopf ab und bildeten einen vitalen Kontrast zu den riesengroßen, kreidebleichen Ohren. An ihrem Hals und ihrer Stirn pulsierte jeweils eine blaue Zornesader. Keine Frage, da hätte ich mich auch gefürchtet!

„Morgen kommt ihr alle mit dem Fahrrad zur Schule! Da findet die Fahrradprüfung statt!"

Morgen? Mitten unter der Woche, ohne ein Vorbereitungswochenende dazwischen? An dem man den langen Schulweg in aller Ruhe gemeinsam hätte abradeln und über die schwierigen Stellen sprechen können? Damit am Morgen im Gewimmel aus hundert Bussen, zweitausend Fahrradfahrern und dreitausend Müttertaxen auf der Straße auch alles glattlief? Und man sich außerdem orientieren konnte, wo – verdammt noch mal! – in dem riesigen Gebäudekomplex der Fahrradkeller überhaupt untergebracht war! Und wie man dort sein Fahrrad ankettete! Also die Basics mit den Kindern durchgehen konnte, bevor sie den gefährlichen Trip in der Hauptverkehrszeit zum allerersten Mal allein bewältigen mussten. Das war doch ein mütterliches Grundbedürfnis!

Aber ich wollte ja nicht gleich am Anfang negativ auffallen. Frau Pressler würde sich schon etwas dabei gedacht haben, keine zwei Monate nach dem Grundschulfahrradführerschein noch einen Gymnasiumsfahrradführerschein draufzulegen. Das hoffte ich zumindest. Vielleicht war der neue Lappen ja auch was für Fortgeschrittene. Ich schluckte also meinen Einwand hinunter und schmiss kurzerhand meine Pläne für den Nachmittag über den Haufen. Stattdessen radelte ich mit Lilly den Schulweg ab.

Auf die Idee waren offenbar noch weitere Mütter gekommen: Im Fahrradkeller der Schule fanden wir uns unvermittelt auf einem Verkehrsübungsplatz mit Volksfestcharakter wieder. Oder beim „Tag des offenen Fahrradkellers" – wie man's nimmt.

Um uns herum schlängelten sich Fünftklässler und ihre Mütter, alle damit beschäftigt, die Fahrräder an- oder wieder loszuschließen. Neben mir vernahm ich: „Magst du einen Schluck trinken? Möchtest du ein Stück Brezel? Oder ein Äpfelchen?"

Bei solcher Hätschelei geht mir der Hut hoch! Ich habe noch nie davon gehört, dass in einem Fahrradkeller ein Verdursteter aufgefunden worden war. Von verhungerten Leichen ist mir auch nichts bekannt. Selbst junge Menschen halten angeblich ohne Nahrung länger als einen halben Nachmittag durch ...

Nach dem kurzen Kellerabstecher machten wir, dass wir fix nach Hause kamen. Unterwegs hielten wir beim Bäcker an. Gottlob, der hatte noch Brezeln! Hatte ich mir doch tatsächlich Appetit einquatschen lassen ...

Dass aber auch viele meiner Rollengenossinnen den Nachmittag anders verbracht hatten als wir, erkannte man am nächsten Morgen. Lilly radelte viel zu früh daheim los: Sie wollte in jedem Fall rechtzeitig zum Klingeln im Klassenzimmer ankommen, egal, welche widrigen Umstände ihren Weg kreuzten! Der von mir nicht vererbte, aber urdeutsche Pünktlichkeitssinn war perfekt, denn wie sich zeigte, reichte der Rückstau der Müttertaxen aus Kombis und SUVs bis fast vor unsere Haustür. Sämtliche Ampelkreuzungen zurück zur ersten Hauptstraßeneinmündung waren verstopft. Lilly traute sich nicht, mit ihrem Fahrrad die Straße zu überqueren.

Wo um alles in der Welt konnte man rund ums Schulgelände auch vernünftig anhalten, um Fahrräder auszuladen? Der um diese Zeit hochfrequentierte Radweg fiel schon mal aus, ebenso der für die Lehrerkutschen reservierte Lehrerparkplatz. Auch an der doppelt so langen Bushaltestelle lief das nicht – dort kamen im Minutentakt Busse an, die Unmengen von Schülerinnen und Schülern aller Jahrgangsstufen ausspuckten.

Der Uhrzeiger rückte inzwischen gefährlich gen 8.10 Uhr, Schulbeginn. In ihrer Not scherte eine der Glucken mit ihrem geliehenen VW-Transporter aus der Karawane aus. Sie blinkte links und heizte direkt auf den Schulhof. Der Hausmeister erlitt daraufhin beinahe einen Herzinfarkt und Frau Pressler flippte völlig aus: „SIND SIE NOCH ZURECHNUNGSFÄHIG? DAS HIER IST SCHULGELÄNDE! HIER HABEN SIE MIT IHRER STINKEKARRE NICHTS VERLOREN! ICH RUFE DIE POLIZEI! ICH ZEIGE SIE AN!"

Als die verstörte Mutter eilig den Rückwärtsgang einwerfen wollte, half das nichts: Die anderen „Fahrradkurierinnen" waren ihr gemäß des Herdentriebs dicht an der Stoßstange gefolgt. Damit gegen Mutter nebst Kind nicht auf der Stelle und noch vor Unterrichtsbeginn ein Schulverweis verhängt wurde, mischte sich Petrus in die Debatte ein. Mit einem gewaltigen Donnerschlag entlud er alle himmlischen Wasserrückhaltebecken. Und damit Frau Pressler auch garantiert das Weite suchte, warf er eine Handvoll greller Blitze hinterher. Pressler flüchtete, der erstarrte Hausmeister wurde wieder lebendig und nahm ebenfalls die Beine in die Hand – und die Sintflut spülte den VW-Transporter und die anderen Lauben vom Schulgelände. Doch der Regen bewirkte noch etwas: Er kärcherte ein graues Schild am Straßenrand. Verblichene Lettern tauchten auf: „SCHULGELÄNDE! BEFAHREN VERBOTEN!"

Die Fahrradprüfung verlief dann ohne weitere Zwischenfälle. Nele konnte allerdings nicht mitmachen, sie hatte ihren Fahrradschlüssel verloren. Weil der pünktlich zum Unterrichtsschluss um 13.20 Uhr in ihrer Jackentasche wieder auftauchte, ging ich davon aus, dass sie keinen Bock auf Regenradeln hatte. Petrus zog das mit der himmlischen Stauseeentwässerung nämlich bis zum Schulschluss durch, und als seine Vorratsspeicher abgetropft waren, entleerte er noch ein paar Karpfenteiche dazu. Deswegen erschienen am nächsten Schultag alle Kinder der 5b verschnupft – alle außer Nele.

Frau Pressler hatte den Radfahrtag zwar trocken unter einem Regenschirm verbracht, aber sie war ebenfalls verschnupft. Und zwar schlagartig ab dem Moment, als sie am nächsten Morgen das Klassenzimmer betrat. Beim Hereinkommen streifte ihr Blick nämlich den Mülleimer neben der Tür. Sie wurde leichenblass und ihre Kurzhaarfrisur stellte sich auf! Was hatte sie da entdeckt? Ratten? Nein, liebe Leser, so viel brauchte es nicht, um Frau Pressler aus der Fassung zu bringen. Humanoide Schusseleien reichten vollkommen aus, damit sie Bluthochdruck kriegte!

Und wenn es um ihr Steckenpferd ging, die Mülltrennung, drehte sie völlig am Rad. Frau Pressler war nämlich die Ansprechpartnerin für alle Sorten von Müll, die am Gymnasium anfielen. Deshalb gab es in der ganzen Schule auch keinen einzigen simplen Abfalleimer. Alle waren zwar aus gelochtem Blech geformt, wie man das kennt – doch ihr Innenleben war in Gelb, Grün und Blau unterteilt. Optisch frischte das den grauen Schulbetrieb auf wie eine bunte Blumenwiese – wohl aus diesem Grund wurde auf Hinweisschilder verzichtet, welcher Abfall in welches Fach gehörte. Um seinen Unrat richtig zu sortieren, musste man offenbar zu den Eingeweihten zählen.

Nach knapp einer Woche hatte noch niemand die Frischlinge eingewiesen, und so schmiss der gewöhnliche Jungschüler seinen Müll halt irgendwo in den Eimer. Hauptsache, er traf.

Auf diesem Weg hatte am Morgen eine Bananenschale ihre letzte Ruhe im blauen Papierfach gefunden. Vermutlich wegen des starken Farbkontrasts stach der Irrläufer Frau Pressler sofort beim Reinkommen ins Auge. Sie riss den Mülleimer aus den Angeln – und stürzte den Inhalt dem verdutzten Daniel auf den Tisch.

Außer der Bananenschale plumpsten zwei angegammelte Apfelkitschen heraus, Bonbonpapier und ein in Spucke ersäufter Kaugummi, der am Reißverschluss von Daniels Federmappe haften blieb. Zuletzt trudelten zwei benutzte Papiertaschentücher hinterher. Weil eines davon noch feucht war, blieb es zunächst kleben, Frau Pressler musste ein wenig mehr schütteln. Als alles draußen war, streckte sie ihren Kopf noch einmal tief in den Eimer, aber das Ding war jetzt leer. Der Schultag fing ja auch gerade erst an.

„So, du sortierst das jetzt richtig ein!"

Daniel blieb wie versteinert sitzen, er rührte sich nicht.

„Wird's bald?" Pressler baute sich mitsamt Eimer vor dem Knaben auf.

Endlich fand der seine Sprache wieder: „Ich war das nicht ... Ich ess keine Bananen ... Und Äpfel mag ich auch nicht ..." Er hatte die Äpfel kaum auf der Zunge, da entfleuchte ihm ein langer tiefer Rülpser, unter dessen Verlauf er sich für einen Moment nach vorn krümmte.

„Das interessiert mich nicht. Ein Klassenkollektiv wird immer in Sippenhaft genommen! Ins blaue Fach gehört das Papier! Gelb ist für die Kunststoffe! Grün für den Rest! Kontrolliert euch gegenseitig!“ Sie bohrte ihm ermunternd ihre knochigen Finger in die Schulter: „Und jetzt hab dich nicht so! Vorwärts!“

Was blieb dem armen Schüler übrig? Er hielt die Luft an und beugte sich so weit von der Tischplatte weg, dass er gerade noch mit den Fingerspitzen an den Unrat heranreichte. Dann puzzelte er vorsichtig die Einzelteile in die Sortierung. Gerade hatte er das vollgerotzte Taschentuch ins blaue Fach abgestreift, da entlud sich sein Mageninhalt in großem Schwall hinterher. Pressler schrie auf und ließ den Eimer fallen, weswegen der Rest der Soße auf dem Tisch landete. Daniel wischte sich mit dem Handrücken über den Mund. Während er sich noch sammelte, informierte ihn Nick: „Das war das falsche Fach!“

Weil es im Klassenzimmer nun unangenehm roch und weil erkälteten Kindern Bewegung an der frischen Luft guttat – vor allem aber, weil das Müllthema deutlich mehr Aufmerksamkeit verlangte –, beschloss Frau Pressler, einen Außentermin in den Unterricht einzubauen: „Damit ihr künftig alle Mülleimer der Schule im Schlaf findet, lauft ihr jetzt das Schulgelände ab und zeichnet einen Lageplan!“

„Was ist ein Lageplan?“

„Ein Lageplan ist ein Grundriss. Der enthält neben den Treppenhäusern auch jeden Mülleimer und jeden Altpapiercontainer!“

Für Fünftklässler war so etwas keine konkrete Arbeitsanweisung. Das Einzige, was sie wirklich verstanden: *„Raus auf den Schulhof!“* Deshalb stürmten sie erleichtert los. Doch so war das nicht gemeint! Frau Pressler konkretisierte darum ein wenig: „Nächste Woche sammele ich die Lagepläne ein! Dafür gibt es eine Note! – In zehn Minuten seid ihr alle wieder da!“

Natürlich waren nicht alle Kinder nach zehn Minuten wieder da. Ein paar von ihnen gingen in dem Labyrinth aus Häusern und Gängen verloren. Erst zum Ende der Stunde, kurz vorm Klingeln, tauchten die letzten wieder auf. Und handelten sich damit einen Klassenbucheintrag ein. So lernten alle gleich: Ein Klassenbucheintrag war nichts Besonderes …

Den Nachmittag verbrachte ich mit Lilly übrigens wieder auf dem Schulhof. Sie verstehen schon: Wir fertigten einen Lageplan an. Ich hatte das Klemmbrett dabei und einen Kaffee to go. Und ich traf etliche Mütter aus dem Radkeller von vor zwei Tagen wieder.

In dieser Nacht pieselte meine Tochter zum ersten Mal seit ihren Kleinkindertagen ins Bett. „Was ist denn los mit dir, mein Schatz?“, fragte ich sie, als sie mitten in der Nacht im Schlafzimmer auftauchte.

„Ich hab so Angst vor Frau Pressler …“

Der nächste Schultag startete mit Religion, unterrichtet durch Frau Herbst. Tristan hatte sein Kuschelkissen dabei, er saß darauf. Ich fragte mich häufig, mit welchem Wolfsblick Lehrer ihre 30 Schäfchen musterten – denn noch während der Begrüßung und der einleitenden Worte über die Lerninhalte des Schuljahres entdeckte Frau Herbst das Kuschelkissen. Sie zeigte mit spitzem Zeigefinger drauf: „Was soll das denn?“

„Auf dem Stuhl wird mein Popo so kalt.“

„Pack das weg! Wir sind hier nicht im Kindergarten!“

In der Stunde darauf dann Musik bei Herrn Schwach. Musik fand ebenfalls nach Plan statt, Lehrer der Nebenfächer zog es anscheinend weniger häufig auf Klassenfahrt. Vielleicht lag das daran, dass sie mehr mit Disziplinschwierigkeiten zu kämpfen hatten als die Lehrer von Hauptfächern. Diese konnten sich bestimmt besser durchsetzen, weil sie mit drei Klassenarbeiten pro Halbjahr ein besseres Druckmittel in der Hand hielten als die Lehrer der „Orchideenfächer" ohne schriftliche Leistungsüberprüfung. Jedenfalls grillte Herr Schwach schon seit ein paar Minuten zwei hyperaktive männliche Unruheherde. Als die endlich durchgegart qualmten, war Herr Schwach stark genervt.

Lilly hatte die Zeit dazu verwendet, ihr nagelneues Federmäppchen aufzuräumen. Das Mäppchen leuchtete genauso blau wie der Schulranzen und Lilly war mächtig stolz darauf. Obwohl es sich um ein „Schlampermäppchen" handelte, in das man alles wie in einen großen Sack reinwerfen konnte, hielt sie es peinlich in Ordnung: Sie sortierte die Stifte mithilfe von Schnippsgummis nach Arten und innerhalb dieser auch nach Farben. In Religion war diese Ordnung während einer Male-ein-Bild-Aufgabe durcheinandergeraten.

„Was machst du hier eigentlich?", fauchte Herr Schwach und zeigte Lilly einen Vogel. Die war zu eingeschüchtert, um zu antworten. Aber auf eine solche Frage erwartete der Lehrer vermutlich auch keine Antwort. Es ertönte ein Halali aus imaginären Jagdhörnern, und die Musikstunde war zu Ende.

Ist es ein Wunder, wenn Kinder, denen so die Flötentöne gegeigt wurden, in Zukunft wenig motiviert am Unterricht teilnehmen?

DAS EIGENE SCHULBUCH GEHÖRT DIR TROTZDEM NICHT!

LERNMITTELFREIHEIT, ADE

In Deutschland regelt jedes Bundesland die Beschaffung von Schulbüchern anders. Von der Lernmittelfreiheit in Bayern und Hessen beispielsweise, wo die Bücher den Schülern leihweise und unentgeltlich zur Verfügung gestellt werden, über eine Mietgebühr in Hamburg bis zum schulintern jährlich neu zu verhandelnden Eigenanteil wie hier bei uns in NRW gibt es viele Modelle, die die Familienbudgets unterschiedlich schwer belasten.

Die Schulkonferenz an Lillys Schule hatte sich für dieses Schuljahr auf einen Eigenanteil von 30 Euro pro Kind geeinigt: Wir sollten das Englischbuch kaufen. Hinzu kamen die Arbeitsbücher, die zu den sogenannten Verbrauchsmaterialien zählten und uns weitere 30 Euro aus der Tasche zogen. Ja, Kinder waren teuer und Schule schien zwar manchmal umsonst, war aber nicht gratis.

Nun fand ich es ungerecht, dass es in besagten Bundesländern die vollständige Lernmittelfreiheit gab. Zu lamentieren brauchte ich aber nicht – mir stand es ja frei, dorthin umzusiedeln. Weil jedoch davon auszugehen war, dass Bayern und Hessen dafür andere finanzielle Nachteile für ihre Bürgerinnen und Bürger bereithielten und sich das am Ende ausglich, blieb ich mit meiner Familie, wo ich war. Außerdem beherrschte ich es gut, mir Dinge schönzureden; das war besser für den Seelenfrieden.

Heute quatschte ich mir und meiner sparsamen Tochter das Englischbuch schön. „Schau“, sagte ich und wiegte das blitzsaubere Schulbuch in seinem makellosen Schutzumschlag liebevoll im Arm wie ein frisch gebadetes Baby: „Da kannst du alle deine Anmerkungen und Notizen reinschreiben. Das ist doch toll! Da lernst du viel nachhaltiger, als wenn du alle Infos irgendwo im Heft und auf verschiedenen Seiten zusammenklauben musst!“

Nach angemessener Bedenkzeit sah die Tochter das ein und gab sich damit zufrieden, dass sie jetzt – statt des gewünschten neuen Nintendo-Spiels – ihr eigenes Englischbuch besaß.

Dass das neue Besitztum wirklich vorteilhaft war, zeigte sich gleich bei der nächsten Hausaufgabe. Da galt es nämlich, zu knapp einem Dutzend bunter Postkartengrüße herauszufinden, wer sie verfasst hatte, und im Anschluss sollten Fragen beantwortet werden. Welche Erleichterung, die

Postkarten aus Ägypten oder Island einfach mit den entsprechenden Namen zu versehen!

Meine Tochter war happy. Ja, so ließ es sich gut lernen. Da blieb einem glatt mehr Zeit zum Spielen!

Nächste Englischstunde: wieder eine Hausaufgabe aus dem Buch. Wieder sollte etwas zugeordnet werden, außerdem waren Fragen zu beantworten. Nach einer Weile knurrte die Kleine: „Ich kann das nicht. Hilf mir bitte, Mama!“

Leicht angenervt verließ ich meinen Schreibtisch, ich hatte während der Hausaufgaben auf ungestörte Arbeitszeit gehofft. Doch ich ließ mir nichts anmerken und setzte mich mit der Kaffeetasse zu meiner Tochter. Nach einem großen Schluck überflog ich die Aufgabe. „Das ist doch einfach zu lösen! Schreib doch mal unter die Bilder, was du schon herausgefunden hast!“

„Darf ich nicht.“

„Wieso das denn nicht?“

„Wir dürfen nichts ins Buch schreiben!“

„Klar darfst du, das ist dein Buch. Habe ich letzte Woche gekauft.“

„Dürfen wir trotzdem nicht! Hat Frau Ries gesagt! Wir sollen uns das alles so merken!“

Langsam regte mich die Schule auf. „Seit wann bestimmt Frau Ries über dein Buch?“

„Sie hat gesagt, die Lehrer hätten sich darauf geeinigt, dass wir nichts ins Buch schreiben dürfen, weil die kleinen Geschwister kein vollgekrickeltes Buch kriegen wollen!“

„Wir haben aber hier keine kleinen Geschwister. Der Fall stellt sich bei uns nicht. Oder siehst du welche?“

„Das wäre aber diskriminierend für die Kinder, die welche haben!“

„Verstehe ich nicht. Ich sehe da keine Diskriminierung.“

„Das ist doch ganz klar! Die Kinder können nichts dafür, dass sie kleine Geschwister haben!“

„Du aber auch nicht. Da müssen die sich bei ihren Eltern beschweren!“

Auch wenn ich innerlich kochte, ich ließ es dabei bewenden. Was konnte die Tochter dafür, wenn der Lehrer sich etwas überlegte? Oder wie hier gleich mehrere Lehrer, das war noch schlimmer. Da konnte man sich jedes Wort sparen. Eltern mit jüngeren Kindern, die Wert auf ein notizenfreies Englischbuch legten, würden einfach ein zweites kaufen. Da war ich mir ziemlich sicher.

Dabei hatte ich auch die Bücher meines großen Sohnes aufgehoben, in der Hoffnung, sie für Lilly noch mal verwenden zu können. Genützt hatte das unserem Geldbeutel jedoch nichts. Warum? Weil mich oder das Töchterchen die gemalten Zahnlücken-Monster zur Seitenverzierung vom Erstgeborenen störten? Weit gefehlt. Nein, die Schule hatte den Verlag gewechselt und Englisch wurde jetzt mit einer anderen Lehrbuchreihe unterrichtet. Da hatte mich auch niemand gefragt, ob ich dem zustimmte – geschweige denn Rücksicht darauf genommen, dass bei uns im Bücherschrank schon seit einigen Jahren ein Englischbuch Klasse 5 schlummerte. (Die folgenden Jahrgänge übrigens auch, ich war ja nicht blöd und vergaß über dem Schulstress mit dem Bengel, dass er eine jüngere Schwester hatte!)

Aber abgesehen von meinen eigenen Kindern: Ab dem kommenden Schuljahr würden die Eltern für ihre jüngeren

Sprösslinge ohnehin neue Schulbücher kaufen müssen. Der Jahrgang meines Nesthäkchens startete nämlich als letzter am Waldgymnasium zum G8-Abitur. Ab dem nächsten Schuljahr wurde den Kindern wieder ein Jahr mehr Kindheit gegönnt und der Unterrichtsstoff mit einem zusätzlichen Schuljahr entzerrt. Sämtliche Lehrliteratur musste dafür grundlegend überarbeitet werden!

Doch ich wollte mich nicht aufregen. Lehrer hatten sowieso recht! Und das nicht nur am Vormittag …

DICKE LUFT IM KLASSENRAUM

DER ERSTE ELTERNABEND MIT ÜBERRASCHUNGEN

Nachdem wir die ersten drei Wochen am Gymnasium überlebt hatten, flatterte am Montagnachmittag eine Nachricht von Frau Pfau in mein Mailfach: die Einladung zum ersten gemeinsamen Elternabend. Beim Termin stutzte ich: das Datum war schon morgen, 19.30 Uhr, im Klassenraum. Vermutlich hatte sich hier ein Fehlerteufel ins Stellwerk geschlichen. Also schrieb ich zurück: „Haben Sie sich eventuell beim Monat vertan? Sie meinten doch bestimmt im Oktober?“

Nur zwei Wimpernschläge später verkündete mein elektronischer Briefkasten die Ankunft einer weiteren Brieftaube: „Ich vertue mich nie! Unser Elternabend findet morgen statt. Wie Sie vielleicht wissen, war ich vor zwei Wochen verreist. Da ist in der Schule einiges durcheinandergeraten.“

Echt? War mir gar nicht aufgefallen. Spontan klickte ich auf „Antworten“, verkniff es mir dann aber doch, meine Meinung dazu in Worte zu fassen. Man wollte ja nicht gleich zu Beginn in einen Fettnapf hopsen …

Am nächsten Abend schwang ich mich auf mein Fahrrad und kam sechs Minuten vor der Zeit bei dem hochmodernen, stahlgrauen Glaskasten des Schulgebäudes an. Von der schwer zu öffnenden Eingangstür gelangte ich in eine durchsichtige Schleuse, deren Scheiben etliche Risse und sternförmige Sprünge verunzierten. Welcher Superchecker konstruierte denn eine Schule aus Glas? Hätten die mich mal gefragt, ob das sinnvoll war ...

Nachdem ich die innere Sicherheitstür mit dem vollen Körpereinsatz aufgestoßen hatte, der nötig war (so ließen sich wohl auch die Schäden an den Scheiben erklären), erreichte ich ein Labyrinth aus langen Fluren, an deren Schnittpunkten weitere Sicherheitstüren den Weg versperrten. Die vollautomatischen Brandschutztüren sämtlicher Klassenräume standen in einheitlichem Winkel offen und unter der Decke hingen zwei Überwachungskameras, die das Geschehen auf dem Gang lückenlos dokumentierten. Dieser Hochsicherheitstrakt bot nicht unbedingt die Atmosphäre, die man sich nach der kunterbunten Grundschulzeit mit den ausgestellten Werken aus dem Kunstunterricht im Treppenhaus für seinen kleinen Sonnenschein wünschte. Aber wir Eltern wählten die Schulen ja nicht nach den Fluren aus; und so ein bisschen Kontrolle konnte auch nicht schaden ...

Der Klassenraum der 5b war schon gut besucht und Frau Pfau lächelte mir entgegen. „Sie sind?"

Ich schlug die Hacken zusammen. „Die Frau Miller!"

„Aha. Der Platz Ihrer Tochter ist ganz hinten in der Ecke."

Ich ergriff artig die Hand, die sie mir entgegenstreckte, dann steuerte ich Lillys Namensschild in der letzten

Bankreihe an der Wandseite an. Links außen am Gang winkte schon Anne Tränkner, die Mutter von Maria, mit der Lilly seit dem Sandkasten gemeinsam im Kirchenchor sang; der Platz zu ihrer Rechten war frei, das war wohl Lillys Platz. Rechts daneben saßen Steffi und Pina, Franzis Mutter, in ein Gespräch vertieft. Sie schienen mich nicht zu bemerken.

„Die Einladung kam ja ganz schön kurzfristig", sprudelte Anne los. „Ich musste den Hund als Babysitter daheim lassen!"

„Ich die Fische und mein Pubertier. Die sind ähnlich geeignet …" Während ich meine Tasche verstaute, verschaffte ich mir unauffällig einen Überblick. Spione machen das auch als Erstes – falls sie fix abtauchen müssen.

Die Bankreihen waren in Fenster- und Wandseite unterteilt, jeweils drei Tische nebeneinander. Ein schmaler Gang in der Mitte trennte sie. Trotz der vielen Leute, die sich in die Reihen zwängten, wirkte der Raum noch steriler als der Flur. Die Wände waren in nüchternem Graugelb getüncht. Die komplette linke Front war verglast, das Design aufgelockert von zwei vorgelagerten Fensterquadraten, die auf Kipp standen. Vorn in der Mitte die dreiflügelige grüne Tafel, rechts daneben ein Waschbecken – wie man das eben kennt. Über Eck, an der Wandseite, schloss sich die Tür an – ansonsten nichts: kein Bild, keine Uhr, alles kahl und keimfrei.

Es war heiß und stickig im Klassenraum.

„Seltsam", wandte ich mich an Anne, „außer euch dreien kenne ich hier niemanden. Nicht mal vom Sehen, vom Einkaufen oder so."

Anne fächelte sich schon die ganze Zeit mit ihrem Notizbuch Luft zu. „Geht mir auch so. Die kommen anscheinend alle von sonst woher. Haben bestimmt gedacht, das Waldgymnasium ist eine besonders tolle Schule. Die werden sich noch umgucken …"

Sie unterbrach die Wedelei und deutete mit der Kladde auf die Klassenlehrerin. „Die hat kaum was an! Darf eine Lehrerin überhaupt so freizügig herumlaufen?"

Frau Pfau in ihrem schulterfreien Top in Herbstfarben über knallengen Jeans begrüßte gerade eine Gruppe Neuankömmlinge. Zwei Mütter und zwei Väter, es ließ sich nicht erkennen, ob die einander fremd waren oder untereinander verheiratet. Nun, das eine schloss das andere ja nicht unbedingt aus. Die Herrschaften verteilten sich auf die letzten freien Plätze, der zweite Vater ließ sich mangels Stuhl auf dem Waschbeckenrand nieder.

Wo das nun bei uns hier drin so hyggelig wurde, entstressten auch endlich die Damen neben mir. „Hi Meta", begrüßte mich Pina. „Wir haben uns ja lange nicht mehr gesehen!" Steffi nickte knapp und zog ihr Strickjäckchen aus. Sie schien missgelaunt. Vielleicht litt sie auch an Kopfschmerzen, bei ihr wusste man nie.

Im gleichen Moment schloss Frau Pfau die Tür und kam ohne Umschweife zur Sache. „Wir sparen uns die Vorstellungsrunde, Sie hatten ja bereits ausreichend Gelegenheit, einander kennenzulernen. Später lassen wir eine Klassenliste herumgehen, wo Sie Ihre Kontaktdaten eintragen können. Beginnen wir mit den organisatorischen Themen: Was ist zu tun im Krankheitsfall?"

„He, stopp, das geht mir hier zu schnell!" Eine Frauenstimme in der ersten Reihe keifte los. „Zuerst will ich mal wissen, wieso Sie mit einer anderen Klasse wegfahren! Wessen Klassenlehrerin sind Sie denn? Gerade am Anfang hätten die Kinder Sie dringend gebraucht! Sie kennen hier niemanden, sie sind mit den Örtlichkeiten nicht vertraut und wissen überhaupt nicht, wie es am Gymnasium läuft! Wie erbärmlich organisiert ist diese Schule denn?" Aus den Reihen ertönte zustimmendes Murmeln und vereinzeltes Klatschen.

Ich konnte die forsche Frau nicht erkennen, sie war von meist männlichen Erzeugern verdeckt. Deswegen kippelte ich mit meinem Stuhl zu Annes Tischhälfte hinüber: „Zu welchem Kind gehört sie? Kennst du sie?"

„Ich seh nur Haare ..." Anne reckte und streckte sich, dann schüttelte den Kopf: „Noch nie gesehen. Muss eine von den Zugereisten mit den hohen Erwartungen sein!" Sie stieß mich an und wir lachten.

„Also, so eine Klassenfahrt ist kein Vergnügen für einen Lehrer!" Frau Pfau brachte sich in Stellung. „Als ich im letzten Schuljahr zusagte, die Sechste zu begleiten, wusste ich noch nicht, dass ich selber eine Fünfte übernehme. Die Klassenlehrerin der anderen ist schwanger, da konnte sie natürlich nicht mitfahren."

Die meuternde Mutter zeigte wenig Verständnis für das pränatale Dilemma: „Es gibt doch wohl noch mehr Lehrer hier an der Schule als nur Sie beide! Da hätte eben jemand anderes fahren müssen!" Endlich bekam ich freie Sicht auf die Unruhestifterin. Die Angelegenheit ging ihr sichtlich nahe: Ihr Gesicht war puterrot angelaufen und ein Schweißfilm glänzte auf ihrer Stirn. Wobei ich auch heftig schwitzte, und das ganz ohne aufrührerischen Wortbeitrag ...

„Es tut mir leid, dass unser Start in Ihren Augen so schlecht verlaufen ist. Natürlich steht es Ihnen frei, sich darüber mit der Schulleitung zu unterhalten. – Doch nun lassen Sie uns nach vorne blicken. Beginnen wir mit ein paar Informationen zum Schulbetrieb …“

Ich für meinen Teil fand dieses Prozedere okay. Ich war – bedingt durch die Erfahrung mit meinem Großen – abgehärtet, was den Schulalltag betraf. Für Ersteltern war der mitunter schwieriger zu verkraften: „Sie wollen sich doch jetzt nicht so billig aus der Affäre ziehen?!“ Die Frau stand kurz vor dem Kollaps, ihre Stimme hatte inzwischen einen hysterischen Klang. Doch der schüchterte die junge Lehrerin keineswegs ein: „Wie ich Ihnen bereits vorgeschlagen habe: Suchen Sie das Gespräch mit der Schulleitung!“ Damit überließ sie die schockierte Mutter ihrem Schicksal und erläuterte nun endlich, wie wir bei einer plötzlichen Erkrankung des lieben Kindes vorzugehen hätten.

Konnten die hier drin nicht endlich mal die Fenster richtig aufreißen? Wenn ich so schwitzte, fiel es mir schwer, mich zu konzentrieren. Deswegen lauschte ich Frau Pfaus Anweisungen nur mit einem halben Ohr. Wach wurde ich erst wieder, als sie verkündete: „Im Krankheitsfall müssen Ihre Kinder den Unterrichtsstoff lückenlos daheim nacharbeiten!“

„Lückenlos? Wie soll das denn gehen? Soll ich dann für meinen Sohn zur Schule kommen?“, meldete sich ein Vater zwei Reihen vor uns zu Wort.

„Wir vereinbaren Partnerschaften: Immer zwei Schülerinnen bzw. Schüler sind füreinander verantwortlich. Im Krankheitsfall sucht der Partner nach der Schule den Kranken auf.“

Steffi tippte sich aufgebracht an die Stirn und zischte: „Die hat wohl als Kind zu heiß gebadet?! Kommt nicht infrage, dass Nele jemanden besucht, der krank ist! Grippe, Kotzen, Krätze – was weiß ich, was es alles für ansteckende Krankheiten gibt!“ Sie bat per energischem Handzeichen ums Wort. Für mich der Moment, an einen Eimer Popcorn zu denken. Leider hatte sie sich im Griff und dampfte den Inhalt tageslichttauglich ein: „Ich finde Besuchen nicht optimal. Dürfte man den Kranken auch anrufen?“

„Das ist mir egal, solange der erkrankte Schüler alles kann, wenn er wiederkommt.“

„Und wenn nicht?“

„Dann bekommen beide einen Hausaufgabenstrich.“

„Was kann meine Tochter dafür, wenn der andere zu doof ist?“

Ohne diesen Aspekt zu berücksichtigen, übernahm der Vater von gerade eben wieder: „Milow hatte gestern Kopfschmerzen, ich rief früh in der Schule an und wollte Sie sprechen. Die im Sekretariat sagten, ich solle es in der Hofpause wieder probieren. Das habe ich gemacht. Da waren Sie aber nicht zu finden. Ich habe es insgesamt dreimal versucht, ohne Erfolg!“

„Hinterlassen Sie beim nächsten Mal eine Nachricht, ich rufe Sie dann zurück. Was wollten Sie denn von mir?“

„Na, dass Milow nicht kommt, wollte ich Ihnen mitteilen!“

Einige Eltern lachten. Den Vater brachte die Unruhe nicht aus dem Konzept, er berichtete weiter: „Punkt 13 Uhr habe ich Milow mit dem Telefon neben seine Schultasche gesetzt. Um 14 Uhr wartete er dort immer noch, dass ein Mitschüler anruft. Dabei hatte der Junge so Kopfschmerzen … Um 15 Uhr …“ Er zählte noch mehr dramatische Einzelheiten auf, bis er den armen Milow schließlich um 20 Uhr ohne Hausaufgaben ins Bett geschickt hatte.

Steffi guckte entgeistert. „Wie haben die es bis aufs Gymnasium geschafft?"

Das interessierte mich zwar auch, aber primär beschäftigte mich: Wie konnten die bis heute überleben?

Pina, die Sachlichste von uns, winkte ab: „Der ist halt 'n Mann. Männer haben keine Ahnung!"

Dieses Mal lachte die ganze Ecke um uns herum und Frau Pfau musterte mich sehr streng. Das fühlte sich an wie in meiner eigenen Schulzeit: Einer machte Blödsinn und ich war dran. Jedenfalls verging mir der Frohmut und ich schwitzte noch mehr! So ein bisschen wie in der Sauna war mir zumute. Fenster, stöhnte mein Inneres, Fenster!

Die Klassenlehrerin stellte nun die Partnerschaften zusammen. Jedem Jungen ordnete sie ein Mädchen zu.

„Milow ist wahrscheinlich nicht schlauer als sein Alter. Hoffentlich wird der Bengel nicht Neles Partner!" Auf Steffis linker Schläfe traten zwei blaue Adern hervor. Die kannte ich bereits, mit denen war nicht zu spaßen. In dem Moment verlas Frau Pfau: „Milow Lewandowski wird der Partner von …" Ihr Blick wechselte auf das zweite Blatt, ihre Fingerkuppe rutschte eine Zeile nach unten – ich hielt die Luft an – „Nele Matzke!"

Ich schaute zu Steffi. Deren Gesichtsfarbe glich der der Mutter von vorhin und nun pulsierten auch noch die zwei Kampfadern gefährlich! Die linke pochte dermaßen krass, sie drohte gleich zu platzen. „Das lass ich mir nicht gefallen! Ich ruf die morgen an!"

Mich ging das zwar nichts an, aber mir war trotzdem

immer noch verdammt heiß! Ein Gedanke durchzuckte mich: Ich würde doch nicht geradewegs in die Wechseljahre reinschlittern?! Ich wurde von einer panischen Welle der Reue erfasst: Hätte ich in meiner Jugend weniger Alkohol trinken sollen? Oder mehr Körner essen? Am besten wahrscheinlich beides! Ich atmete ein paar Mal tief und gierig ein – wie das Hunde machen: Die hecheln sich kalt. Als Anne komisch guckte, hörte ich damit auf. Stattdessen zog ich die Schuhe aus.

Lilly bekam Daniel zugeteilt, das war in Ordnung: Sie kannten sich aus der Grundschule, er hatte dort die Parallelklasse besucht.

Unterdessen fächelte Steffi ihre Zornesadern mithilfe von Neles Namensschild kühl. Ein Ausläufer des zarten Wirbellüftchens erreichte mich, das tat mir wohl.

„Wo wir einmal bei Hausaufgaben sind: Ich wollte euch wegen der Mathehausaufgabe von heute fragen!" Eine gefärbte Schwarzhaarige aus dem Mittelgang hatte sich erhoben und wandte sich direkt an uns Eltern, ohne erst den Umweg über Frau Pfau zu nehmen: „Habt ihr das gekonnt? Kann mir einer erklären, wie man das rechnet? Ich saß da heute über eine Stunde dran!"

„Was hatten die überhaupt auf?", wollte Anne wissen.

„Keine Ahnung" – ich schüttelte den Kopf –, „wahrscheinlich hat meine ihre Hausaufgaben noch nicht erledigt." Auch Pina zuckte die Schultern: „Wird so schwer nicht gewesen sein. Mathe fünfte Klasse, das geht ja wohl noch." Steffi dagegen kannte sich aus: „Die Hausaufgabe heute war überhaupt kein Problem! Nele hat das sogar allein erledigt!"

„Wenn sie es allein gemacht hat, woher weißt du dann davon?“

„Ich sitze immer daneben!“

„Die ganze Zeit?“

„Ja, klar. Wir besprechen jede Aufgabe und ich korrigiere.“

Anne tippte sich an die Stirn. „Dafür hätte ich keine Zeit.“

Um das Zeitargument schien es Frau Pfau nicht zu gehen, sie sagte scharf: „So ist das mit den Hausaufgaben aber nicht gedacht! Die sollen die Kinder allein erledigen! Sie sollen ihnen keine Hilfestellung geben, erst recht keine Lösungsansätze bieten! Und vor allem: Hören Sie auf, die Ergebnisse zu korrigieren! Wir wollen nicht wissen, was die Eltern drauf haben! Ihre Aufgabe besteht lediglich darin sicherzustellen, dass die Hausaufgaben überhaupt erledigt werden!“

„Wenn meine Tochter den Stoff in der Schule nicht versteht, muss ich ihn ihr doch erklären!“

„Nur wir Lehrer erklären! Wer bei den Hausaufgaben merkt, dass er etwas nicht verstanden hat, fragt in der nächsten Stunde nach. Davon profitieren auch die Klassenkameraden. Unser Hausaufgabenkonzept lautet: *Fördern durch Fordern!* Das können Sie auch auf unserer Homepage nachlesen. – Wir setzen in den nächsten Tagen eine freiwillige Verpflichtungserklärung für die Eltern auf, dass Sie Ihren Kindern nicht helfen. Die unterschreiben Sie dann bitte!“

Unmut regte sich im Publikum. „Bildungserfolg hängt schon immer von der Bildung der Eltern ab!“

„So war das früher. Wir wollen aber Chancengleichheit für alle Kinder erreichen!“

„Dann gängeln Sie doch die anderen, dass die ihre Kinder unterstützen!“

„Was regst du dich so auf?“ raunte ich Steffi zu. „Sie hat gesagt: ‚freiwillige Verpflichtung‘. Bei *‚freiwillig‘* mach ich grundsätzlich, was ich will.“

„Weiß ich!“, fauchte sie mich an.

Auf die Idee, Unterstützung beim Plebs einzufordern, ging Frau Pfau nicht ein, stattdessen erläuterte sie die Konsequenzen für unerledigte Hausaufgaben: Für ein Mal Vergessen gab es einen Strich im Klassenbuch, und bei drei Strichen fuhr das Schülerlein einen postalischen Brief an die Eltern ein, plus eine Nachqualifizierung.

„Und was soll ‚Nachqualifizierung‘ für ein Blödsinn sein?“ Steffis Laune sackte unaufhörlich tiefer; vom anfänglichen Kellerniveau war sie jetzt auf dem Weg Richtung Erdkern. Aber im Gegensatz zu mir ließ sich Steffi nie einschüchtern. Bis aufs Blut kämpfte sie für das, was sie als das Beste für ihr einziges Kind ansah. Insgeheim beneidete ich sie um dieses Löwinnen-Gen. In meine DNA musste sich ein friedliches Schaf reingekreuzt haben; zum Glück eines mit dem Verstand eines Fuchses: „Bedeutet Nachsitzen, klingt nur besser.“

Nachdem nun geklärt war, dass wir Alten von sämtlichen Schulutensilien – außer vom Hausaufgabenheft! – die Finger zu lassen hatten, ging es um gesunde Ernährung. Mit Liebe geschmierte Pausenbrote von daheim mitzubringen sei out, die Mülleimer würden von weggeworfenem Essen überquellen. Deswegen habe man den geschäftstüchtigen Eigentümer eines Kiosks aus der Stadt zur Eröffnung einer Außenstelle in der Mensa gewinnen können. In jeder Pause würden den

Schülern dort jetzt leckere süße Teilchen angeboten. Allerdings sei die Schlange lang, weswegen man sich gleich beim Klingeln dorthin begeben müsse, um wieder rechtzeitig zu Unterrichtsbeginn zurück zu sein.

„Und was kostet das? Ist das umsonst?"

„Schulessen wird nicht kostenlos angeboten, sonst würde es nur wieder im Mülleimer landen. Wir überlegen, die Preise stufenweise jedes Jahr ein wenig zu reduzieren, um so das Bewusstsein der Schülerinnen und Schüler für die Wertigkeit der Lebensmittel zu trainieren."

Ich stöhnte. Das klang nach einem Superplan.

„Und was soll an süßen Teilchen gesund sein?", fragte eine andere Mutter. „Sind die wenigstens bio und glutenfrei? Bieten Sie auch vegane Teilchen an?"

„Man kann auch einen Bioapfel kaufen."

„Den kauf ich lieber bei Aldi, da krieg ich für den gleichen Preis ein Kilo." Anne tippte sich an die Stirn.

„Es zwingt Sie ja keiner, einen Bioapfel zu kaufen." Dieses Mal fixierte Frau Pfau die Richtige und ließ mich in Ruhe.

Nachdem die Kalorienaufnahme besprochen war, ging es nun ums Abtrainieren: den Schulweg. Die Kinder sollten zu Fuß gehen, so wie sämtliche Generationen vor ihnen. Diesen Nachsatz betonte Frau Pfau ganz besonders. In dieser Hinsicht war *früher* also offenbar okay. Alternativ dürften die Schüler, falls der Weg zu weit sei, auch Bus und Bahn nutzen, aber zu Fuß wäre eben besser, da würden sie ihre Stadt viel intensiver erfahren. Apropos fahren: Die Schule sehe es überhaupt nicht gern, dass die Schutzbefohlen mit der Familienkutsche zum Unterricht gekarrt würden! Man denke darüber nach, in der Kastanienallee ein Fahrverbot für Eltern zu verhängen.

Der Anzugträger vor mir bezog dazu klar Position: „Das ist Diskriminierung von Eltern! Solange die Allee nicht für jedermann gesperrt ist, fahre ich, wo ich will!“ Wir Damen in der letzten Reihe nickten einmütig. Sollte er was planen, würden wir uns seiner Bewegung anschließen. Man musste jeder Form von ungerechter Behandlung solidarisch entgegentreten!

Dem wollte sich Frau Pfau anscheinend nicht stellen, denn sie bog inhaltlich in den Fahrradkeller ab. In gewissem Sinne logisch, sie unterrichtete schließlich neben Deutsch auch Sport. Beim Thema „Fahrrad“ konnte sie sich meiner ungeteilten Aufmerksamkeit sicher sein, ich war schließlich eine glühende Anhängerin von Drahteselmobilität! Aber zu Frau Pfaus Regeln: Während der Unterrichtszeit gehörten die Zweiräder sicher angekettet in den Fahrradkeller unter der alten Turnhalle. Nur dann bestehe Versicherungsschutz. Wer sein Rad auf dem Gelände abschloss, würde finanziell in die Röhre gucken, wenn ein Langfinger den Esel wegtrug.

So weit fand ich das gut. Doch dann kam es: In der folgenden Woche sollte der Fahrradkeller dauerhaft geschlossen werden, weil die Halle darüber abgerissen wurde! Und bis die einen neuen versicherungstauglichen Keller errichtet hatten – hoffentlich dauerte das nicht genauso lang wie der Bau unseres schicken neuen Hauptstadtflughafens …

„Was passiert dann ab nächster Woche mit dem Versicherungsschutz? Wer ersetzt die Fahrräder bei Diebstahl?“ Eine berechtigte Frage – doch Frau Pfau zuckte bedauernd die Schultern: „Es wäre klug, wenn Ihr Kind erst mal nicht das teuerste Rad für den Schulweg nimmt.“

„Was meint die denn, wie viele Fahrräder bei uns rumstehen?“ Anne tippte sich erneut an die Stirn. „Ich besitze nicht mal ein eigenes!“

Der nächste Programmpunkt war die Wahl des Klassenpflegschaftsvorsitzenden und seines Stellvertreters.

„Wer stellt sich zur Wahl?“

Zuerst reagierte keiner und ich zog geschwind den Kopf ein. Jetzt bloß nicht mit irgendeinem Körperteil zucken! Auch nicht mit den Ohren wackeln und keine Grimasse schneiden – man kannte ja die Situationen, in denen Missverständnisse entstanden. Ehe man sich's versah, zack, hatte man einen freiwilligen Klotz am Bein. Zum Glück gab es bei jeder größeren Zusammenkunft ein paar Leute, die die Geschicke lenken wollten. Manche suchten sich so einen Vorteil zu verschaffen, andere waren wirkliche Idealisten, die etwas bewegen wollten. Zu meiner Freude zeigte der Anzugträger vor uns Interesse an dem Posten. (Wie hielt der das eigentlich hier drinnen mit Schlips und Kragen aus?) Auch die Bio-Mutter bewarb sich nun.

Frau Pfau schaute sich um. „Niemand sonst? Na schön. Da es nur zwei Kandidaten gibt, können wir auf eine geheime Wahl verzichten. Ich muss Sie dazu aber um Abstimmung bitten, damit nicht jemand im Nachhinein das Ergebnis anficht. Sonst müssten wir die Wahl nämlich wiederholen. Wer ist für eine geheime Wahl?“

Ich verstand nur Konjunktiv und „wiederholen“. Unsere ganze letzte Reihe meldete sich. Frau Pfau zog die Augenbrauen hoch. Das veranlasste den Anzugträger, sich nach uns umzudrehen. „Was ist mit euch los, Mädels? Dampfen euch die

Gehirne? Wie lange wollte ihr denn noch in dem Gewächshaus hier rumsitzen?"

„Wieso? Wir wollen heim!"

„Dann hört richtig zu, Mensch! ‚Geheim' bedeutet, wir basteln erst mal Zettel, suchen einen Hut, rühren kräftig um – und wenn's unentschieden ausgeht, wiederholen wir!"

„Ach sooo!" Anne stieß mich an. „Nimm den Arm runter! Bei den Temperaturen hier kann man ja nicht klar denken!" Auch Pina und Steffi hatten mittlerweile den Irrtum bemerkt.

Der Anzugträger feixte. „In der Gruppe soll sich ja die Intelligenz des Einzelnen stark reduzieren ..." Der Schweiß lief ihm in zwei Rinnsalen den Hals hinunter und verschwand im Kragen. „Ich kriege hier drin noch einen Koller! Kann jemand bitte mal die Fenster aufreißen?"

Darauf schien die Unruhestifterin von vorhin gewartet zu haben. Sie erhob sich und reckte den Arm zum Fenstergriff. „STOPP!", rief Frau Pfau. „Das ist verboten!"

„Was ist verboten?"

„Wir dürfen keine Fenster öffnen!"

„Kriegt keiner mit, wir petzen nicht!" Der Anzugträger würde uns retten. Er zog seinen Schlips ab. Die Mutter drehte den Knauf – der Knauf blockierte. „Ist abgeschlossen. Kann ich bitte den Schlüssel bekommen?"

Frau Pfau schüttelte den Kopf. „Ich habe keinen. Schlüssel hat nur die Schulleitung!"

„Wie lüften Sie denn dann hier drin?"

„Die Fenster sind gekippt."

„Und warum dürfen Sie in Ihrem eigenen Klassenraum kein Fenster öffnen?"

„Damit sich niemand rausstürzt."

KÖNNEN JUNGEN UND MÄDCHEN FREUNDE SEIN?

DIE NEUE SITZORDNUNG SORGT FÜR WIRBEL

Wie bereits erzählt, war Frau Pfau zu Anfang des Schuljahres mit einer sechsten Klasse „fremdgegangen“ und musste sich nach der Aufregung ein paar Tage erholen. So kam es, dass manches organisatorische Thema verspätet abgehandelt wurde – oder auch gar nicht. Denn endlos viel Zeit bis zu den Zeugnissen blieb nicht und die Schule musste den Kindern ja etwas beibringen; sie hatte schließlich einen Bildungsauftrag!

Es war deshalb schon kurz vor den Herbstferien, als Frau Pfau in ihrer Klassenleiterstunde (auch Soziales Lernen genannt) das Kennenlernen auf die Agenda hievte. „Damit ihr als Klassengemeinschaft zusammenwachst, spielen wir ab morgen ein Spiel! Ich schreibe alle eure Namen auf Zettel und jeder zieht einen. Wen ihr gelost habt, zu dem seid ihr in den nächsten zwei Wochen besonders nett! Keiner verrät, wen er zieht.“

Lilly fürchtete sich vor dem nächsten Tag. „Was ist, wenn ich einen von den Blödmännern ziehe?“ Nach sechs Wochen Schule waren die Sympathieclaims klar abgesteckt. Eigentlich genügte dafür schon eine Woche, maximal zwei. Danach fanden nur noch unbedeutende Gunstverschiebungen statt. „Was soll ich denn machen, wenn ich einen von den Strebern erwische? Reicht morgens kurz anlächeln? Weil sagen will ich zu denen nichts!“

Natürlich passierte es, wie meine Tochter schon beim Einschlafen befürchtet hatte: Sie zog einen Jungen namens Linus.

„Ist der neu? Von dem hast du ja noch nie erzählt.“

„Den kann ich voll nicht leiden! Der ist ein fürchterlicher Streber. Meldet sich ständig, weiß wenig und petzt den halben Tag. Was soll ich bloß mit dem machen?“

„Mach das mit dem Begrüßungslächeln morgens, das reicht.“

Lilly war mit dem Rat zufrieden und vergaß ihr Dilemma für den Rest des Nachmittags.

Ein paar Tage nach den Herbstferien fand die nächste Klassenleiterstunde statt. „Habt ihr bemerkt, wer euch gezogen hat?“

„Nö. Alles wie immer.“

„Das ist schlecht. Dann verlängern wir um zwei weitere Wochen!“

„Könnten wir wenigstens noch mal neu losen?“

„Nein.“

„Wieso denn nicht? So bekämen wir die Chance, jemanden zu ziehen, den wir mögen.“

Lehrer verfolgten mit ihrer Unterrichtsmethodik einen Plan. Meistens jedenfalls. „Ihr sollt euch aber nicht mit den Kindern abgeben, die ihr schon kennt. Ihr sollt mit den anderen Freundschaft schließen!"

„Will ich nicht. Ich such mir meine Clique selber aus."

Dass Frau Pfau eisern blieb und keine neue Glücksrunde gestattete, verdross meine Tochter indes etwas weniger als andere: „Beim Losen hab ich eh immer Pech. Ich erwisch immer die Nieten."

Vermutlich waren Frau Pfau die geringen Erfolgschancen ihrer Gameshow schon vorher klar gewesen, denn sie hatte über die Ferien eine neue Sitzordnung ausgetüftelt. Eine Art Kuschelstrategie, damit in der Klasse künftig mehr geschlechterübergreifende Interaktion stattfand.

Normalerweise gaben sich in dem Alter meist Mädchen mit Mädchen ab und die Jungen suchten die Nähe ihrer eigenen Geschlechtsgenossen. So hatte das schon früher in der Höhle funktioniert: Während die Frauen am Feuer tratschten und sich um die Kinder kümmerten, zogen die starken Männer mutig auf die Jagd. Damit dieses Klischeedenken endlich in der Tonne verschwand und Girls lernten, ihre Mammuts selber zu erlegen, aus denen schürzetragende Knaben später leckeres Gulasch zubereiteten, lautete der neue Sitzplan: Junge – Mädchen – Junge – … und so weiter abwechselnd.

Dieser Denkansatz schien den Lehrern derzeit auf allen Fortbildungen eingetrichtert zu werden, denn meine Elternbekannten von anderen Schulen berichteten Selbiges.

Nun steckten aber Sprösslinge der fünften Klasse in einem Zwischenalter der Entwicklung, einer Art Sandwichalter: Sie waren keine kleinen Kinder mehr, aber noch bei Weitem keine Jugendlichen. Hatten sie im Kindergarten und in der Grundschule ihre Freunde allein nach dem passenden Temperament ausgewählt, so schalteten sie ab jetzt vermehrt das Köpfchen ein. Sicher lag das an der einsetzenden Pubertät. Auf einmal strömten Hintergedanken in das unbefangene, kindliche Spiel und es wurde wichtig, was die anderen dachten. Kaum sprach ein Junge mit einem Mädchen, mobbten die Klassenkameraden: „Bäh, die sind verliebt! Die küssen sich bestimmt heimlich. Das ist ja eeeeekelig!"

Man wollte als Kind keine imagefeindliche Sitzordnung und suchte dagegen Mittel und Wege. Eine Möglichkeit tat sich gleich in der nächsten Stunde auf: im Musikunterricht. Die Sitzreihe hinter Lilly beschloss, den druckfrischen Plan zu ignorieren, und platzierte sich: Junge, Junge, Mädchen, Mädchen und noch zwei weitere Mädchen daneben. Schüler versuchten das halt, es lag in ihrer Natur. Und wie es ebenfalls in deren Natur festgeschrieben stand, quatschten die herzigen Knaben und die süßen Mädchen untereinander munter drauflos. Nach zehn Minuten Unterrichtszeit wurde es Herrn Schwach zu bunt: „Der erste Junge und das vorletzte Mädchen tauschen mal die Plätze!"

Der Umzug wäre auch reibungslos vonstattengegangen, hätte sich nicht Kevin zu Wort gemeldet: „Herr Schwaaach!" Er schnipste Dauerfeuer zwischen Daumen und Mittelfinger. „Herr Schwach, die sitzen nicht nach der Sitzordnung! Frau Pfau hat vorhin einen neuen Plan gemacht! Die haben sich einfach umgesetzt!"

Und was tut Herr Schwach? Weist er den Denunzianten zurecht? Klärt er ihn auf, dass man unter Kameraden nicht petzt? „Danke, Kevin. Dafür kriegen alle sechs einen Klassenbucheintrag!"

Schüler, drum merke: Der Feind lauert häufig in den eigenen Reihen!

Noch eine zweite volkstümliche Binse schaffte es heute außer der Reihe auf den Lehrplan: Kevin, als schadenfrohes Kameradenschwein, verspürte nämlich aufgrund seines Triumphes einen so gewaltigen Druck, dass er den Adrenalinkick nicht anders zu regulieren wusste, als heftig den Unterricht zu stören. Allein machte er mehr als doppelt so viel Rabatz wie die sechs Sünderlein zuvor gemeinsam. Die verhielten sich nach ihrer Verewigung im Buch der Bücher mucksmäuschenstill.

Weil Kevin es immer doller trieb und Herrn Schwach gleichsam hemmungslos um Separierung anflehte, ließ der sich nicht lumpen und verfrachtete das Jüngelchen nach nebenan in den Computerraum. Astreines Lehrbeispiel: Hochmut kommt vor dem Fall!

Danach war endlich Ruhe und Herr Schwach dockte sein Tablet an den Beamer an. Auf der Leinwand zwischen Tafel und Lehrerpult erschien der Text zu *Blue* von Eiffel 65. Nach den Startschwierigkeiten vom September hatte sich Musik zu einem Wochenhighlight entwickelt: Im Musikunterricht wurde nämlich gesungen! Jede Stunde schlug ein Schüler einen Lieblingstitel aus den aktuellen oder früheren Charts vor und dann wurde Karaoke gemacht:

Die Melodie kam aus der Konserve, der Text stand an der Wand. Dabei lernte man nicht unbedingt etwas, es machte aber unheimlich Spaß.

Der Refrain von *Blue* ist auch wahrhaft kinderfreundlich, lassen Sie den mal auf sich wirken …

I'm blue da ba dee da ba daa
Da ba dee da ba daa …

Jedenfalls klang die Weise so kraftvoll und in den Harmonien so mitreißend, Lehrer und Kinder vergaßen die anfängliche Missstimmung vollkommen. Als es klingelte, packten sie flink zusammen und stürmten in die Mittagspause.

Im letzten Block stand dann noch einmal Deutsch bei Frau Pfau auf dem Stundenplan. Weil sich das so gehörte, überprüfte diese zu Beginn per Häkchenkontrolle die Anwesenheit. Bei Kevin stutzte sie. „War ihm nicht gut? Ist er schon nach Hause gegangen?"

Verflixt, der saß ja noch im Computerraum! Seit fast drei Stunden schon! Disziplinarisch bewirkt hatte die lange Auszeit trotzdem nichts. Wenn man es zusammenrechnete, verbrachte Kevin jede Woche ein paar Stunden allein im Computerraum.

Damit er nicht die Übersicht verlor, ritzte er für jeden Aufenthalt unterm Waschbecken eine Kerbe in die Wand. Wurde Zeit, dass die dort mal wieder renovierten …

BÜFFELN, BÜFFELN UND NOCHMALS BÜFFELN!

KLASSENARBEITSMARATHON UND NEBENFÄCHERMARTYRIUM

Wir verbrachten schöne Herbstferien und Lilly genoss es intensiv, kein Wort von der Schule zu hören. In der ersten Ferienwoche putzte sie Pferde auf einem Reiterhof, in der zweiten fuhren wir alle gemeinsam zu meinen Eltern aufs Land. 14 Tage lang fragten wir keine Vokabeln ab und paukten keine Matheaufgaben. Lilly musste nur ein einziges Bild für Erdkunde malen – wobei es mit den Bildern für Erdkunde eine besondere Bewandtnis hatte. Das Fach wurde in der Unterstufe von des Direktors Allzweckwaffe unterrichtet: von Frau Pressler (der mit dem Mülltick, Sie wissen schon). Und ihre Hausaufgabe bestand nach jeder Stunde darin, ein aufwendiges Bild zu malen, das Frau Pressler dann zeugnisrelevant bewertete. Das tat sie so streng, dass es kaum ein Schüler jemals auf das erstrebte „Doppelplus“ schaffte. Vollständig sah der Presslersche Bewertungscode so aus: ++ / + / 0 / - / --.

Doppelplus stand für „bestmöglich“; Doppelminus für „voll kacke“. Die Noten 1 bis 6 vergab die Pressler nicht – sie befürchtete, durch Zahlen würden sich die Schüler zu sehr unter Druck gesetzt fühlen!

Der Grundriss der Bildungsanstalt mit Mülleimerschlüssel und Fluchtwegen in der ersten Schulwoche, weswegen meine Tochter mehrere Nächte lang schlecht schlief, war also nur der Anfang gewesen. Wöchentlich galt es, ein superkorrektes und höchst detailliertes Abbild diverser Objekte anzufertigen, die thematisch, zugegeben, schon etwas mit dem Unterrichtsfach an sich zu tun hatten. Nach dem Grundriss nahm die Pressler das Stadtwappen ins Visier. Es folgten zehn Straßenverkehrsschilder nach eigener Wahl und schließlich die Reifeprüfung: *„Erstelle einen maßstabsgetreuen Stadtplan deiner Heimatstadt! Achte auf die Unterteilung in Wohn- und Industriegebiete, vergiss die Naherholungsflächen nicht und zeichne die wichtigsten Sehenswürdigkeiten mit ein!“*

Hatte ich geglaubt, die Kinder hätten mit diesem Meisterstück den Zenit erklommen und schlimmer würde es nicht mehr kommen, dann irrte ich: Es kam schlimmer …

„Wo nun die Herbstferien anstehen, habt ihr endlich mal viel Zeit. Da habt ihr eh nichts zu tun, da könnt ihr euch richtig schön Mühe geben! Ich will euch einmal richtig schleifen!“

Meine Tochter schlotterte bei der Ankündigung. Was kam da bloß auf sie zu?

„Dieses Mal gebe ich euch eine Hausaufgabe auf, die eure Vorstellungskraft und eure Fantasie anregt!“ Wer sich ob dieser Ankündigung entspannte, hatte noch nicht begriffen, wie es bei Frau Pressler lief … „Stellt euch vor, euch gehört eine Penthousewohnung in einem Wolkenkratzer! Weil ihr in einer anderen Stadt arbeitet, wollt ihr die Wohnung vermieten. Gestaltet dafür eine ungewöhnliche und ganz auffällige Vermietungsanzeige! Ihr könnt auch gewaltig übertreiben, Hauptsache, eure Anzeige haut mich vom Hocker! Ich will etwas sehen, was ich noch nie gesehen habe! Und ich bin schon verdammt lange Lehrerin. Also gebt alles!"

Lilly weinte und tobte abwechselnd, als sie mittags nach Hause kam. „Ich kann mir das aber nicht vorstellen! Warum lässt die uns denn nicht mal über die Ferien mit ihrem Scheiß in Ruhe? Was ist denn überhaupt eine Penthousewohnung?"

„Ein Haus auf einem Haus."

„Also so ein winziger Verschlag auf einem Hochhaus, der für den Fahrstuhl gedacht ist? Was soll ich denn da vermieten? Ich kenn keinen, der in einem Fahrstuhl wohnen will!"

Hatte ich den bisherigen Erdkundekunstwerken noch irgendwo einen schwachen Sinn abgewinnen können, erschloss sich mir hier nun absolut kein Lerneffekt fürs Fach. Es war Freitagmittag, das Kind war durch. Blass, dunkle Augenringe, die Haare zerzaust: Lilly sah fertig aus. Nach sechs Wochen in dem durchgeknallten Laden war das auch kein Wunder.

Und wissen Sie was? Die Wohnungsvermietungsanzeige wurde meine erste Elternhausaufgabe. „Ist gut, mein Schatz. Wir kriegen das schon hin!"

Den Text verfassten mein Mann und ich am Abend gemeinsam bei einer Flasche Rotwein. Wir bauten sogar einen privaten Hubschrauberlandeplatz auf die Dachterrasse und setzten einen 24/7-Concierge in die Eingangshalle. Als Blickfang gestaltete Lilly das Bild zu unseren Lobpreisungen: eine Bude auf dem Dach eines leuchtenden Finanztowers. Wir gaben richtig Gas, weiter sage ich nichts! Mit unserer Familienannonce hätten wir wahrscheinlich unserer Hausbank einen Kredit für einen halben Straßenzug in der Innenstadt abgeluchst. Und das ganz ohne Sicherheiten!

Abgesehen von Erdkunde verbrachten wir also erholsame Ferien und am Ende hatte das Töchterchen seine Fröhlichkeit wieder. Die dunklen Augenringe waren wie weggewienert. Gott sei Dank, das Kind war wieder auf Spur!

Randvoll mit Erlebnissen hüpfte es am Montagmorgen gut gelaunt die Treppen zum Schulhof hinauf, winkte mir zum Abschied zu und ich fuhr beruhigt zurück zu meinem Schreibtisch. Endlich, das Kind war in der neuen Schule angekommen! Dachte ich zumindest. Ich bekam an diesem Tag richtig viel fertig, so produktiv war ich schon seit Monaten nicht mehr gewesen.

Und dann holte ich Lilly am Nachmittag wieder auf dem Parkplatz ab. Niedergeschlagen schlich sie die Treppe herunter. Blass, die Augenringe frisch aufschattiert, die Haare zerzaust. Sie warf den Schulranzen auf die Rückbank und ließ sich schwer auf den Beifahrersitz fallen.

„Nächste Woche schreiben wir drei Klassenarbeiten! Drei! Wann soll ich das denn alles lernen?!“

Nicht schon wieder! Ich startete den Motor. Nachdem ich mich in den Verkehr eingereiht hatte, fragte ich: „Was schreibst du denn alles?“

„Dienstag Mathe! Mittwoch Englisch! Freitag Biologie! Drei Stück!“ Im Zentrum der Augenringe glitzerte es verdächtig, und als ein Tränchen sich aus dem Wimpernkranz löste und über die Wange hinabkullerte, verabschiedete ich mich von meinen Plänen fürs Wochenende.

Was hatten wir doch während der Grundschule für eine familienfreundliche, schöne Zeit verlebt! Für Tests mussten wir daheim nicht extra üben, der Stoff wurde im Unterricht ausführlich vorbereitet – die Kinder konnten gar nicht anders, als mit guten Noten nach Hause zu gehen.

Am Gymnasium verhielt sich das ganz anders. Die Lehrer warfen ein neues Thema in den Raum, sie rissen es nur kurz an, denn sie hatten ja wenig Zeit – oder sie waren krank oder schwanger. Richtig in die Materie einsteigen mussten die Schüler daheim – und wurden daher ständig mit Hausaufgaben zugeschüttet. Für die Klassenarbeiten reichte auch das nicht aus, da büffelten alle trotzdem das ganze Wochenende durch, um sich den Kram ins Kurzzeitgedächtnis zu ballern. Nach der Klausur konnten die Schüler den Tinnef getrost wieder vergessen, dann krähte kein Hahn mehr danach.

Richtig zu planen brauchen Familien unterm Jahr nicht, es kommt schulterminlich sowieso was dazwischen. Verschieben Sie Ihre Wochenendstädtetrips lieber in die Ferien (wenn alle unterwegs sind – dann ist beim Sightseeing auch mehr los!) oder warten Sie gleich bis zum Ende der Schulzeit. Denn, auch das lernte man auf der weiterführenden Schule schnell: Nach der Klassenarbeit war vor der Klassenarbeit!

Weil Lilly erst in der Woche vor den Herbstferien sämtliche Klausuren der ersten Runde zurückerhalten hatte, dachten wir, bis Weihnachten seien wir sicher vor dem Lernstress und die Tochter könnte sich auf den „normalen Betrieb“ konzentrieren. Mit dem alltäglichen Wahnsinn – dem Schulbesuch an sich, der Aufarbeitung des Unterrichtsstoffs am Nachmittag, den seitenweisen Vokabelbüffeleien und den Referaten und Plakaten für die Nebenfächer – war sie beschäftigt genug. Freizeit, Spielen und Treffen mit Freunden gehörten schließlich auch zum Kindsein!

Die Kinder hatten nach den paar Wochen am Gymnasium begriffen, wie es dort lief: Wer gut sein wollte, musste ständig lernen. Auf der Fahrt nach Hause verabschiedete sich Lilly deshalb ebenfalls von ihren wochenendgeplanten Highlights: Die Übernachtungsparty mit dem besten Kumpel verschob sie, und schwimmen gehen konnte man schließlich auch ein andermal. Notfalls erst in den Weihnachtsferien. Genügsam zu sein im Ausleben des eigenen Ichs war eine Fähigkeit, die den Kindern an der neuen Schule auf alle Fälle beigebracht wurde …

Als ich daheim die Haustür aufschloss, erlitt Lilly trotz aller guten Vorsätze einen kleinen Wutanfall, weil sie ihre Hausschlappen nicht fand. Ursächlich verantwortlich war jedoch neben den drei Klausuren die heutige Erdkundehausaufgabe. Laut Frau Pressler sollte es sich diesmal um eine ganz besondere Aufgabe handeln. Also eine wie immer, nur extra bekloppt. „Heute hat die uns aufgegeben, dass wir drei Bagger malen sollen! An denen soll jede einzelne Schraube zu erkennen sein! Jedes hutzelige kleine Scheißding! Von einem Kreuzschlitz hat sie gelabert! Ich hab keine Ahnung, was das sein soll!“ Aufgebracht stürmte die Tochter wieder nach draußen und donnerte mit dem rechten Fuß gegen die eiserne Sitzgruppe neben der Tür. Wie vom Blitz getroffen krachte der Stuhl gegen die Hauswand. Es schepperte gewaltig und das Kind brüllte wie am Spieß los. Es hüpfte auf einem Bein und umklammerte sämtliche Zehen des Kickfußes.

Damit die Nachbarn wegen des Lärms weder die Polizei noch das Jugendamt riefen, stieß ich mein Kleines ins Haus und schmiss die Tür hinter uns ins Schloss. „Ich werd gleich irre! Halt auf der Stelle die Klappe! Der Papa malt dir deine Bagger! Aber jetzt krieg dich wieder ein!“

Sie fragen sich vielleicht, warum ich die Hausaufgabe an den Vater weiterdelegierte und mich nicht selbst darum bemühte? Ganz einfach: Mein Mann malte ansprechendere Bilder als ich. Bei ihm erkannte man, worum es sich drehte.

Beim Mittagessen hatte sich Lilly so weit beruhigt, dass sie anschließend am Schreibtisch Platz nahm und wir gemeinsam die Hefter der drei Klausurfächer sichteten. Nach einem ersten groben Überblick beschlossen wir, das Lernen aufs Wochenende zu vertagen und bis dahin keinen Gedanken daran zu verschwenden, sondern uns mit vollem Elan in unsere jeweiligen Alltagsgeschäfte zu stürzen.

Unsere Penthousewohnung hatten wir übrigens nicht an Frau Pressler vermieten können. Sie war ihr zu durchschnittlich und wurde deshalb mit einem Kreis bewertet. Kreise waren Mittelmaß. Lag bestimmt am Rotwein …

Freitagnachmittag legte Lilly mit den Vorbereitungen für Mathe los. Sie übte sämtliche Aufgaben durch, die im Unterricht schon einmal dran gewesen waren. Den Samstag widmete sie der zweiten Etappe: Englisch. Dort war seit der letzten Klassenarbeit inhaltlich nicht viel passiert. In der Woche vor den Herbstferien – ich erinnerte mich schmachtend an diese kurze, blühende Lebensphase – hatte eine Referendarin den Unterricht gestaltet. Ein staatlicher Prüfungstrupp war wegen ihr angereist, er hatte in der letzten Bankreihe Platz genommen. Bei solchen Prüfungen kam es darauf an, dass der Lehramtsanwärter einen guten Eindruck hinterließ. Er sollte das Unterrichten drauf und die Klasse im Griff haben. Deswegen bereitete er sich intensiv auf die Doppelstunde vor und studierte den Ablauf vorher minutiös ein. Mit dem aktuellen Stoff hatte das nichts zu tun.

Nach zehn Minuten waren wir mit Alibiwiederholung und Vokabelabfrage durch und das Töchterchen nahm sich reinen Gewissens den Rest des Samstags frei. Wenn schon das Übernachten mit dem besten Kumpel ins Wasser fiel, ließ sich wenigstens am Nachmittag gemeinsam Budenzauber veranstalten. „Musst du gar nichts lernen?“, fragte ich Tim, als er sich am Abend auf den Heimweg machte. „Nö, wir schreiben noch keine Arbeiten. Unsere Lehrer haben gesagt, wir müssen den neuen Stoff erst besser festigen.“ Bei den Bilingualen lief offenbar alles ein bisschen durchdachter ab. Die waren schließlich das Aushängeschild der Schule.

Am Sonntag war dann Biobüffeln dran. Das Thema lautete: „Pflanzliche Befruchtung“. Falls das bei Ihnen schon eine Weile her sein sollte, hier kurz zur Auffrischung: Man unterscheidet insektenbestäubte und windbestäubte Blüten. Das klang herrlich selbst erklärend einfach – was aber nichts daran änderte, dass es drumherum eine Menge Begrifflichkeiten auswendig zu lernen gab. Vom Querschnitt der verschiedenen Blüten über den ganz normalen Aufbau – jeder winzige Schnipsel an den Dingern hatte seine eigene Funktion, und die galt es im ganzen Satz zu beantworten, nicht etwa nur per Schlagwort. In Form eines Kurzaufsatzes musste der Schüler die Entwicklungsstadien einer Blüte von der ersten zarten Knospung bis zur fertigen Haselnuss glaubhaft niederschreiben können. Ach ja, das Schriftbild musste sauber sein und die Rechtschreibfehler mussten sich in Grenzen halten, ansonsten gab es eine Note schlechter …

Zum Glück war Lilly noch nicht mit Pubertät und den dadurch bedingten Faulheitssymptomen infiziert, und so konnte sie am Sonntagabend mit geröteten Augen (nach reichlich geflossenen Tränen) von sich behaupten, dass sie vorbereitet war. Die Woche konnte starten!

Am Montag in der ersten Doppelstunde stand noch mal Englisch auf dem Stundenplan. Das verwirrte mich, seit ich vom Klassenarbeitsmarathon wusste: Wieso wurde dann Englisch erst am Mittwoch geschrieben? Der Montag wäre doch viel schülerfreundlicher gewesen! Frisch übers Wochenende den Stoff in die Kurzzeitspeicher reingetrimmt – anschließend hätten sich die Kleinen frank und frei den weiteren Abfragebaustellen dieser Klausurwoche widmen können. Und auch dem ganz normalen Zirkus; der hörte nämlich nicht auf, nur weil ein paar popelige Klassenarbeiten die Schülerbirnen malträtierten. Doch am Montag beim Mittagessen wurde mir der Sachverhalt schlagartig klar – als Lilly nämlich erneut einen Wutanfall bekam: Im Englischunterricht hatten sie heute auf die Schnelle noch zwei Grammatikfelder hinzugelernt. Und weil das nicht reichte, zusätzlich auch noch zwei Seiten neue Vokabeln. Bis übermorgen, zur Klassenarbeit, sollte das dann alles abrufbereit und perfekt sitzen. Das funktioniert natürlich bei normalbegabten Kindern mit einem normalen Tagesablauf schlecht. Entweder startete das Kind mit Mut zur Lücke in den Test oder die Mutter schrieb eine Entschuldigung wegen Krankheit. Oder – und das war der beste, von Elternseite aber nicht beeinflussbare Weg – das Kind war so erfolgsorientiert, dass es erneut und augenblicklich alle seine außerschulischen Aktivitäten cancelte und sich gleich nach dem Mittagessen wieder auf den Hosenboden setzte. Hätte man früher Streber genannt.

Nun konnten solche terminlichen Zwangslagen mit unter den Lehrern nicht abgestimmten Lerninhalten durchaus vorkommen. Stress gehörte zum Alltag dazu und auf Phasen von großer Anspannung folgten Erholungsphasen der Ruhe. Wenn die Ausnahmesituation aber zur Regel verkam, machte man sich so seine Gedanken: Sollten die Kinder etwa gar nicht in der Lage sein, den Stoff wirklich zu verinnerlichen?

Am Dienstag also erst einmal die Mathearbeit. Schlecht gelaunt warf sich Lilly mittags auf den Beifahrersitz: „Da war was mit Rechnen im Fahrplan dran, ich konnte das nicht. Frau Thiele hatte da ein Stück Fahrplan einkopiert. Ich weiß gar nicht, wie man den liest. Das Einzige, was ich von dem Ganzen verstanden habe, war das Straßenbahnsymbol!“

„Und was hast du dann gemacht? Hast du gefragt?“

„Hab ich mich nicht getraut. Ich hab die Aufgabe einfach weggelassen."

Ja, ich gebe es zu: Ich bin eine Mutter, die ihre Tochter auch schon mal zur Schule fährt. Das hat etliche Gründe. Wir wohnen am Stadtrand. Der Weg zur Straßenbahn ist weit, der Ranzen manchmal schwer, die Bahn übervoll. Meine Klimabilanz passt trotzdem, weil ich ansonsten jeden halbwegs praktikablen Weg mit dem Fahrrad erledige. Auch die Einkäufe für meine vierköpfige Familie übrigens! Normalerweise lautete unser Schlachtplan beim Schulwechsel: *Wir wählen eine nahe Schule, damit die Tochter mit dem Fahrrad fahren kann!* Wir stehen eben auf Individualverkehr. Doch an zwei Tagen in der Woche war der Schulranzen in der fünften Klasse viel zu schwer für ein zehnjähriges zierliches Mädchen zur Hauptverkehrszeit. Mit dieser Last auf dem Rücken oder dem Gepäckträger konnte ich sie nicht guten Gewissens losschicken.

Wollten uns nun die Verursacher dieser Anreisezwickmühle mit der heutigen Matheaufgabe etwas sagen? Verstanden sie es als Bildungsauftrag, alle Nicht-Öffi-Fahrer zu bestrafen?

„Hat Franzi denn die Aufgabe verstanden? Die wird doch auch mit dem Auto gebracht."

„Nein. Die hat das auch weggelassen."

„Und die anderen? Haben die das gekonnt?"

„Die Streber haben wieder gesagt, wie babyleicht die ganze Arbeit war. Und sie hätten sich total gelangweilt ..." Meine Tochter schniefte.

„Lass dich von denen nicht verunsichern!"

Am Nachmittag ging es schon wieder und Lilly hämmerte sich zuerst die zwei Seiten Englischvokabeln in den Kopf. Anschließend trainierten wir gemeinsam den Grammatikstoff vom Montag ein. Das klappte zum Glück ganz gut – ich war, bedingt durch mein Pubertier, eine erfahrene Nachhilfemutter. Der Erstgeborene hatte sich beim gemeinsamen Üben oft dermaßen dusselig angestellt – seine Lernprozesse halfen mir beim zweiten Kind eindeutig weiter. Zusätzlich hatte das glücklicherweise eine ganz andere Einstellung zum Pauken.

Deswegen lief es mit der Englischarbeit am Mittwoch auch prima. „Stell dir vor, Mama, da waren genau die gleichen Beispiele dran, die du mich gestern abgefragt hast! Ich hab die natürlich alle noch auswendig gewusst!“

Es blieb nicht viel Zeit, die Freude über das erfolgreiche Büffeln auszukosten: Nach den Hausaufgaben stand noch die Vorbereitung auf die morgige Bioarbeit an.

Ich sah es der Tochter an, sie hatte schlichtweg keine Lust mehr. Sie sehnte sich nach einem ganz normalen Nachmittag: Freunde treffen, im Garten Trampolin springen, Fahrrad fahren, Nintendo zocken – was man halt so machte in dem Alter. Nach den Hausaufgaben endlich einmal nichts müssen, sondern friedlich und entspannt in den Abend hinüberdümpeln.

Griesgrämig zog die Tochter nach einer Weile den Biohefter zu sich heran. Sie schlug die Seite mit dem Blütendiagramm auf. Zuerst wurde sie leichenblass, dann bekam sie feuerrote Wangen und schmetterte das Heft in die Ecke.

Was war passiert? Das eingepaukte Wissen vom Sonntag war wie weggeblasen! Sie konnte sich an nichts mehr erinnern. Keine Bezeichnung, keine Funktion: Blackout. Nach der stressintensiven Lernwoche war das auch kein Wunder. Mütter ahnen schon, was jetzt passierte: Lilly fing an zu weinen. Seit Freitag waren Tränen bei uns alltäglich geworden, fast wie das Zähneputzen vorm Zubettgehen.

Nachdem sie den Druck eine Weile in meinem Arm abgeweint hatte, wischte sie sich mit dem Pulloverärmel das Gesicht trocken. Ich verzichtete diesmal auf eine Ermahnung, ich wollte es nicht übertreiben. Die Welt drehte sich weiter, auch wenn der Schnodder bestimmungsfern landete. Meine Entscheidung war goldrichtig, denn nachdem alles trocken geputzt glänzte, setzte sich das Töchterchen erstarkt neben mich auf die Bank. Es zog das Heft erneut zu sich heran: „Hilft ja nichts. Muss ich das eben noch einmal lernen!"

Nach anderthalb Stunden bat mich Lilly, sie abzufragen.

Na ja, es ging so leidlich. „Soll ich dich heute Abend im Bett noch einmal abfragen?", schlug ich deshalb vor.

Die Tochter nickte. „Vorm Schlafengehen merk ich mir die Sachen am besten. Und weck mich bitte morgen eine halbe Stunde früher als sonst und frag mich dann noch einmal ab!

5 Uhr in der Früh – doch lassen wir das … Etwas Gutes hatte die gehäufte Abfragerei immerhin: Das mit der pflanzlichen Befruchtung hatte ich nun endlich auch begriffen. Ich konnte es aus dem Stand erklären – mal gucken, wie lange.

Weil es sich beim Freitag um einen Schwerer-Schulranzen-Tag handelte, holte ich Lilly mittags wieder mit dem Auto von der Schule ab. „Und, wie war deine Bioarbeit?" Mich hatte schon den ganzen Vormittag die leichte Sorge erfüllt, ob sie die Spannung im Wissensspeicher stabil halten konnte. Doch Lilly winkte ab: „Haben wir gar nicht geschrieben."

„Wie das?“

„Im Schulgesetz steht, dass nicht mehr als zwei Arbeiten pro Woche geschrieben werden dürfen. Das wäre zu stressig für uns, da könnten wir uns nicht genügend konzentrieren.“

„Und wieso fällt denen das erst heute ein?“

„Ist es ja nicht. Frau Gerke, unsere Biolehrerin, hatte Frau Pfau schon am Montag gesagt, sie soll uns ausrichten, dass die Bioarbeit auf die nächste Woche verschoben ist. Frau Pfau hatte das aber vergessen.“

Na toll. Das sollte sich mal ein Schüler erlauben!

Wenig später fiel der Tochter noch etwas ein: „Nächste Woche schreiben wir außerdem einen Vokabeltest in Englisch und einen Musiktest.“

„Hast du nicht gerade gesagt, ihr dürft nur zwei Arbeiten in einer Woche schreiben?“

„Für Tests zählt das nicht.“

Des Vaters gezeichnete Erdkundebagger hatten Frau Pressler wieder nicht begeistern können. „Nächstes Mal frag ich Opa, ob er mir was malt! Der ist doch Maler. Wenn die Pressler mir dann wieder kein Doppelplus gibt, geh ich mich beim Vertrauenslehrer beschweren!“

„Und was willst du genau sagen? Dass Frau Pressler Opas Hausaufgaben nicht gefallen?“

Lilly zuckte aufmüpfig die Schultern und mein Mann feixte: „Prima Idee, so könnte das gehen.“

Am Montag ließ dann die Politikreferendarin über Frau Pfau ausrichten, sie würde am Freitag die Hefter einsammeln. In der letzten Stunde sei ihr das kundzutun entfallen, zu sehr hatte sie sich auf ihre strengen Prüfer konzentriert. Ein menschlicher Zug also.

Auch die Androhung einer Straf-Sechs für diejenigen, die ihre Hefter am Freitag nicht dabeihätten, erschien mir schlüssig. Die Kernbotschaft der Bitte verschusselte Frau Pfau diesmal nicht; sie ließ allerdings ein wichtiges Detail weg: Die Referendarin hatte nämlich vor, die Hefter zu benoten.

Nun waren die Kinder noch frisch am Gymnasium und auch für uns Eltern war das mehrheitlich eine neue Situation. Hefter einsammeln? Sollte sie doch, wenn sie Spaß daran hatte.

Ich vermutete, sie wollte ihren Adleraugenprüfern zeigen, dass sie ansprechende Tafelbilder gestalten konnte. Ihr Material schleppte meine Tochter in der Regel vollständig mit zur Schule, eher zu viel als zu wenig. Die Sache konnten wir getrost als erledigt betrachten.

Die Woche verlief dann so, wie ich mir das bereits ausgemalt hatte: Jeweils beim Mittagessen erlitt Lilly einen leichten Nervenzusammenbruch. Wenn die beruhigende Wirkung des Mahles einsetzte, machte sie Hausaufgaben und spannte mich zum Lernen mit ein: Noten, Takt, Rhythmus, Vokabeln … bis es dunkel wurde.

Am Dienstag bekamen die Kinder erst einmal ihre Klassenarbeiten zurück. Glücklich hüpfte Lilly nach der Schule die Treppen herunter zur Straße. Mit den Lippen und unter Zuhilfenahme aller Finger formte sie tonlos: „Englisch Eins! Mathe Zwei! Hurra!“ Sie nahm die letzten Stufen mit einem Satz, dann riss sie die Beifahrertür auf und sprudelte los: „Stell dir vor! In Mathe haben ganz viele von den Strebern Fünfen geschrieben! Wo die doch rumposaunt hatten, die Arbeit sei Pipifax gewesen! Das mit dem Fahrplanrechnen hatte niemand richtig! Das hat keiner gerafft! Auch die Buskinder nicht!“

Ich grinste in mich hinein, es gab eben doch noch Gerechtigkeit. Das Töchterchen warf sich auf den Sitz neben mir und umarmte mich stürmisch. Ich drückte es an mich und schenkte ihm eine Lebensweisheit: „Kein Mensch ist wirklich ehrlich. Jeder lügt ungefähr 200 Mal am Tag.“

„Was? So oft? So oft sag ich nicht mal etwas!“

„Dazu zählen auch Notschwindeleien, die man des lieben Friedens willen macht. So was wie: ‚Dein neues Kleid ist echt schick, das steht dir super gut!‘, wären unter Umständen sogar schon zwei.“

„Kleider kann ich nicht leiden! Und Streber erst recht nicht!“

Daheim nahm ich die Mathearbeit in Augenschein. Ich war neugierig, welche komplizierte Fahrplanberechnung eine ganze Klasse überfordert hatte. Doch stattdessen erregte etwas anderes meine Aufmerksamkeit – eine mit Rotstift geschriebene Nachricht der Mathelehrerin: *Sehr geehrte Frau Miller! Ihre Tochter muss dringend an ihrer Rechtschreibung arbeiten! MfG*

Als ich die Augenbrauen hochzog, fragte Lilly mit zitternder Stimme: „Schimpfst du jetzt mit mir?“

Ich winkte ab: „Deine Mathelehrerin muss sich gerade beschweren. Die hat unter die letzte Klassenarbeit deines Bruders geschrieben: „Ihr Sohn *lengt* seine Mitschüler ab!“

„Wenn er das doch aber gemacht hat?“

„Ändert nichts daran, dass ‚ablenken‘ von ‚lenken‘ kommt, und das schreibt man mit ‚k‘.“

„Hab ich gar nicht gewusst."

„Deswegen sollst du ja auch an deiner Rechtschreibung arbeiten!"

„Und was machen wir jetzt?"

„Nichts. Ich unterschreibe das und damit hat sich's."

Beim Musiktest am Mittwoch und beim Vokabeltest am Donnerstag gab es keine besonderen Vorkommnisse und so konnte sich Lilly am Nachmittag endlich wieder dem Pflanzliche-Befruchtungs-Thema widmen. Wieder war unter der Woche etliches in ihrem Arbeitsspeicher verloren gegangen, wieder paukte sie den ganzen Quatsch neu rein. Am Abend noch einmal und auch am Freitagmorgen final in aller Herrgottsfrühe – wie gehabt.

Wegen des Biostresses muss Lilly aber abgelenkt gewesen sein, als sie am Abend ihre Schultasche einpackte. Anders konnte ich es mir nicht erklären, dass am nächsten Vormittag um halb zehn das Telefon auf meinem Schreibtisch klingelte: „Mama! Du musst mir ganz schnell den Politikhefter bringen! Der liegt im Flur auf der Bank unter meinem Anorak! Ich krieg doch sonst eine Sechs!"

„Wieso versteckst du ihn denn dort?"

„Hab ich nicht! Ich hatte ihn extra druntergelegt, damit ich ihn nicht vergesse! In der Hektik bin ich aber heute früh ohne Jacke los. Kalt ist mir außerdem!"

Auf der Stelle ließ ich den Telefonhörer fallen und stürmte ins Treppenhaus. Ich riss den Hefter von der Bank – doch wie sollte ich das Sammelsurium transportieren? Erst einen Rucksack rauszusuchen, dazu fehlte mir die Zeit. Kurzentschlossen knickte ich den Hefter einmal längs und klemmte ihn mir hinten in den Hosenbund. Auch Lillys Anorak nahm ich mit: Ich knotete ihn mir über Gürtel und Schnellhefter. Die Ärmel waren zwar ein bisschen kurz, aber wenn ich den Bauch einzog, ging es schon. Dann schwang ich mich auf mein Fahrrad und trat kräftig in die Pedale. So eine Hofpause war kurz! Darum hurtig!

Mit dem Klingeln erreichte ich den Schulhof. Ich sauste auf dem Grünstreifen neben der Treppe hoch und wedelte dabei mit dem Hefter. Die Tochter hüpfte vor Erleichterung und wollte mir das Ding aus der Hand reißen. Wohl weil ich noch zu viel Schwung draufhatte, missglückte das – der Hefter klatschte in eine Pfütze. Beim Staffellauf würden die uns auf der Ersatzbank sitzen lassen oder gar nicht erst mitnehmen! Doch meine Tochter – ganz Mutters Kind und hart im Nehmen – fischte den gebadeten Hefter aus dem Brackwasser, wischte ihn geschwind von beiden Seiten am weißen Shirt ab und flitzte den Freundinnen hinterher ins Gebäude. Japsend blieb ich mutterseelenallein auf dem Schulhof zurück. Mit dem Anorak.

Zu Hause hatte ich von meinem Schreibtisch aus freie Sicht auf das Außenthermometer im Garten. Den ganzen Rest des Vormittags funzelten mir frostige acht Grad Celsius direkt in mein Mutterherz. Gegen 12.30 Uhr begann sich die Digitalanzeige in meiner Fantasie sogar im Kreis zu drehen, so sehr sorgte ich mich um die Kindesgesundheit. Geplagt vom schlechten Gewissen machte ich mich deshalb früher als nötig auf den Weg.

Das war auch gut so, denn gerade als ich den Parkplatz erreichte und den Motor abstellte, tauchte oben an der Treppe eine Horde Kinder auf. Alle waren dick in Winterkleidung eingepackt: aufgeplusterte Jacken, Schals, Mützen – kaum ein Gesicht ließ sich erkennen. Nachdem die erste Reihe Michelinmännchen die oberste Stufe heruntergeplumpst war, rückte die zweite Reihe nach. Mitten unter den Aufgeblasenen tauchte ein unscheinbares Strichweiblein auf. Es erschien mir so hauchdünn und zart, ich musste die Augen zusammenkneifen, ob es sich nicht um eine optische Täuschung handelte. Doch je näher das Weiblein kam, desto sicherer wurde ich: Es gehörte zu mir. Bauch und Brust des ursprünglich blütenweißen Shirts verunzierten fette braune Bremsspuren. Das Gesicht sah so ähnlich aus: Auch an der Stirn und den Wangen klebte verkrusteter Lehm. „Bist du auch in die Pfütze gefallen?", fragte ich, als Lilly bei mir ankam.

„Das ist alles noch vom Hefter heute früh", winkte sie ab. „Ist aber gut gelaufen. Danke, Mama!" Sie küsste mich auf die Wange und ich verkniff mir, ob der kratzigen Kruste angeekelt zu gucken.

Im Auto drehte ich die Klimaanlage voll auf und stellte zusätzlich die Sitzheizung an. Nachdem das Kind aufhörte, mit den Zähnen zu klappern, fragte ich, wie die Bioarbeit verlaufen war.

„Haben wir wieder nicht geschrieben."

„Was war denn diesmal?"

„Frau Gerke hat nicht mehr dran gedacht. Zuerst hat auch keiner was verraten. Aber nach zehn Minuten hielt es einer der Streber nicht mehr aus und petzte. Als es losgehen sollte, fand Frau Gerke die Aufgaben nicht. Sie hat ihre ganze riesengroße Tasche durchkämmt – die Kopien waren weg. Deswegen schreiben wir erst nächste Woche."

Natürlich schrieben sie die Arbeit auch in der dritten Woche nicht. Diesmal lag es daran, dass ein Referendar den Unterricht abhielt. Leider erfuhren die Kinder das erst bei Unterrichtsbeginn, sodass sie sich erneut umsonst das Gehirn mit Blütenstaub vollgeblasen hatten.

Dafür gab aber die Politikreferendarin die Hefter zurück. Ich hatte ja schon erwähnt, dass sich das mit der Benotung nicht bis zu den Kindern rumgesprochen hatte. Entsprechend schlecht fiel das Ergebnis aus. Davon abgesehen, dass ich Rabenmutter den Hefter äußerlich in eine versiffte Schatzkarte verwandelt hatte, war die Lehramtsanwärterin auch mit dem Innenleben nicht zufrieden. Gar nicht in Ordnung fand sie, dass Lilly nur die Vorderseiten der Blätter beschrieb: Das sei schlecht für die Umwelt, sie würde damit doppelt so viel Papier verbrauchen wie die anderen Kinder. Damit sich die Schrift von der Vorderseite nicht auf die Rückseite durchpresste, sollte Lilly eben weniger aufdrücken und statt der Filzstifte Buntstifte benutzen! Sie müsse dringend ihren ökologischen Fußabdruck verbessern! Ach ja, und ganz unten noch ein Postskriptum: „Du musst dringend an deiner Rechtschreibung arbeiten!“ Zum Glück wussten wir das bereits …

Weil die Beurteilung für alle miserabel ausgefallen war und ein paar empörte Eltern daraufhin das Gespräch suchten, gab die freundliche Referendarin in der nächsten Stunde noch ein paar allgemeine Hinweise, wie ein richtig schicker Hefter zu führen sei: „Auch wenn ihr etwas wegstreicht, ich lese mir das trotzdem durch. Ich bewerte auch, was da vorher stand. Daher ist es immer besser, ihr schreibt die ganze Seite neu!“

Am Abend beim Schultaschepacken schaute ich mir den Politikhefter mal genauer an. Oha, der sah schon ohne mein Zutun aus wie Altpapier. Eine Loseblattsammlung mit Eselsohren, und die karierten Blätter waren vollgekrickelt bis zum letzten Kästchen ganz rechts. Doch als ich loswettern wollte, erinnerte ich mich an die Materialliste vom Schuljahresanfang: Die Lehrerin hatte unter keinen Umständen auf den karierten Blättern einen Rand gewünscht.

Am Freitag von Woche vier wurde die Bioarbeit immer noch nicht geschrieben: Frau Gerke war erkrankt.

Als ich Lilly in der fünften Woche an ihr nunmehr übliches Donnerstagseinschlafritual mit den Pollen erinnerte, winkte sie bloß ab: „Den Mist zieh ich mir nicht noch mal rein. Schreiben wir eh nicht." Sie gähnte. „Ich hör meine Geschichte von den *Drei ???* zu Ende und dann schlaf ich. Ich bin so müde. Schule strengt so schrecklich an." Ich sah das ein, zumal ich ihre Einschätzung der Lage teilte.

Doch wir hatten uns beide geirrt. Nach fünf langen, aufregenden Wochen passten endlich sämtliche Umstände: Alle Beteiligten waren anwesend, kein überflüssiger Lehrkörper zugegen, auch das Wetter und das Börsenklima spielten mit: Die Bioarbeit wurde geschrieben! Und wissen Sie was? Die wochenlange Verzögerung war die optimale Vorbereitung für Bestnoten gewesen! Unglaubliche 90 Prozent der Schüler der Klasse 5b erschrieben sich ein Sehr gut.

WIR SCHLAFEN IN DER SCHULE!

DIE LANGE NACHT DER MATHEMATIK

Neben den Schocks, die das übliche Lernpensum betrafen, gab es im Schulalltag jede Menge andere Aufregung. Manchmal waren sogar positive Anlässe dabei! Am Montag flatterte so einer in Form eines Elternbriefs ins Haus: Die Schule lud ein zur Langen Nacht der Mathematik! Dabei handelte es sich um einen bundesweiten Wettbewerb, bei dem Schüler bis zum Morgengrauen miteinander tüftelten. Untereinander spicken, mit den Fingern rechnen und sonstige Schummeleien seien erlaubt – Hauptsache, die Kinder machten es in der Gruppe und zum Wohle der Lehranstalt!

Wem das zu fortgeschrittener Stunde zu viel würde, der solle sich in seinen Schlafsack einrollen und den Zahlenwald den Nachteulen überlassen. Vom exakten Regulativ der Veranstaltung stand nichts im Brief, ich verspürte aber auch keinen Drang, mir das im Internet zu erarbeiten. Erziehungsberechtigte, deren blitzgescheite Sprosse mitbrüten wollten, sollten das im Kontrollabschnitt am Ende der Einladung bestätigen. Fett gedruckt über dem elterlichen Wilhelm gab es auch ein Ankreuzfeld: *Ich hole mein Kind um 21 Uhr ab.*

„Bist du bescheuert, Mama? Ich geh doch da nicht zum Rechnen hin!"

Lilly und ihre Freunde freuten sich auf die Tüftelparty wie auf Ferien. Im Vorfeld oblag es den Schülern, sich in Teams zu je drei bis vier zusammenzufinden. Für Lilly, Franzi und Nele stellte das kein Problem dar. Das waren die Vorteile, wenn man sich schon lange kannte: Man zickte sich zwar gern mal an, aber bei solchen Terminen war sofort allen klar: Wir drei gegen den Rest der Welt!

Für Leute ohne altes Netzwerk gestaltete sich die Gruppenbildung schon schwieriger. *„Wenn ich nicht mit Mathilda-Luise allein rechnen darf, mach ich nicht mit!"*

„Kevin hat sich auch angemeldet? Der ist doch viel zu blöd für Mathe. Dann bleib ich zu Hause!"

„Wir unterstützen die Teilnahme unserer Tochter nur, wenn sie dafür einen Zusatzpunkt in ihrem MINT-Pass bekommt!"

Manche Eltern trieben auch Sicherheitsbedenken um: *„Wie gewährleisten Sie, dass sich in der Nacht kein Unbefugter Zutritt zu den Räumlichkeiten verschafft?"* und *„Die Oberstufe schläft im gleichen Raum? Das will ich nicht! Da habe ich Angst um meine Tochter!"*. Insbesondere aber Fragen der Hygiene belasteten die Erziehungsberechtigten: *„Es stehen nicht einmal Duschen zur Verfügung?!"* Und auf Platz eins das Killerargument schlechthin: *„Ohne Zähneputzen am Abend? Das geht gar nicht!"*

So reduzierte sich die Teilnehmerzahl im Lauf der Woche erheblich. Daraus resultierend tat sich für Tim bei den Bilingualen ein Problem auf. In seiner Klasse gab es besonders viele Abmeldungen. Das erschien mir auch schlüssig, schließlich stand bei Eliten Bildung im Vordergrund und nicht Fun. Eine Gruppe war mit sieben Mann schon viel zu groß; die zweite wollte ihn nicht haben, denen war er zu lebhaft.

Am Donnerstagabend, als die Kirchturmglocken gerade verkündeten, dass es an der Zeit sei, das Abendessen zu richten, klingelte das Telefon. Im Display leuchtete Tim auf und ich reichte den Hörer, ohne ranzugehen, an Lilly weiter.

„Dürfte ich morgen in der Mathenacht bei euch mitmachen?"

„Klar!" Lilly war hocherfreut. „Franzi und Nele brauch ich gar nicht erst zu fragen, die sind bestimmt einverstanden!" Aus unterschiedlicher Motivation übrigens: Franzi schätzte den Trubel, den Tim in so eine Party brachte, und Nele seine Unterstützung, denn sie rechnete ein bisschen gedrosselt.

Während die Kinder am Telefon noch Streiche und anderes für die Mathenacht ausheckten, ging ich in die Küche. Ich zog das Brotfach auf: leer. Voll düsterer Vorahnung öffnete ich den Kühlschrank: ein angebissener Käse und eine halbe Tube Mayonnaise. Verdammtes Missmanagement! Leider zählte die Beschaffung von Lebensmitteln zu meinen Aufgaben. Hurtig schnappte ich mir den Autoschlüssel und machte mich auf den Weg zum Supermarkt.

Nun verhält es sich so, dass mich, sobald ich ins Auto einsteige, eine Art Universitätsbibliotheksruhe überkommt. Kaum sitze ich, teleportiere ich geistig in eine intensive Arbeitsphase. Keiner quatscht auf mich ein, das Telefon schweigt, ich kann nichts aufräumen oder durch die Gegend tragen – so viele gute Ideen wie im Auto kommen mir den ganzen Tag über nicht. Für andere Verkehrsteilnehmer gestaltet sich das übrigens ungefährlich. Drücke ich den Anlasser, spalte ich mich in zwei Personen auf: Die eine rangiert umsichtig durch den Verkehr, die andere denkt strukturiert über den Job nach. Mancher geht zum Nachdenken aufs Klo – ich fahre Auto.

Es dauerte also etwas länger als geplant, bis ich mit Brot, Wurst und Käse wieder daheim ankam. Das Haus war dunkel, meine Leute waren mit leerem Bauch schlafen gegangen. Hätte ich auch machen sollen, hinterher war man immer klüger. Doch stattdessen verbrachte ich nach ein paar Stunden am Schreibtisch und setzte meine guten Ideen um.

Am nächsten Abend kutschierte ich Lilly und den besten Kumpel zur Mathenacht in die Schule. Der Kleine reiste mit etlichen Bündeln und Beuteln, so wie auch immer, wenn er bei uns übernachtete: Federbett, riesiges Kopfkissen, Schlafanzug, dicke und dünne Wechselwäsche, sechs Kuscheltiere … – er konnte kaum alles schleppen. Aber ich blieb eisern und bot mich nicht als Lastenesel an; auch Kofferpacken gehörte zum Lernen dazu!

Zum Glück war meine Tochter empathischer veranlagt als ich und half dem Kumpel mit seinem Hausstand. Sie griff nach einem seiner Bündel und warf es sich über die linke Schulter. Über der rechten baumelte bereits ihr eigener Schlafsack. Der Freund tat es ihr gleich und so buckelten die beiden auch die restlichen Bündel. Als sie abmarschbereit und vornübergebeugt mit den Doppelhöckern auf den Rücken vor mir standen, erinnerten sie mich ein bisschen an zwei Kamele. Dieser Eindruck verstärkte sich noch, als sie langsam – wie eine orientalische Gewürzkarawane auf dem Weg durch die Wüste – Richtung Schulhof losschwankten.

Bis zur Treppe ging auch alles gut, doch dann tauchte plötzlich Kevin neben Lilly auf. Er stieß sie in die Seite: „In welchen Raum müssen wir jetzt?"

Diese Krafteinwirkung hatte Lilly nicht einkalkuliert, und durch den unaufmerksamen Moment verloren beide Höcker auf ihrem Rücken den Halt. Der Schlafsack prallte gegen Tims Kleidersack, der rempelte gegen den Beutel mit den Kuschelviechern, die wiederum den Stoß weitergaben an das Federbett, das sich in Ermangelung eines weiteren empfangsbereiten Widerstands von Tims Rücken verabschiedete und mit Schwung in eine Pfütze platschte. (Es war übrigens die Pfütze vom Politikhefter. Sie hatte sich mittlerweile in ein Biotop renaturiert.)

„MENSCH, PASS DOCH AUF!", kreischte der Kumpel. Und Lilly brüllte hinterher: „STEHT ALLES AUF DEM ZETTEL! DAFÜR HABEN WIR DEN GEKRIEGT!" So gut es ging, schüttelte und wischte sie notdürftig am Federbett herum: Gottlob, der blaue Plastiksack hatte es großteils vorm Brackwasser geschützt. Etwas versöhnt setzte sie deshalb hinzu: „Raum 42."

Doch die beiden hatten nicht mit Kevins topgestylter Barbie-Mutter gerechnet! Die war mittlerweile schwer beladen herangestöckelt. „Ihr sollt nicht immer so böse zu Kevin sein! Was seid ihr denn für rotzige Gören! Hätte ich das vorher gewusst – mit solchen wie euch hätte ich ihn nie in einer Klasse angemeldet!"

„Ich bin nicht rotzig. Ich bin bilingual!"

„Das kannst du dir sonst wohin stecken!"

Mit Rechnen war in der langen Mathenacht am Ende wirklich nicht viel los, ganz wie Lilly und die Freunde gehofft hatten. Kurz vor 21 Uhr löschte der letzte Fünftklässlerkopf sein Rauchfeuer. Also, was das Denken betraf. Denn jetzt ging die Party erst richtig los: Die verhinderten Genies krakeelten wie aufgezogen, sie spielten auf den Fluren Verstecken und polterten durch sämtliche Denkräume. Man konnte mit Fug und Recht behaupten, dass sie den Zweck der Veranstaltung verkannten. Sie terrorisierten die rechenwilligen älteren Semester solchermaßen, dass zu befürchten stand, das Waldgymnasium würde in diesem Jahr in der Gesamtwertung einen der letzten Plätze belegen. Die Situation beruhigte sich erst, als jemand Frau Pressler aus dem Bett klingelte. Sie dünnte dann mit eisernem Besen die Reihen aus, indem sie etliche Eltern einbestellte, damit die ihre Kinder abholten. Für mich war es eine völlig neue Erfahrung, dass ich nicht angerufen wurde – mein Großer hatte nämlich grundsätzlich zur Gruppe derer gezählt, die solche Veranstaltungen an dieser Stelle verlassen mussten.

Noch in derselben Nacht drosch Frau Pressler eine Neuerung ans Schwarze Brett: Nächstes Jahr durfte nur mitmachen, wer in einer schriftlichen Bewerbung sein ernsthaftes Matheinteresse glaubhaft darlegte und wen der Mathelehrer zusätzlich als strebsam und intelligent genug einstufte. In diesem Jahr sei das bei 50 Prozent der Teilnehmer nicht der Fall gewesen. Die neue Parole kritzelte sie ebenfalls unter ihre Bestimmungen: „Wir rechnen hier nicht zum Spaß!“

IN DER BESINNLICHEN ZEIT WIRD SICH NICHT BESONNEN!

WEIHNACHTSFEIERN ÜBERALL

In jeder Firma, jedem Sportclub, in der Häkelgruppe und im Kegelverein – schlicht in allen Social Groups – ist es zum Jahresende das Gleiche: Weihnachtsfeierdauerstress!

Mir gehen solche Pflichttermine unheimlich auf den Geist. Die meisten von uns sind in der Adventszeit bis zum Anschlag beschäftigt. Beruflich stellen wir uns darauf ein, dass zum 24.12. die Welt untergeht, und weil man nicht mit halb fertigen Projekten abtritt, müssen alle hochglanzpoliert zu Ende gebracht werden. Im Privaten lässt man sich von der Hysterie anstecken – zusätzlich zur Jagd nach Geschenken will sich jeder noch mal auf einen Glühwein oder einen Kaffee treffen. Es könnte ja in diesem Leben die letzte Gelegenheit sein! Und so steht man schon morgens hechelnd an der Warmtränke und schleift spätestens ab Nachmittag die Zunge einen halben Meter hinter sich her. Man kommt früh schlecht aus den Federn, pflaumt die Kinder öfter an als unterm Jahr und flippt auch ansonsten wegen jeder Kleinigkeit aus. Trösten Sie sich, das geht mir ganz genauso. Aber irgendwann wird das auch mal besser – wenn die Kinder aus dem Haus sind. Dann wird es ruhiger. Vielleicht wird es mir dann auch zu ruhig sein. Mal sehen.

Bei unseren lieben Schulkindern verhielt sich das mit dem Jahresendstress ziemlich ähnlich. Strengte uns Erwachsene der Job an, übernahm den Part bei den Kids die Schule. Und das nicht zu knapp! Aufopferungsvoll bereitete sie unsere Kinder auf unsere hektische und schnelllebige Gesellschaft vor. Im Dezember wurde nach dem letzten Klassenarbeitsmarathon gleich noch ein zweiter veranstaltet. Immerhin mussten es die Weiterführenden auf drei Klassenarbeiten pro Hauptfach und Halbjahr bringen. Das klang erst einmal nicht viel, weil ein durchschnittliches Schulhalbjahr fünf Monate dauerte. Doch zog man davon die Ferien ab und die Zeit, in der die Zeugnisnoten festgelegt wurden – zuerst im Einzelgespräch zwischen Lehrer und Schüler, dann am runden Tisch unter den Lehrern –, kam man auf eine Netto-Unterrichtszeit von höchstens 15 Wochen pro Schulhalbjahr. Das war gerade mal etwas mehr als doppelt so lang wie die Sommerferien. Und bedeutete, dass im Schnitt alle anderthalb Wochen eine Klassenarbeit in einem der drei Hauptfächer, Mathe, Deutsch und Englisch, geschrieben wurde. Zuzüglich Tests und sonstigen schriftlichen Wissensabfragen in den anderen Fächern. Das bedeutete wahrlich Stress für junge Leute!

Für uns Eltern übrigens auch, denn entweder lernten wir mit dem Kind – oder wir waren hinter dem Kind her, damit es lernte. Von den wenigen Sprösslingen, die von selbst gern und gut lernten, will ich nicht reden; ihr Anteil an den Fünftklässlern spielte eine vernachlässigbare Rolle.

Doch kommen wir von den Rahmenbedingungen, die die Schulpolitik für uns Familien bereithielt und innerhalb derer sie wenig Entfaltungsspielraum ließ, auf die Weihnachtsfeiern zurück …

Ich hatte gedacht, am Gymnasium gäbe es keinen Adventsstress, so chaotisch und unorganisiert, wie es dort zuging. Von wegen!

Eines Mittags kam Lilly ziemlich missmutig nach Hause. „Was ist los?“, fragte ich. „Steht schon wieder eine Klassenarbeit an?“

„Wir sollen uns bis morgen überlegen, ob wir wichteln wollen!“

Oh Gott. Ich stöhnte. „Und wofür bist du?“

„Natürlich NICHT für Wichteln!!“ Sie funkelte mich an, als ob ich mir das Ganze ausgedacht hätte. „Frau Pfau hat voll einen an der Klatsche! Die muss doch wissen, dass man sowieso jemanden zieht, den man nicht leiden kann. Ich habe beim Wichteln noch nie Glück gehabt!“

Da war was dran. „Dann weißt du ja, wofür du dich morgen meldest.“

Sie nickte und verzog sich in ihr Zimmer.

Am nächsten Mittag – ich war gerade dabei, Gemüse für eine winterliche Linsensuppe klein zu häckseln – kam Lilly noch fuchtiger als am Tag zuvor nach Hause.

„Was ist los, Schatz?“

Sie schmiss grußlos den Schulranzen unter die Bank, warf sich darüber und verschränkte bockig die Arme vor der Brust.

Oha. Ich stellte den Gasherd ab und setzte mich neben die kleine Ziege. Dann nahm ich sie in den Arm: „Erzähl!"

„Das dämliche Wichteln!", legte sie los.

Ich machte: „Hm ..."

„Obwohl wir 21 Kinder waren, die das nicht wollten, ganz wenige nur wollten das Scheißwichteln!"

Ich krauste die Stirn und machte erneut: „Hm ..." Mehr war auch nicht nötig, das hätte den Redefluss nur unterbrochen. „In Politik nehmen wir gerade durch, wie Demokratie funktioniert: Was die Mehrheit will, wird gemacht!"

Ich nickte.

„Aber in der Schule gibt es keine Demokratie! Wir können abstimmen, was wir wollen, es passiert nur, was Frau Pfau will! Monarchie ist das!"

So lief das im Leben, da konnte sich das Kind nicht früh genug dran gewöhnen.

„Und hier, den hab ich gezogen!" Sie pfefferte einen Zettel auf den Tisch. Ich las: Dominik. „Kenne ich nicht. Ist der nett?"

„Nein!"

Am nächsten Tag – ich hatte die Weihnachtsfeier verdrängt, denn es waren noch zwei Wochen bis dahin – kam Lilly wieder stinksauer nach Hause. Sie feuerte die Schuhe gegen die Klotür und riss beim Jacke-Aufhängen fast die Garderobenstange von der Wand. Ich stöhnte in mich hinein. Wenn das so weiterging, würde ich mir zum Fest einen Strick wünschen. Oder lieber selber einen im Internet bestellen, das wäre unauffälliger.

„Mit dem Wichteln ist der Scheiß noch nicht getan! Damit hatte ich mich schon abgefunden. Aber jetzt muss auch noch jedes Kind ein Stück aufführen! Sonst kriegt es sein Geschenk nicht!“

Ich grinste, das wäre immerhin ein Ausweg. Doch für Meuterei war Lilly noch zu jung; außerdem hatte ich leicht Pläne schmieden, hier in meinem beschaulich stillen Homeoffice und meiner menschenleeren Küche. „Hast du eine Idee, was du aufführen möchtest?“

„Franzi spielt was auf der Flöte vor und ich soll dazu singen. Ich trau mich aber nicht allein zu singen!“

„Was ist denn mit Nele? Die spielt doch auch kein Instrument. Singt sie nicht mit?“

„Nein, die zickt rum. Die will nichts mehr mit uns zu tun haben.“

„Lass uns mal eine Nacht über die Sache schlafen. Morgen sieht die Welt bestimmt anders aus!“

Und tatsächlich, sie sah anders aus!

Falls Sie nicht mitgezählt haben: Wir waren inzwischen bei Tag vier der verhagelten Stimmung in der Mittagszeit. Zuerst lief die Begrüßung, wie ich es nun schon kannte: Der Schulranzen flog unter die Bank, die Eigentümerin schmiss sich wortlos auf die Sitzgelegenheit, verknotete die Arme vor der Brust und setzte ein tränennasses Schmollgesicht auf. Mir reichte das nun! Was veranstalteten die in der dämlichen Schule, dass mein glückliches, ausgeglichenes Töchterchen nun jeden Tag weinend nach Hause kam?

„Ich geh da nicht mehr hin! Die können mich mal!“, tat sie auch sogleich kund.

„Was ist denn heute passiert?“

„In Musik machen wir nun auch noch eine Weihnachtsfeier!“

„Und was ist daran so schlimm? Wichteln ist doch schon abgehakt.“

„Ja, aber es kommt noch blöder!“

„Wie denn?“ Das überstieg eindeutig meine Vorstellungskraft. Was Blöderes als Wichteln fiel mir nicht ein.

„Jeder muss ein Weihnachtslied vorspielen!“

„Wie vorspielen?“

„Geht auch zu zweit.“

„Verstehe ich nicht. Tanzen oder auf einem Instrument musizieren?“

Mein Töchterchen schniefte.

„Können tatsächlich alle bei euch ein Instrument spielen?“

„Fast … die haben das alle in der Grundschule gelernt.“

Da war es wieder: eines der roten Tücher aus der Schulkarriere meines Nachwuchses! Unauffällig durch die Hintertür hatte es jemand hereingeschleppt. Und zwar in Form von „JeKi“. Vollständig bedeutete „JeKi“: *Jedem Kind ein Instrument,* es handelte sich dabei um eine musikpädagogische Bildungsoffensive zur Chancengleichheit, die 2009 in NRW gestartet war. Nicht nur Kinder aus bildungsorientierten Familien, die es sich finanziell leisten konnten, sollten Zugang zur Musik erhalten, jedes Kind sollte ein Instrument spielen lernen! Im ersten Grundschuljahr gestaltete sich der Unterricht kostenfrei, im zweiten wurde ein geringer monatlicher Beitrag fällig. Das Mietinstrument gab es während der gesamten Zeit umsonst. Mittlerweile hatte sich das Programm nahezu bundesweit durchgesetzt und wurde zusätzlich um die Schwerpunkte Tanzen und Singen erweitert, weswegen dem eh schon albernen Namen „JeKi“, der wie eine Mischung aus Himalaja-Streichelzoo und Star Wars klang, die Initialen ‚t‘ für ‚tanzen‘ und ‚s‘ für ‚singen‘ angefügt wurden. Aus „JeKi“ wurde „JeKits“.

Ich fand, man sollte das Programm einem weiteren Relaunch unterziehen und zusätzlich auch kochen und backen, nähen und stricken mit anbieten. „JeKitsKobans“ – das klang wie etwas Interessantes zum Essen. Yetis mit Bohnen.

Hatte auch der grundschulkinderfreie Haushalt Berührungspunkte mit diesem pädagogischen Diskurs?

Die hatte er.

Wenn Sie morgens auf dem Weg zur Arbeit Menschlein am Straßenrand erspähen, die riesige Schulranzen und doppelt so große Instrumentenkoffer hinter sich herschleifen, dann haben Sie es mit hoffnungsvollen, chancengleichen Talenten zu tun. Fahren Sie bitte besonders vorsichtig und halten Sie den kleinen Tubaträgern die Türen auf! Auch Cellisten haben schwer zu schleppen, zumal die nicht über den Gehäuserand ihres Instruments hinausschauen können.

Ich würde so einen kleinen Musikus ja zur Schule fahren, wenn es meiner wäre. Obwohl sich Müttertaxis nicht gehörten.

Warum ich Ihnen mein mütterliches Gluckenverhalten im Konjunktiv verrate? Und was es eigentlich mit dem roten Tuch auf sich hat? Das ist nun wiederum ganz einfach erklärt, und hier schließt sich auch der Kreis zu den anstehenden

Weihnachtsfeiern: Die Grundschulklasse meiner Tochter war nämlich so ziemlich die einzige Klasse im ganzen Revier gewesen, die das Programm aus Gründen von Lehrermangel nicht umsetzte. In der Jahrgangsstufe meiner Tochter tönte daher kein Flötengeträller aus dem Schulhaus, aus gekippten Kinderzimmerfenstern schrammelten im Sommer keine Geigen- oder Gitarrenklänge und der Wald rief nicht aus dem Horn. Die einheimischen Rösser durften ihr Schweifhaar wachsen lassen, weil es nicht für Bogen zum ohrenbetäubenden Zersägen von Stradivaris benötigt wurde. Von voluminösen Blechblasinstrumenten, deren Lagerung im Haushalt allein schon eine logistische Herausforderung darstellte, oder sonstigen auf den elterlichen Nerven herumquäkenden Katzenjaulern ganz zu schweigen. Es blieb musikalisch ruhig in unserer Gegend.

Dabei hatte ich mich schon während Lillys Kindergartenzeit auf das JeKi-Programm gefreut. Denn als so ziemlich alle kleinen Kumpel und Kumpelinnen von Lilly das Flötenspiel erlernten, hatte meine Tochter dazu schlicht keine Lust gehabt. Ich tröstete mich damit, dass sie später in der Grundschule keine Wahl haben würde, denn so verhielt sich das nun mal bei einer Bildungsoffensive: Alle machten mit, ob sie wollten oder nicht!

Die Klasse 1a der Lindenhofgrundschule machte leider geschlossen nicht mit. Die 1b übrigens auch nicht, so viel Fairness musste sein. Bedauerndes Schulterzucken seitens des Schulleiters beim allerersten Elternabend. Er bemühe sich sehr, das Programm wenigstens im nächsten Schuljahr für die neuen Erstklässler wieder anbieten zu können, und bat

die versammelte Elternschaft darum, die Daumen zu drücken.
„Und wie verhält sich das dann mit unseren Kindern?“, fragte eine Mutter. „Fangen die also in der zweiten Klasse damit an?

„Für Ihre Kinder ist es dann leider zu spät. Die Maßnahme ist nur für Schulanfänger gedacht.“

Die Mutter tippte sich an die Stirn und ich nickte ironisch. Da konnte er mal schön selber Daumen drücken! Glaubte er ernsthaft, dass er mit der schwachen Nummer spirituelle Unterstützung von uns einfuhr?

Dass vier Jahre später das Gymnasium die Teilnahme an ebendiesem Musikprogramm voraussetzte, war nun doppelt saublöd. Das erschütterte mich dermaßen, dass ich kurz meine mütterliche Unterstützerrolle vergaß. Ich war eben auch nur ein Mensch: „Aber du kannst doch gar kein Instrument spielen!“

„Eben!“ Nun heulte Lilly richtig los.

Gleichwohl, Lamentieren brachte uns nicht weiter. Ich erlangte meine Fassung zurück – es blieben ganze zwei Wochen, dem Kind das Flötenspiel beizubringen. Nahezu unmöglich. Ich stöhnte.

Doch Kinder können gemeinhin mehr, als man ihnen zutraut! Nachdem Lilly ihren Entspannungsheuler beendet hatte, schnäuzte sie ausgiebig die Nase. Zwischendurch trocknete und wischte sie so lange mit dem Pulloverärmel an ihren braunen Augen herum, bis die wieder wie gewohnt glänzten. Sie lächelte mich an, sie stampfte mit dem Fuß auf: „Ich lern das jetzt!“

Dann kramte sie in ihrem blauen Tornister und fischte ein längliches Heft mit Spiralbindung heraus. *Meine kleine*

Flötenschule entzifferte ich zwischen den bunten Federn eines schillernden Kakadus auf der Titelseite. „Das hat mir Franzi mitgebracht. Sie hat schon die Noten angestrichen, die ich lernen muss. Morgen kann ich das, du wirst sehen!"

„Welches Lied wollt ihr eigentlich spielen?"

„*Alle Jahre wieder*. Druckst du mir das bitte aus dem Internet aus?"

Und dann begann bei uns daheim eine Tortur, die ihresgleichen suchte. Eine mittelalterliche Folterwerkstatt war ein Dreck dagegen. Lilly entlockte der Flöte unglaubliche Töne. Es quietschte ohrenbetäubend wie auf dem Rangierbahnhof, als wenn ein mit Stahlrohren beladener Güterzug eine Vollbremsung nach der anderen hinlegte. Damit kannte ich mich aus, meine erste eigene Wohnung hatte direkt hinterm Güterbahnhof gelegen.

Zwischen den Bremsmanövern wurden sämtlichen Nachbarskatzen die Schwänze amputiert und zusätzlich den Katern die Klöten. Das ging einem nicht nur auf den Gehörgang, es legte sich vor allem aufs Gemüt. Was ich akustisch in den nächsten Stunden durchlitt, war einfach schauderhaft!

Doch ich beklagte mich nicht und erduldete die Qualen der malträtierten Katzenviecher still, wusste ich doch, dass Lilly viel schlimmer dran war. Im Gegensatz zu ihr hatte ich nichts Neues hinzuzulernen, und mit dem Neuen auftreten musste ich schon gleich gar nicht. So versuchte ich stattdessen zu arbeiten – allein es wollte mir nichts in die Tastatur fließen. Um den Nachmittag nicht völlig nutzlos zu verplempern, beschloss ich, ein wenig an meiner Social-Media-Präsenz zu arbeiten, und durchforstete das

Bloggernetzwerk. Zügig las ich mich an einem amerikanischen Reiseblog fest: Es ging um Ohrenstöpsel zur Vermeidung von schmerzenden Ohren bei der Landung – solche Dinger hatte ich doch auch im Medizinschrank gebunkert …

Ich kramte, und siehe da: Flugtaugliche Ohrstöpsel lagen unter einer Packung Aspirin. Beides nahm ich mit zum Schreibtisch – jetzt ging es.

Vielleicht lag es aber auch daran, dass die junge Chirurgin allmählich immer präziser zu arbeiten schien. Bei der letzten Kastration hatte es schon ganz ordentlich geklungen. Oder härtete man als Mutter schneller ab?

Als es draußen finster wurde, ließ sich jedenfalls eindeutig erkennen, dass Lilly *Alle Jahre wieder* ins Hölzchen blies. Das bestätigte auch mein Mann, der kurz nach 18 Uhr von der Arbeit nach Hause kam. An diesem Freitagabend ging ich beruhigt schlafen: Lilly würde ihre musikalische Einlage hinkriegen. Und wer weiß, vielleicht war das ja die Initialzündung, doch noch das Flötenspiel zu erlernen!

Samstag in der Früh, ab 6 Uhr morgens, schallten erneut weihnachtliche Flötenklänge durchs Haus. Lilly hatte das Instrument mit ins Bett genommen. Und wissen Sie was? Ich schlief sogar wieder ein. Als ich nach zwei Stunden erwachte, war das Flötenspiel zwar noch ruckelig, aber schon ziemlich tongenau. Ich kramte mir auch eine Flöte aus der großen Holztruhe meiner Urgroßeltern und wir musizierten gemeinsam. Wir verbrachten ein friedliches Wochenende – *Alle Jahre wieder*, rauf und runter. Am Sonntagabend, exakt 51 Zeitstunden nach dem Start, war es schon fast eine

Wonne zuzuhören. Die stolze Flötistin griff zum Hörer und informierte Freundin Franzi: „Wir können zu den Weihnachtsfeiern auftreten! Ich kann es!“

Damit strich Lilly die Flöterei erst einmal aus dem Kopf, denn jetzt begann der übliche Klassenarbeitsmarathon. So kurz vor dem Fest. Aber die Schule würde sich schon was dabei gedacht haben: Die lieben Kleinen und deren Erziehungsverpflichtete sollten wohl nicht zu früh in selige Weihnachtsstimmung abdriften. Schlendrian war zu unterbinden! Man musste der Schule dankbar sein.

An den folgenden Tagen erwähnte niemand die anstehenden Feierlichkeiten mit einem Wort. Vokabeln, Klausuren mit englischer Grammatik, Termrechnen und deutschen Tierbeschreibungen geißelten und knebelten die Hirne der armen Gymnasiasten.

Am Donnerstag ging dann das Adventstheater wieder los: „In Religion machen wir jetzt auch eine Weihnachtsfeier!“

„Na und? Ist doch toll. Spielt ihr das Lied dreimal vor, hat sich das Einstudieren richtig gelohnt!“

Lilly schüttelte den Kopf. „Ist ohne Programm.“

„Noch besser. Wo ist dann das Problem?“

„Wir müssen Plätzchen mitbringen!“

Noch ehe ich einen Gedanken an die Weihnachtsecke beim Discounter verschwenden konnte, ergänzte sie: „Und die müssen selbst gebacken sein!“

Hä? Hatte ich mich verhört? „Du sollst backen?“

„Kann auch die Mama machen. So genau hat sie das nicht gesagt. Ich helfe dir natürlich!“

Die Schule ging mir wahrlich auf den Sack, besonders mit ihrer Working-Mum-Doppelmoral. Bei mir lief das ja noch, ich konnte meine Arbeit irgendwie um die schulischen Belange herum arrangieren. Aber die meisten berufstätigen Mütter, die ich kannte, arbeiteten aushäusig. Die sollten sich dann mitten in der Nacht in die Küche stellen? Na klar, es blieb ihnen nichts anderes übrig!

Nach der kräfteverschleißenden Testschreibwoche nahm die Feiergeschichte richtig Fahrt auf! Freitagabend, als wir alle ziemlich geschafft von der letzten vollständigen Arbeitswoche das Jahres am Abendbrottisch saßen, rief Franzi an. Lilly lauschte still in den Hörer. Dann sagte sie, „Ist gut“, und legte auf. Einsilbig kam sie zum Tisch zurück.

„Was ist passiert?“, fragte mein Mann.

„Franzis Eltern meinen, dass wir nicht bei beiden Feiern dasselbe Stück vorspielen können. Ich soll jetzt noch *Ihr Kinderlein kommet* dazulernen!“

„Noch so ein Quäk-Wochenende?!“ Mein Großer guckte hitzig von seinem Teller auf und das Messer klirrte ins Porzellan. „Mir reicht das hier! Ich zieh aus!“

Daraufhin verging Lilly gehörig der Appetit. Die Fiedelei einzustudieren war eine Sache, aber dann auch noch als Einzelkind? Das war eindeutig zu viel! „Ich lern das schnell, während Ben packt!“

Ich nickte und erhob mich.

„Darf ich wenigstens noch in Ruhe aufessen?!“ Ben schlug mit der Faust auf den Tisch.

„Du hast bei der Sache ja wohl das Wenigste auszuhalten!“, pflaumte ihn mein Mann an.

Daraufhin schnappte sich Ben seinen Teller und verzog sich ohne Kommentar in sein Zimmer, während ich im Internet nach den Noten suchte. Schnell wurde ich fündig und überflog die Komposition am Monitor, um mir einen Überblick über die zusätzlich zu erlernenden Griffe zu verschaffen. Die arme Tochter. Doch Lilly riss mit frischem Mut den Bogen aus dem Drucker und verzog sich zum Couchtisch auf den Teppich, wo schon ein Stapel Notenheftchen lag.

„Hast du denn einen Plan, wie du vorgehst?", rief ich mitleidig hinterher.

„Stör mich jetzt nicht, Mama, ich mach das schon!"

Wenn sie das so sah – mir sollte es recht sein. Wann hatten mein Mann und ich zum letzten Mal gemütlich allein beim Essen zusammengesessen? Ich ließ mich wieder neben ihm auf der Eckbank nieder und legte die Füße auf den Stuhl gegenüber. Mein Mann runzelte die Stirn und nickte in Richtung meines ausgestreckten Fahrwerks: „Ich steh auf weiße Socken …"

„Guck dich doch selber an!" Ich deutete auf seine Jogginghose.

„Ich hab ja Feierabend."

„Ich auch!" Damit war der eheliche Konsens wiederhergestellt und mein Mann holte eine Friedensflasche Rotwein. Kaum waren die Gläser gefüllt, ging es allerdings im Wohnzimmer zur Sache: Lilly entlockte der Flöte lange Quäker, die meinem Mann die Tränen in die Augen trieben. Ich fand das akustisch nicht ganz so schlimm – zum einen war ich bereits abgehärtet, zum anderen hielt ich mir sofort die Ohren zu. Auf Dauer war das allerdings unbequem, und trinken konnte man so auch schlecht.

„Brauchst du Hilfe?", rief mein Mann ins Wohnzimmer. Er musste seine Frage zweimal wiederholen, bis Lilly „Nein" antwortete.

Damit gab sich mein Mann jedoch nicht zufrieden. Er war lange genug Vater, um zu wissen, dass „Nein“ nicht immer Nein bedeutete. Deshalb nahm er sein Glas und ging zu Lilly rüber. Weil ich nichts Besseres zu tun hatte, schloss ich mich ihm mit meinem Glas an; zusätzlich klemmte ich mir noch die Flasche unter den Arm.

Auf der Couch schenkte ich dem Vater nach, der zufrieden Lillys Arbeitsfortschritte begutachtete. Mithilfe der Vorlagen aus der *kleinen Flötenschule* hatte sie zuerst die Noten auf dem Liederbogen beschriftet und dann auf einem zweiten Zettel die Griffe zu den Noten skizziert.

Eine effektive Methode, wie ich sogleich erkannte.

Nun war sie dabei, mit flink zwischen den Blättern hin- und herhuschendem Blick die doppelten Blattinformationen in der Flöte zu bündeln. Das erklärte die lang gezogenen Quäker.

Ein prima System! Der Vater war begeistert.

Nachdem Lilly das Lied zweimal gespielt hatte, klangen die neuen Töne sauberer und die Tonlänge passte sich zuhörends dem Original an. Kurz überlegte ich, ob das vielleicht daran lag, dass der Flascheninhalt zur Neige ging – und entschied mich dagegen.

Als wir unsere Friedensflasche geleert hatten, saß das Lied einigermaßen.

Wenn die Tochter übers Wochenende wieder schön fleißig tirilierte, ließe sich am Montag für den Laien kein Klangunterschied mehr zu einer geübten Flötistin erkennen. Solchermaßen beruhigt stellte ich in Gedanken eine To-do-Liste der Dinge zusammen, die übers Wochenende außerdem zu erledigen waren. Ganz oben standen die Plätzchen für die Weihnachtsfeiern.

Am Samstagmorgen starteten wir genau mit diesem am lautesten schreienden Posten: Backen! Ich holte das riesengroße Nudelbrett meiner Oma aus dem Keller, Lilly streifte derweil eine meiner Küchenschürzen über und wir legten los. Ausstechplätzchen, eine Ladung mit 500 Gramm Mehl, ergab in Summe zwei Bleche. Als ich sie gerade aus dem Ofen zog, schellte das Telefon – meine Mutter rief an. Mein sonst so mundfaules Töchterchen berichtete von der unendlichen Flötengeschichte und schob dabei ein Plätzchen nach dem anderen in den Mund. Als die Oma endlich alle Details kannte, war nur noch ungefähr ein halbes Blech voll übrig. Dessen nahm sich mein Mann an – statt Mittagessen, seine Fußballkumpels erwarteten ihn.

Also mussten Lilly und ich noch einmal an den Backtrog! Gleicher Vorgang, gleicher Inhalt – allerdings ermüdeten wir zusehends. Beim Ausrollen, Ausstechen und Auf-dem-Blech-Verteilen wurden wir immer langsamer. Das Verzieren beschlossen wir auf den nächsten Tag zu verschieben – für heute hatten wir genug getan!

Leider kam es dazu wieder nicht, denn als wir uns am Sonntagmorgen ans Werk machen wollten, gähnte auf beiden Blechen krümellose Leere: Ben hatte sich die Plätzchen in der Nacht beim Heimkommen reingezogen. Wohl wegen des vollen Bauches schlief er dafür heute besonders lange und ließ mir so den Vormittag über Zeit, mich abzureagieren. Als der Jüngling am frühen Nachmittag endlich aufkreuzte, war mein Ärger verraucht. In meiner Jugend hätte ich mich schließlich beim Heimkommen auch über ein opulentes

Mahl aus Zucker und Fett gefreut. Deshalb klopfte ich ihm bloß auf die Schultern: „War's gut?"

Da ich nun aber nicht wollte, dass es bis Heiligabend so weiterging – dass die Keksdose jeden Morgen leer gefressen dastand und ich täglich die Bäckerschürze umbinden musste –, wollte ich es beim dritten Durchgang schlauer anstellen! Meine Analyse ergab, dass nicht das Backen das Problem war – die Schwierigkeit bestand darin, die Plätzchen durch die erste Nacht zu bringen. Ofenfrische Weihnachtsplätzchen waren einfach zu verführerisch!

Montagmorgen konnte ich es kaum erwarten, bis meine Leute endlich das Haus verließen! Damit ich ohne Zeit zu verlieren an meine Rührschüssel kam, hatte ich am Abend zuvor, als meine Jungs abgelenkt beim *Tatort* vor der Glotze hockten, die Bäckerschürze in der untersten Schublade meines Schreibtischs versteckt – da, wo das Druckerpapier lag. Als die Haustür hinter dem letzten Familienmitglied ins Schloss krachte und noch bevor infolge der Erschütterung das Geschirr im Hängeschrank ausgeschwankt hatte, befreite ich schon die blaugrüne Hausfrauenzierde aus meinem Blättervorrat. Heute Vormittag würde ich nicht arbeiten, heute würde ich backen!

Ablenkungsfrei kam ich gut voran: Ich rührte und knetete, ich walzte den Teig und stach aus. Einmal schellte das Telefon, da ging ich aber nicht ran. Nach einer Weile waren zwei Bleche Weihnachtsgebäck fertig, auch der Bräunungsgrad stimmte. Dann noch schnell verzieren – fertig.

Aber wohin jetzt mit den Prachtstücken? In die Keksdose konnten sie erst, wenn sie komplett durchgetrocknet waren. So viel Zeit blieb mir nicht mehr. Eilig lagerte ich die Bleche um, in die Dusche im Keller. Freiwillig ging da kein Kind hin. Gerade rechtzeitig tauchte ich von unter Tage wieder auf, als Ben nach Hause kam.

„Hier riecht es so gut, hast du gebacken?"

„Ja, aber das hat die Caritas schon abgeholt."

„Bist du blöd? Wieso backst du denn für die Wohlfahrt?"

„Ehrenamt, mein Lieber. Soziales Engagement nennt sich das." Ich log echt, ohne rot zu werden.

Am Abend verstaute ich die Plätzchen in einer Weihnachtskeksdose, die ich zuvor mit rotem Samt ausgelegt hatte. Dann präsentierte ich Lilly das Mitbringsel: „Und, was sagst du?"

„Die sind ja viel zu schade für die Schule!"

Konnte man es hier denn keinem recht machen? „Soll ich sie selber essen?"

„Ja, ja, schon gut, ich nehm sie ja mit." Während sie die Dose im Schulranzen verstaute, schimpfte sie leise: „Trotzdem schade drum. Haben die gar nicht verdient!"

Kurz darauf trafen wir beide uns mit den Flöten zur familiären Generalprobe im Kinderzimmer. Es war heiß hier drin und so kippte ich schon mal das Fenster für die Nacht. Dann nahm ich neben Lilly auf dem Bettrand Platz. Wir legten mit *Ihr Kinderlein kommet* los, und als wir eben auf das letzte tiefe C zusteuerten, das das Ende der ersten Strophe markierte, fielen unten auf der Straße ein paar Kerle in unseren Krippenreigen ein und grölten mit. Sie waren nicht ganz textsicher, dafür aber schön laut. Lilly brachte das mehrmals aus dem Takt, weil sie heftig kicherte.

(Haben Sie schon mal Flöte gespielt? Wenn man in das Mundstücks blies und dabei feixte, kriegte man fast keinen Ton mehr raus.) Dem Männerchor auf der Straße fiel das aber nicht auf, zum einen schmetterten wir oben zu zweit, zum anderen waren die unten selber laut genug. Von irgendwo brüllte jemand: „Hört auf mit dem Scheiß!" Und der Männerchor antwortete: „SCHNAUZE!"

Bei Lilly war es dann erst mal vorbei, die konnte nicht mehr. Die auf der Straße brüllten hoch: „Ey! Weiterspielen!"

„Jetzt kommt *Alle Jahre wieder*!", kreischte Lilly und schmiss sich ins Kissen.

„Ist gut! Fang an!", grölten die auf der Straße.

Und der Banause von irgendwo: „Wenn hier nicht gleich Ruhe ist, rufe ich die Polizei!"

Erschrocken klatschte sich Lilly mit der Hand vor den Mund. Ich blickte zur Uhr: „Keine Sorge, es ist gerade mal 20 Uhr, da darf man Krach machen."

„Musizieren ist kein Krach!"

Das außerdem.

Solchermaßen beruhigt legten wir also wieder los, *Alle Jahre wieder* saß bei den Kerlen deutlich besser. Gerade flöteten wir uns durch die dritte Strophe, als ich bemerkte, dass die Jungs unten nicht mehr bei der Sache waren. Ihnen wurde das mit uns vermutlich zu weihnachtsduselig, vielleicht hatten sie auch den Text nicht drauf – jedenfalls stimmte der mit dem tiefsten Bass plötzlich einen Saufreigen der Toten Hosen an:

„Ein kleiner Jägermeister
war nicht gern allein,
drum lud er sich zum Weihnachtsfest
neun Jägermeister ein.“

Die anderen fielen ein, Flaschen klirrten und der Männerchor wechselte geschlossen das Genre. Dem ruhesuchenden Frühschläfer platzte daraufhin endgültig der Kragen. Bei „IHR STRUNZDUMMEN VOLLIDIOTEN!“ schloss ich das Fenster.

Am Montag dann die erste Weihnachtsfeier. Anlassgerecht zog Lilly am Morgen einen flauschigen Pullover mit Rentier Rudolph aus Glitzerpailletten an – auch wenn bereits ziemlich viel Handgelenk rausguckte. Für die weitere Mottobekleidung zum Auftritt packte sie die langzipfelige Weihnachtsmannmütze ein. Eigentlich wollte sie die schon auf dem Schulweg aufsetzen – draußen zog es ja auch frisch um die Ohren – doch Ben hielt sie davon ab: „Erst im Klassenraum!“ Er musste das wissen, allein die achte Klasse hatte er zweimal besucht.

Beladen mit einem Jutebeutel voll Equipment hüpfte Lilly aufgeregt in die Schule: mit XXL-Keksdose, Flöte und zusammenklappbarem Notenständer.

Mittags, als sie wiederkam, schwenkte sie den Beutel am Zeigefinger im Kreis herum. „Der ist aber leicht“, wunderte ich mich.

„Plätzchen nehme ich jedenfalls keine mehr mit! Während Franzi und ich vorspielten, haben die anderen die Dose leer gefressen! Morgen sag ich, ich hätte sie vergessen!“

Das gefiel mir, das Kind lernte schnell.

„Und wie war euer Musikstück?“
„Gut.“

Die zweite Weihnachtsfeier, die in Religion, verlief ohne Zwischenfälle. Gemäß Plan nahm das Töchterchen am Morgen nichts mit – dafür brachte es die Brotbüchse randvoll mit fremden Plätzchen heim: Bethmännchen, Spitzbuben und Engelsaugen. Köstlich! Wenn das in dieser stillen Zeit mal keine Eroberungsfeldzüge hervorrief …

Am Abend, als sich Ben und mein Mann um die letzten lukullischen Reliquien aus dem Brotdosenschrein stritten, packte Lilly ihren Schulranzen ein. Trotz besonders zickigem Protest wollte ich ihr eine Tüte Chips als kulinarische Spende zu den morgigen Feierlichkeiten aufzwingen. Sorte „Bacon“, die aß sie selbst am liebsten.

Doch sie schrie: „Ich hab doch gesagt, ich nehm keine Plätzchen mit!“

„Chips sind keine Plätzchen!“, unterstützte mich mein kauender Sohn. Die Kleine zeterte etwas Unverständliches und versuchte, dem Bruder die Dose mit den zwei verbliebenen Bethmännchen aus der Hand zu reißen.

Bei der Tochter setzte doch nicht etwa die Pubertät ein? Altersmäßig konnte das passen, doch es musste nicht ausgerechnet heute Abend stattfinden! Unter der Woche hatte ich für solche Narreteien echt keine Zeit! Zumal ich letztens im Radio gehört hatte, dass die Pubertät nicht nur immer früher begann, sondern bedauerlicherweise auch viel länger anhielt! Bis zum 24. Lebensjahr könne das mittlerweile anhalten, wurde in dem Beitrag behauptet!

„Gut möglich“, meinte mein Mann zu mir und klaute seinem Sohn das allerletzte Bethmännchen aus der Hand. „Bei dir hat das bestimmt noch länger gedauert!“

Gerade wollte ich meinem Mann ordentlich Bescheid geben, da setzte die kleine Pubertätszicke dem Schlagabtausch ein jähes Ende: „Ich brauch noch das Wichtelgeschenk! Wo ist das denn?“

Verdammt! Mich durchlief es heiß und eiskalt: Ich hatte vergessen, das dusselige Geschenk zu besorgen! So kam das, wenn die mich die ganze Woche mit Mist in Atem hielten! Ich war ja nicht nur Mutter, ich war auch noch Putze und Köchin, betrieb ehrenamtlich Telefonseelsorge für allen Kummer dieser Welt und einen Hol- und Bringdienst für junge Menschen – und einen Job hatte ich extra noch! Ich war sauer. Doch wer ließ sich jetzt dafür verantwortlich machen? Wieso hatte eigentlich der dämliche Kalender nicht rechtzeitig losgeblökt? Ich blätterte. Verflixt noch mal! Die Weihnachtsfeier hatte ich im falschen Jahr eingetragen! Das war das Kreuz zu jedem Jahresende: Man wurstelte schon mit zwei Kalendern – denn das Leben hörte an Silvester ja nicht auf, zumindest nicht nach Plan.

Mein nächster eiliger Checkerblick galt der Uhr: kurz vor 18 Uhr. Bei uns im Stadtteil wurden Schlag 18.30 Uhr die Bürgersteige hochgeklappt. Also hurtig!

„Ich will mit in den Laden!“ Noch ehe ich die Garderobe erreichte, war Lilly schon vor mir nach unten geeilt. Flink stieg sie in ihre Schuhe, warf sich Jacke und Mütze über und blockierte dann wie eine junge Katze die Eingangstür.

„Hallo! Wie soll ich denn die Tür öffnen, wenn du davorstehst?“

„Ich will mit!“

„Das sagtest du bereits. Das wird aber nichts, wenn wir hier nicht rauskommen!“

„Ach ja.“ Sie gab den Weg frei.

Ich wollte schon lange mal wieder richtig sportlich Auto fahren! So kurz vor der Sperrstunde war auch nichts mehr los und wir heizten über ein paar kirschgrüne Ampeln. Manche waren auch schon reifer.

(Wenn Sie bei der Polizei arbeiten, überlesen Sie das bitte! Ich mache das auch nicht wieder, versprochen!)

In knapp der Hälfte der normalen Fahrtzeit erreichten wir den Laden. Mit quietschenden Reifen stoppten wir fast in der doppelflügeligen Glastür und stürmten hinein.

Die Verkäuferin war gerade dabei, sich ihre Jacke überzuziehen. Erschrocken drehte sie sich zu uns um, sie befürchtete wohl einen Überfall. Doch dann winkte sie erleichtert: „Die Frau Miller! Was haben Sie denn heute vergessen?“

Ganz schön frech! Aber wieso kannte die mich überhaupt? „Wichtelgeschenk“, japste ich.

Die Verkäuferin nickte. „Da waren gerade eben schon welche da. Die haben das hier genommen.“ Sie nahm eine kleine durchsichtige Dose mit einer weißen glibberigen Masse von einem Stapel neben der Kasse. Sah aus wie ein weggetauter Schneemann.

„Was soll das sein?“

„Ein weggetauter Schneemann.“

„Und wo steckt da der Gag? Ich verwahre seit zwei Jahren einen in meiner Gefriertruhe. Der wird immer kleiner.“

„Der hier nicht. Sie rollen die Kugeln und stellen sie aufeinander. Dann läuft er breit, als würde die Sonne draufscheinen. Das nennt sich Schmelzknete."

„Toll!" Lilly streckte die Hand aus. „Das will ich auch haben! Haben die Schneemänner alle die gleiche Farbe?"

„Klar, weiß." Die Verkäuferin schlackerte demonstrativ mit ihrem Uhrarm.

„Okay, ich nehm zwei."

„Macht 30 Euro."

Nächstes Mal würde ich das Geschenk früher besorgen, und vor allem ALLEIN! „Kriegst du erst zu Weihnachten!", zischelte ich, als die Tochter die Verpackung aufreißen wollte.

Die Verkäuferin grinste und drückte auf den Lichtschalter.

Daheim wickelte ich einen der Dosenschneemänner wie einen Drops in Weihnachtspapier ein. Während Lilly sich über mir im Badezimmer bettfertig machte und singend das Kabäuschen unter Wasser setzte, versah ich den Korpus des Päckchens aufwendig mit einer grünen Glitzergirlande. Das erste Weihnachtswichteln an der neuen Schule würde in Erinnerung bleiben; da wollte man sich nicht lumpen lassen.

Erst als Duschwasser durch die Decke tropfte, ließ ich von der Verzierung ab. Ein paar Machtworte, etliche nasse Handtücher und einen Eimer später trafen wir uns an Lillys Bett zum Nachtgebet. Ich hatte die Flöte dabei, um noch eine Runde für die morgen anstehende Uraufführung von *Ihr Kinderlein kommet* zu proben. Doch Lilly war zu müde. Sie gähnte: „Ich kann das. Wir müssen das nicht mehr üben."

In dem Alter fühlten sie sich noch unbesiegbar. Weil Musizieren aber Freude machen sollte, ließ ich es gut sein. Wenn

Lilly am nächsten Tag patzte, würde sie schon daraus lernen – das gehörte zum Großwerden dazu.

Die anderen kleinen Genies sahen das mit den Proben wohl ähnlich, denn wenn man Lilly glauben durfte, war die Veranstaltung klanglich eine Zumutung.

Das tat der Stimmung aber keinen Abbruch, denn die Geschenke waren ein durchschlagender Erfolg. Von sämtlichen Wichtelüberraschungen, die ausgetauscht wurden, enthielten zehn die Schneemänner aus Schmelzknete. Auch mein glückliches Lillykind hüpfte mit einem nach Hause. Weil es beim Aufräumen nach der Feier mal wieder schnell gehen musste, hatte sie den zusammengebauten Schneemann ohne Verpackung eilig in die Hosentasche gestopft.

Ich brauchte eine ganze Weile, bis ich Männlein und Hose auseinandergefummelt kriegte. Danach war die Hosentasche fusselfrei – der Schneemann nicht: Er sah jetzt aus wie eine Kreuzung mit einem Huhn. Gut, dass ich am Vorabend im Laden zwei erstanden hatte!

Aus meiner Hoffnung, die Tochter fände nun nachhaltig Gefallen am Musizieren, wurde nichts. Noch am Abend reinigte sie die Flöte sorgsam und packte sie im Instrumentenköfferchen in die große Holztruhe zurück. „Du magst doch Wilhelm Busch so sehr, Mama. Du sagst doch immer, ich soll das große Buch von ihm lesen! Ich hab da neulich mal drin herumgeblättert. Eine Sache gefiel mir richtig gut: ‚*Musik ist angenehm zu hören, doch ewig braucht sie nicht zu währen*‘ …“

WENIG STRESS UND VIEL SELBSTVERTRAUEN

DIE BILINGUALE KLASSE HINKT HINTERHER

Wer am Waldgymnasium in die bilinguale Klasse aufgenommen werden wollte, brauchte besondere Voraussetzungen, denn der Andrang war riesig. Um einen der 30 Plätze zu ergattern, half „Vitamin B“. Konkret hieß das, man konnte ein großes Geschwister vorweisen, das sich bereits erfolgreich in den bilingualen Zweig integriert hatte, oder man war mit dem Direktor gut bekannt. Außerdem zählte offensichtlich das Kriterium der Wohnadresse: Zwei Drittel aller bilingualen Schüler wurden nämlich morgens aus der Villengegend angekarrt.

Lillys Kumpel Tim nutznießte vom Vorteil der späteren Geburt: Seine Schwester Geli ebnete ihm den Weg. Obwohl also weder Leistung noch Qualifikation den Ausschlag gaben, motivierten die stolzen Lehrer ihre Überflieger bei jeder Gelegenheit: „Ihr seid unsere Allerbesten! Von euch wird viel mehr erwartet als von den anderen Schülern! Ihr seid die Elite unserer Schule!“ Kein Wunder, dass bei solcher Bauchpinselei selbst der bodenständigste Englischfreak schnell dachte, er sei etwas Besonderes. Auch Kumpel Tim hatte man solchermaßen das Hirn verknotet – zum Glück nur in dem Bereich, der schulische Belange betraf. Davon abgesehen blieb er der herzensgute allerbeste Freund, den man sich für seinen Nachwuchs wünschen konnte.

Letztens stürmte es so heftig, dass die Schule gleich nach der ersten Pause dichtgemacht wurde. Da die Kinder am Nachmittag sowieso gemeinsam zum Malkurs gefahren werden wollten, kam Tim gleich mit zu uns. Die Bilingualen wurden ohne Hausaufgaben entlassen, sie durften den freien Nachmittag zum Chillen nutzen. Lillys Klasse hingegen hatte eine lange Liste an To-dos mitbekommen. Alles, was an dem Tag in sämtlichen Fächern durchgenommen worden wäre, sollten sie sich daheim im Selbststudium draufschaffen. Das allein war schon lästig genug, aber noch weniger Vergnügen bereitete es, wenn Besuch da war. „Ich lern nur Vokabeln für den Test morgen! Den Rest mach ich ein andermal“, überlegte sich Lilly. Mir gefiel das nicht, denn morgen würde ein frischer Berg Hausaufgaben die Gebirgskette erweitern, aber es war ihre Entscheidung. Nachvollziehen konnte ich es.

„Vokabeln lern ich gleich mit!“, rief der Kumpel begeistert. „Wie weit seid ihr denn? Wir sind bestimmt schon viel weiter als ihr, wir sind ja bilingual!“

„Wir haben die Hälfte der dritten Lektion.“

„Hä? Wie das? Wir sind noch nicht mal mit der zweiten fertig.“

Ich wurde aufmerksam.

„Unsere Englischlehrerin sagt, wir seien total hinterher. Spinnt die?"

Der Kumpel gab sich nicht geschlagen, er wollte überall der Beste sein. „Aber in Mathe sind wir voll weit! Wir haben gestern mit Termen angefangen!"

„Darüber haben wir schon vor den Weihnachtsferien eine Klassenarbeit geschrieben."

„Kann nicht sein ... Aber in Deutsch! Da sind wir echt weit! Wir haben heute mit den Zeitformen angefangen. Präteritum, Perfekt, Plusquamperfekt und Futur. Das ist voll scheiße!"

„Haben wir auch schon fertig, haben wir letzte Woche die Klassenarbeit geschrieben. Mir macht das Spaß, ich konjugiere gern."

„Bist du doof? Dann sag mal das Futur von ‚lesen'!"

Lilly haute ohne nachzudenken raus: „Ich werde lesen."

„Was?! Das ist total falsch!"

„Erzähl keinen Mist, das ist richtig!"

„Nein, es muss heißen: Ich werde gelesen haben."

„Das ist Futur 2!"

„Futur 2 gibt es überhaupt nicht! Du kannst es halt nicht, aber du bist ja auch nicht bilingual!"

„Was hat denn euer blödes Bilingual damit zu tun?"

„Wir sind besser als ihr!"

„In Deutsch jedenfalls nicht!"

Damit sie sich nicht weiter in die Haare kriegten, rief ich sie zum Mittagessen. Mit dem Vokabellernen lief es danach trotzdem nicht gut, das war aber zu erwarten. Pünktlich machten wir uns auf den Weg zum Malen ans andere Ende der Stadt. Die Fahrerei bleibt meistens an mir hängen, ich mit meinem Homeoffice hatte ja Zeit. Ich hatte kaum den Blinker gesetzt, um auf die Hauptstraße abzubiegen, da legte der Kumpel wieder los: „Wie weit seid ihr denn in Bio?"

„Immer noch bei den Tieren."

„Boah, da seid ihr ja voll langsam!" Dann besann er sich: „Was denn für Tiere?"

„Na, richtige! Die Bremer Stadtmusikanten. Bloß statt Esel hatten wir Schwein."

„Wir sind schon viel weiter! Wir behandeln gerade Amöben. Weißt du, was eine Amöbe ist?"

„Ein Schimpfwort."

„Quatsch, Mann, das sind Einzeller! Die bestehen nur aus einer Zelle."

„Sag ich doch! Einzeller ist auch ein Schimpfwort. Hat meine Mama heute früh meinem Bruder hinterhergebrüllt."

Wieso hausierte die so bereitwillig mit den Familieninterna?

Der Kumpel ging aber gar nicht darauf ein. „Es gibt sogar Tiere, die haben keine Organe! Weißt du, welche?"

„Regenwürmer."

„Quatsch, für innen hohl sind die viel zu groß."

„Augen haben sie jedenfalls keine und Ohren auch nicht."

„Stimmt." Da haute er mir plötzlich von hinten auf die Schulter, so ein Schreck! „Meta, kennst du Tiere ohne Organe?"

„Nein", antwortete ich wahrheitsgemäß.

„Du solltest auch noch mal zur Schule gehen! Oder du fragst mich!"

Ich entschied mich für die zweite Variante, das ging schneller: „Also, welche Tier haben keine Organe?"

„Nesseltiere!"

„Kenne ich nicht. Ich kenn nur Nesselfieber. Wie sehen denn Nesseltiere aus?"

So weit hatten die das im Biologieunterricht leider nicht vertieft, denn der Kumpel zuckte bedauernd die Schultern. „Übrigens sind Schwämme auch Tiere. Habt ihr das gewusst?"

Lilly tippte sich an die Stirn. „Das glaubst du doch selber nicht!" Sie zog das Handy aus der Jackentasche.

„Das hat man erst vor Kurzem herausgefunden!"

„So ein Blödsinn! Ich hatte heute einen in der Hand, der war eindeutig kein Tier!"

„Warst du heute etwa im Zoo? Ich will auch in den Zoo!"

„Wieso soll ich denn heute im Zoo gewesen sein? Ich war in der blöden Schule, ich hab Tafeldienst!"

„Wir sind ja zusammen abgeholt worden, stimmt!" Dem Kumpel fiel es wieder ein. Er klatschte sich mit der flachen Hand vor die Stirn. Wenn er in dem Alter schon tüdelig war, wie sollte das später werden? Viel Bewegung würde bestimmt helfen. „Letzten Freitag waren wir im *Superfly*. Kennst du das? Das ist eine Halle mit riesigen Trampolinen."

„Darf ich nächstes Mal mitkommen? Kannst du deine Mama fragen? Könnt ihr mich mitnehmen, wenn ihr wieder hingeht?" Lilly war sofort Feuer und Flamme.

„Wieso meine Mama? Das war ein Klassenausflug! Da kannst du nicht mit. Du musst da mit deiner eigenen Klasse hin!"

„Wir haben noch nie einen Ausflug gemacht."

„Habt ihr keinen Bock drauf? Ausflüge machen doch voll Spaß! Den Freitag davor waren wir im Kletterpark. Wir sind erst mit Seilen an einer steilen Wand hochgeklettert und dann zwischen Bäumen langgehangelt."

„Wie gut habt ihr es denn?! Frau Pfau sagt, wir könnten vielleicht nach Pfingsten mal wandern gehen."

„Wandern ist voll öde. Wir fahren nach Pfingsten für eine Woche nach London!"

„Wieso macht ihr denn in der Fünften schon eine Klassenfahrt?? Wir fahren doch alle zusammen erst in der Sechsten!"

„Wir sind halt Bilingual, für uns gelten andere Regeln!"

„Und wie bezahlen das deine Eltern? Die Fahrt im nächsten Schuljahr kostet doch schon 400 Euro!"

„Das bezahlen wir nicht selber, das ist ein Förderprojekt."

Manchmal schien es psychologisch klüger, nicht weiterzufragen. Das war auch eine Form von Selbstschutz. Blöd nur, wenn sich das zu umgehende Thema als verdammt breit gefächert erwies. „Nick hatte vorgeschlagen, dass wir statt wandern auch klettern gehen könnten. Aber Frau Pfau meinte, das können wir vergessen, weil Mathilda-Luise Glasknochen hat."

„Was sind denn Glasknochen?"

„Die brechen so schnell wie Glas."

„An einem anderen Freitag waren wir in der Schwimmhalle."

„Schwimmhalle hat Frau Pfau auch abgelehnt, weil Linus einen Herzfehler hat. Der darf nicht schwimmen."

„Wir waren auch schon mal Eis essen!"

„Ist bei uns auch verboten, weil Greta Diabetes hat."

„Hat bei euch jeder irgendwas? Dann geht doch Schlittschuhlaufen oder spricht da auch was dagegen?"

„Ja. Das können nicht alle."

„Ihr seid echt Opfer ... Kann es sein, dass eure Klassenlehrerin ein bisschen blöd ist? Die sucht doch nur nach Gründen, keinen Ausflug mit euch machen zu müssen!"

Nun … Lilly kaute auf dem Reißverschluss ihrer Jacke herum. „Ich glaube, das liegt gar nicht an der. Unsere Parallelklassen haben auch noch keinen gemacht. Ihr habt es einfach nur gut getroffen."

Der Kumpel schaute aus dem Fenster. „Warum hat dich deine Mutter damals bloß nicht für den bilingualen Zug angemeldet?"

Ja, das fragte ich mich auch schon die ganze Zeit! Warum hatten wir es nicht wenigstens versucht? Abgesehen davon, dass die Schule den bilingualen Kindern anscheinend eine Wohlfühloase bot: Bei denen ging es auch weniger stressig zu. Jedenfalls brauchte man sich nicht mehr zu wundern, dass die im Stoff so weit hinterher waren, wenn sie offenbar eine Vier-Tage-Woche hatten! Doch zu meiner heftigen Überraschung sagte Lilly: „Wenn ich bei euch wäre, hätte ich aber meine tolle Klasse nicht. Ich mag meine neuen Freunde. Ausflüge sind nicht alles. Wechsel doch lieber zu uns!"

NOTLÜGEN, DIE WELLEN SCHLAGEN

VIELFÄLTIGE PROBLEME IN DER INNENSTADTSCHULE

Eine Woche später nahmen wir außerdem Franzi und Hanna mit zur Malschule, die wollten ebenfalls Pinsel schwingen. Da Hanna das Ganztagesgymnasium in der Innenstadt besuchte, sahen sich die Kinder nur noch selten. Alle Beteiligten, einschließlich wir Mütter, bedauerten das und wir spekulierten, ein wöchentliches festes Event könnte Abhilfe schaffen. Aus Gründen oblag mir wieder der Fahrjob. Nachdem ich endlich alle Kinder eingesammelt hatte und sie traut beieinanderhockten, tauschten sie sich sogleich lebhaft über die Schule aus.

Schaltete ich dabei zu Anfang auf Durchzug – ich musste mich schließlich auch mal erholen –, wurde es auf der Rückbank schnell interessant. In Hannas Erzählung fand ich die meisten meiner Vorurteile bestätigt, die ich von Anfang an gegen die Citypenne gehegt hatte. War das nun gut oder schlecht, wenn man sein Klischeedenken von einer Eingeweihten untermauert kriegte? Jedenfalls beglückwünschte ich mich innerlich, Lilly am Stadtteilgymnasium eingeschult zu haben. Noch dazu mit ihren Freunden – denn auch wenn Tim eine andere Klasse besuchte, liefen sich sich jeden Tag auf dem Schulhof über den Weg.

Der Kumpel eröffnete den Abfragereigen: „Was macht ihr denn gerade in Kunst, Hanna?"

„Wir dürfen im Unterricht immer andere Farben mitbringen!"

Franzi gefiel das sofort. „Ihr dürft mit Acryl- und Ölfarben malen? Wir nur mit doofen Wasserfarben. Ich komm zu euch!"

„Wieso Farben? Solche Farben mein ich nicht! Ich mein andere Farben!"

„Hä?"

„Na Gelb, Rot, Hellblau, Violett …"

„Und was soll das bringen?"

„Es gibt bei uns Kinder, die noch nicht alle Farben kennen."

Die drei vom Stadtteilgymnasium lachten. Doch Hanna funkelte sie streng durch ihre Brillengläser an: „Das ist überhaupt nicht witzig, Leute!"

Der zurechtgestutzte Tim tönte daraufhin: „Wir sind fertig mit Monster malen!"

Franzi: „Wir nicht, wir haben heute damit angefangen."

„Erst? Was habt ihr denn vorher gemacht?"

Kunst war Lillys und Franzis Lieblingsfach. Sie ergänzten sich gegenseitig: „Farbkreis gemalt", „Farbkastenführerschein", „Und ein Wohnzimmer aus der Sicht eines Aliens".

„Das haben wir alles schon längst abgeschlossen! Kann es sein, dass ihr voll hinterher seid?"

Kunst schien eines der Fächer zu sein, in dem die Elite vorpreschte. Zeit für den Kumpel, es endlich wieder anzubringen: „Wir sind ja auch bilingual! Wir sind besser als ihr!"

„Wir sind auch was Besonderes wie ihr Bilingualen!!", verkündete Hanna. „Wir sind die Lateinklasse!"

„Was willst du denn mit Latein? Damit kann man doch nichts anfangen!"

„Hat meine Mama so entschieden."

„Lillys Klasse macht nie einen Ausflug."

„Hallo?! Ich bin da auch drin!" Franzi stieß ihm empört den Ellbogen in die Seite.

„Gut. Dann macht eben Lillys und Franzis Klasse nie einen Ausflug. Aber Hanna, ihr werdet auch keinen machen!"

„Versteh ich nicht. Woher weißt du das?"

„Das ist viel zu gefährlich mit euren Farbenblinden! Die gehen womöglich bei Rot über die Ampel!"

Die Kinder johlten und auch ich grinste in mich hinein. Als sie sich wieder beruhigt hatten, klärte Hanna auf: „Unsere Klassenlehrerin hat gesagt, sie macht keinen Ausflug mit uns, weil wir uns so schlecht benehmen."

„Was stellt ihr denn Schlimmes an?"

„Manche Jungs prügeln sich im Unterricht. Ein Mädchen schmeißt Stühle, wenn es etwas nicht versteht. Normale Sachen halt."

„Bei uns muss man schon vor die Tür, wenn man seinen Nachbarn nach dem Radiergummi fragt."

„Bei uns hat erst gar keiner eines. Außer mir. Hier, seht ihr, ich trage meines deswegen immer in der Hosentasche!" Tatsächlich zog sie ein Radiergummi in der Form einer angeknabberten Eistüte hervor. Hinten gab es eine Rangelei,

Hanna obsiegte: „Glaubt ihr im Ernst, dass ich's mir von euch abnehmen lasse, wenn ich's jeden Tag in der Schule verteidige?" Alle wieherten und balgten sich erneut. „Unsere Englischlehrerin hat schon zweimal im Unterricht geweint und unsere Mathelehrerin hat sich versetzen lassen."

„Und jetzt?"

„Mathe fällt seitdem aus, weil keiner mehr zu uns will."

„Und wie findest du das?"

„Super! Ich hasse Mathe! In unserer Klasse ist es so laut, dass man Kopfschmerzen kriegt. Ich gehe fast jeden Tag früher nach Hause."

„Das ist doch blöd, wenn du immer nicht da bist. Wie sind denn dann deine Noten?"

„Die sind ganz gut. In der letzten Lateinarbeit hatte ich eine Vier."

Die drei Stadtteilschüler sahen sich erschrocken an.

„Ich bin jedenfalls froh, dass ich jetzt immer mit euch zum Malen gehen kann. In meiner Klasse gibt es keine normalen Leute."

„Was ist mit Emil? Der ist doch auch bei dir."

„Der war besonders schlimm. Der hat die Schule gewechselt."

Offensichtlich ging es auf der Cityschule zu wie bei den Hottentotten. „Willst du nicht auch die Schule wechseln?", fragte deshalb Franzi. „Bei uns sind zwar die meisten Lehrer scheiße, aber unsere Klasse ist in Ordnung."

„Bei uns ist das genau andersrum!", verkündete Tim. „Da musst du Prioritäten setzen, worauf du mehr Wert legst!"

„Ich bin dafür, dass wir ganz zu Hause bleiben!" Mutters Tochter, hier bestand kein Zweifel!

Leider war das aber auch der Moment, in dem ich meine kurzweilige Runde mitten im dicksten Nachmittagsverkehr an der Malschule rauslassen musste. „Viel Spaß und bis später!“, rief ich ihnen hinterher, als sie ausgelassen und laut lärmend durch die Pforte davonstoben.

Kaum waren wir am Abend alle daheim, schellte das Telefon. Silvia, Hannas Mutter, war dran: „Was ist denn vorhin im Auto los gewesen? Hanna weint ganz fürchterlich und die Brille ist auch kaputt.“

Hä? Was war passiert? „Ich habe nichts mitbekommen. Ich könnte dich nur an meine Tochter weiterreichen.“

„Ich will das aber nicht mit deiner Tochter besprechen, ich will das mit dir klären! Die drei haben Hanna die ganze Zeit verprügelt!“

Das war doch keine Prügelei! „Die haben sich nicht gehauen, die haben sich unterhalten und die ganze Zeit gelacht.“

„Ja, weil sie Hanna verkloppt haben!“

„Quatsch.“ Das hätte ich ja wohl merken müssen!

„Wenn ich dir mein Kind anvertraue, musst du dich schon drum kümmern!“

„Hallo?! Wenn sie lacht, was soll ich mich denn da einmischen?“

„Das merkt man doch, wie einer lacht, ob der das gut findet!“

„Wenn ich lache, freue ich mich. Ansonsten lache ich nicht!“

„Du vielleicht. Kinder sind da anders. Das lernt man in der Pädagogik.“

„Das mag sein, aber ich bin kein Pädagoge. Ich bin bloß Mutter.“

„Jedenfalls kann Hanna auf solche Freunde wie eure Kinder verzichten! Freunde stehen füreinander ein. Andernfalls braucht man keine!" Sie legte auf.

Ich war perplex. Was machte ich jetzt mit der Situation? Natürlich hatte ich gleich ein schlechtes Gewissen! Hatte ich echt nicht mitbekommen, dass in meinem Auto ein Mädchen gemobbt wurde? Hätte ich mich einmischen müssen, als sich die Kinder über die Farbblindgänger lustig machten? Aber das ging doch nicht gegen Hanna! Oder als die drei nach dem Radiergummi haschten? Da war es genauso wenig nötig, das klärte Hanna souverän allein. Mir fiel keine Sekunde ein, in der sie meine Hilfe gebraucht hätte.

Am besten, ich redete erst einmal mit meinem Mann! Er beschäftigte sich täglich mit Personalentscheidungen, er wusste, wie man mit enttäuschten Leuten umging. Doch leider war mir der Gatte erst recht keine große Hilfe: „Du rufst sofort Franzis Mutter an und verbündest dich!"

„Hä?"

„Sonst läuft das wieder wie üblich. Die verschwören sich gegen dich und du guckst wie ein Schaf und verstehst die Welt nicht mehr!"

War der noch ganz dicht? Er hatte wohl einen schweren Tag hinter sich! Vermutlich hatte er mir – ganz Mann – nicht einmal zugehört! Ich holte dreimal tief Luft – und dann beschloss ich, die Sache zu vergessen. Ich war mir keiner Schuld bewusst, auch keiner Schuld meiner Tochter, so gesehen war alles in Ordnung. Lilly würde ich nichts davon erzählen, ich wollte sie nicht verunsichern.

Doch wollte man etwas vor Kindern geheim halten, war das gar nicht so einfach. Sie schienen dafür einen sechsten Sinn zu haben ... Beim Zähneputzen fragte Lilly: „Was wollte Silvia?"

Abstreiten half nichts. „Sie wollte wissen, warum Hanna geweint hat und warum die Brille ruiniert ist."

Lilly guckte erschrocken. „Wie ist das denn passiert?"

Dass ich mit meiner Abfuhr noch gut weggekommen war, merkte ich am nächsten Morgen. Ich brachte Lilly zur Schule. Zeitgleich mit Franzi und ihrer Mutter kamen wir an. „Hast du eine Minute?", fragte Pina. Sie hatte schlecht geschlafen, das sah ich ihr an. Ihr sonst glatt gekämmtes blondes Haar strubbelte zerzaust und sie trug kein Make-up. „Die drei haben ja gestern gemeinsam Hanna zusammengeschlagen."

Das wurde ja immer schöner.

„Silvia sagt, Franzi hätte Hanna bedroht und ihr immer wieder mit beiden Fäusten auf den Kopf getrommelt."

Was?

„Und die anderen beiden hätten mitgeschlagen."

Ich glaub, ich steh im Wald!

„Aber Franzi sei die Schlimmste gewesen."

„Hey." Ich legte meine Hand auf Pinas Arm „Da war nichts. Da war kein Moment, wo ich hätte eingreifen müssen. Ganz im Gegenteil! Die verstanden sich gut, hatten sich viel zu erzählen und waren alle richtig gut drauf."

Pinas Züge entspannten sich. „Warum erzählt die dann so einen Mist? Weiß die nicht, was das in einer Familie anrichtet, wenn sie am Abend so was loslässt? Was das für einen Terror mit sich bringt? Mein Mann ist heute früh statt in die Arbeit zu unserem Versicherungsvertreter gefahren!"

Ich schüttelte den Kopf. „Im Auto war nichts. Ich schwöre es!"

„Und wir haben Franzi für die nächsten vier Wochen Hausarrest erteilt! Oh Gott! Das muss ich sofort zurücknehmen!" Sie rannte los.

Hanna und Mutter Silvia vergaßen den Vorfall wohl schnell wieder, denn am nächsten Montag schrieb mir Silvia eine Nachricht: „Wie sollen wir die Fahrten heute organisieren? Kannst du die Kinder zum Malen bringen? Dann hole ich sie ab."

Obgleich mir die Aufteilung angenehm erschien, schlug ich das Angebot aus. Noch mal so einen Zoff hinterher wollte ich mir auf keinen Fall antun!

Auf Umwegen erreichten mich nach einer Weile die Hintergründe des Theaters: Hannas Brille war bereits in der Schule bei einer Rangelei entzweigebrochen. Damit Mutter Silvia daheim kein Fass aufmachte – es handelte sich bereits um die dritte defekte Brille in einem einzigen Brillenträgerjahr –, hatte Hanna die Prügelattacke in meinem Taxi erfunden. In der Schule kam Hanna nicht gut mit, eine schlechte Note jagte die nächste. Die Empfehlung der Grundschullehrerin hatte ursprünglich Realschule gelautet, doch die ehrgeizige Mutter wollte mehr für ihr Kind herausschlagen. Nun hatten alle zu kämpfen. Am meisten Hanna.

Zum Glück verstanden sich die Kinder trotzdem noch und gingen weiterhin zusammen malen. Auch das Miller-Taxi fuhr wieder, nachdem sich die Pädagogin entschuldigt hatte.

ES GIBT SOLCHE UND SOLCHE PÄDAGOGEN

DER NEUE POLITIKLEHRER IST EIN BESONDERES EXEMPLAR

Mit Herrn Hemmelmann gelang es der Schule endlich, einen ausgebildeten Politiklehrer für die Unterstufe einzustellen. Der Schulleiter, Herr Machold, war es leid gewesen, Elterngemüter zu kühlen, die sich an den eigenwilligen Bewertungskriterien der Referendarin erhitzten, deswegen hatte er sofort zugegriffen, als ihm sein Kollege, der Direktor des Hans-Böckler-Gymnasiums, beim Neujahrsempfang des Bürgermeisters vom jungen Herrn Hemmelmann ins Ohr säuselte. Lieber behielte der Böckler-Direx ihn zwar selber, doch leider habe er keine Planstelle frei. Ob nicht stattdessen das Waldgymnasium den fähigen jungen Mann …

Als Herr Hemmelmann zu seiner ersten Politikstunde vor Lillys Klasse stand, saßen alle 30 Kinder auf Plätzen, wo es ihnen gefiel, denn niemand mochte Frau Pfaus Sitzordnung.

Normalerweise befand sich Lillys Platz zwischen Linus und Daniel – aber die drei konnten einander nicht ausstehen. Dem Rest der Klasse ging es mit der Nachbarschaft ähnlich … Zwischenmenschlich war das unerfreulich, dem Unterricht tat es aber insofern gut, als die Banknachbarn kaum mehr miteinander schwatzten. Bis auf Kevin: „Ist mir egal, wo die mich hinsetzt, ich quatsch mit jedem!"

Obwohl die Kinder bei Herrn Hemmelmann nun Frau Pfaus Ordnung aushebelten, blieb es relativ ruhig im Raum. Deswegen bestand eigentlich kein Anlass, warum Herr Hemmelmann gleich nach der Begrüßung fragte: „Und das soll eure normale Sitzordnung sein?" Ausnahmsweise hielt die Klasse zusammen: „Ja, Herr Hemmelmann!"

In der nächsten Stunde baute sich der neue Lehrer statt des Morgengrußes drohend vor der Klasse auf: „Ich bin total enttäuscht von euch! Ich bin richtig sauer! Und jetzt will ich von euch wissen, warum!"

Erschrocken zogen alle die Köpfe ein. Was war passiert? Wenn er das vor allem selber nicht wusste!

„Na los, ich höre! Solange ihr nicht von allein draufkommt, fangen wir nicht mit dem Unterricht an!"

Keiner sagte etwas. Was hatten sie angestellt?

„Ich hab Zeit …"

Totenstille.

„Die Pause können wir auch noch dranhängen!"

Nicht die Hofpause! Den einzigen Lichtblick am langen Schultag! Nick zeigte zögernd auf.

„Aha. Wenigstens einer, der zu seiner Schandtat steht!"

„Weil nicht alle die Hausaufgaben gemacht haben?"

„Verarsch mich nicht! Mich interessieren eure Hausaufgaben nicht die Bohne! Wer keine vorweisen kann, kriegt eine Sechs und ich muss weniger korrigieren! So einfach ist das!“ Er schien sich in Rage gewettert zu haben, denn jetzt schickte er den Grund seiner Enttäuschung doch hinterher: „Ich bin stocksauer, weil ihr mich angelogen habt! Das Durcheinander hier ist alles andere als eure Sitzordnung!“

Wegen der lumpigen Sitzordnung machte der Typ so einen Aufstand? Neuer Lehrer, neue Sitzordnung. So sahen Schüler das seit Generationen.

„So, und nun nehmen alle augenblicklich ihre von Frau Pfau bestimmten Plätze ein!“

Nun dauerte so was immer einen Moment. Eher zwei. Als endlich alle saßen, wo sie hingehörten, waren sie trotzdem noch nicht „angekommen“, wenn Sie verstehen, was ich meine. Kevin drehte sich zu Daniel um, der zwei Reihen hinter ihm saß. Doch noch ehe er den Mund zu einer letzten Botschaft öffnen konnte, informierte ihn Herr Hemmelmann: „Du verbringst die Stunde auf dem Flur! Raus!“

So viel Disharmonie im Raum empfand Lillys Freundin Mira als störend und wünschte sich das Stundenende herbei. Dummerweise hatte sie am Morgen ihre Armbanduhr daheim auf dem Waschtisch liegen gelassen. Deshalb winkte sie so lange zu Lilly herüber, bis die aufmerksam wurde. Mira deutete auf ihr Handgelenk und formte mit den Lippen: „Wie lange noch?“ Lilly streckte hilfsbereit die rechte Hand in die Höhe und spreizte drei mal alle fünf Finger ab: 15 Minuten bis zum Klingeln. Doch in dem Moment stürzte sich von hinten ein großer Schatten auf sie! Herr Hemmelmann zerrte sie aus der Bank. „Was soll das?!“

Vor Schreck wie gelähmt wusste Lilly keine Antwort, sie starrte den Lehrer bloß an.

„Möchtest du uns das noch mal an der Tafel demonstrieren?! Und erklären, was das sollte?!"

Sprechen konnte Lilly immer noch nicht, aber wenigstens wieder ihren Kopf schütteln.

Für den neuen Lehrer war es damit noch nicht erledigt. „Es gibt zwei Sorten Schüler!" Er kreiste weiter wie ein Schakal um seine Beute: „Zum einen die Gruppe derer, die sich ablenken lassen. Und dann gibt es ein paar wenige, die lenken andere ab. Und du" – er haute mit der flachen Hand auf den Tisch – „bist eine von den Letzteren!"

Danach ging es mit Gruppenarbeit weiter. Jeweils zu dritt sollten die Kinder einen Überzeugungsdialog zwischen einem Fridays-for-Future-Aktivisten und einer „Umweltsau" erarbeiten. Wie das bei Gruppenarbeit üblich ist, kommunizierten die Schüler nicht in Zeichensprache. Herrn Hemmelmann nervte das. „PSST!", fauchte er alle paar Sekunden. Jedes Mal ein bisschen lauter, jedes Mal ein bisschen aggressiver. Und zum Schluss, ungefähr eine Minute vor dem erlösenden Pausenklingeln, tickte er endgültig aus: „RUHE! VERDAMMT NOCH MAL, IHR SOLLT RUHIG SEIN! ICH KANN BEI EUCH KEINEN KLAREN GEDANKEN FASSEN!"

Kein Wunder, dass die vom Hans-Böckler den Typen loswerden wollten …! Weil Lilly beim Essen von Hemmelmanns ungesunder Gesichtsfarbe berichtete, vermutete ich, dass er vielleicht am Abend zuvor zu tief ins Glas geschaut hatte. Doch entweder lag ich falsch oder die Feierbirne durchzechte die Woche darauf erneut die Nacht vorm Politikunterricht. Wieder zeigte sich der Lehrer stark ruhebedürftig und leicht reizbar. Man musste ihm zugutehalten, dass der Klassenverband der 5b tatsächlich lebhaft agierte. Allerdings war das für Zehnjährige normal; in den nächsten Jahren würde es sich sogar noch verschlimmern, wenn einer nach dem anderen an Pubertät erkrankte. Lehrer und Lehrerinnen sollten das eigentlich wissen – und sich spätestens im Referendariat klar geworden sein, ob sie diese Last ihr Berufsleben lang stemmen wollten.

Bis einschließlich der Guten-Morgen-Begrüßung lief die Politikstunde noch unauffällig. Doch dann ging es los: „Mir ist ganz entfallen ... worüber sprachen wir letzte Stunde noch mal?" Herr Hemmelmann wirkte zerstreut, er schien sich nicht zu erinnern. Die Kinder verstanden das nicht als ernst gemeinte Stoffabfrage und plapperten hilfsbereit drauflos. „Falsche Sitzordnung", war zu hören, „Gruppenarbeit", „Braunkohle" und „Klimawandel". Mitten im Brainstorming nahm Herr Hemmelmann das Klassenbuch in die Hand – und knallte es ohne Vorwarnung aufs Pult! In die Totenstille nach der Explosion hinein zischte er: „Von euch Hohlköpfen habe ich keinen gefragt! Und das werde ich auch nicht tun!" Er zeigte auf Greta, die immer sehr aufrecht saß und sich grundsätzlich bei jeder Lehrerfrage mit einem einzigen engagierten Schnipsen zwischen Daumen und Mittelfinger meldete. „Du scheinst die Einzige mit Verstand in dem Haufen hier zu sein. Bitte, erzähl deinen Klassenkameraden, was wir letzte Stunde behandelt haben!"

Zu Herrn Hemmelmanns Zufriedenheit bettete Greta nun die zusammengetragenen Schlagworte in ausführliche

Schachtelsätze, wie sich das gehörte. Als sie viel später mit ihrem Bericht endete, waren ein paar Schüler eingeschlafen. Für die verbleibende Viertelstunde teilte Herr Hemmelmann Arbeitsblätter zum Thema „Klimaschutz" aus. „Normalerweise ist das eine Aufgabe, die in Partnerarbeit erledigt wird. Aber für Partnerarbeit seid ihr zu laut. Ihr löst das mal schön jeder für sich allein! Informationen könnt ihr im Buch von Seite 70 bis 110 nachlesen. Was ihr nicht schafft, bleibt als Hausaufgabe!"

Damit überließ er die Schüler sich selbst und vertiefte sich in sein Tablet. Nach einer Weile hatte er genug darauf herumgewischt und stand auf. Er warf einen langen Blick aus dem Fenster, dabei versenkte er die Fingerspitzen seiner rechten Hand auf Leibhöhe zwischen den Knöpfen seiner Strickjacke. Wie Napoleon stolzierte er nun durch die Reihen. Infolge der hochexplosiven Aura, die ihn umgab, war in der Klasse nichts weiter zu hören als das Kratzen der Füller und das Umblättern von Papier.

Vor Paula, einem fröhlichen Mädchen mit langen blonden Haaren, stoppte er seinen Exerzierschritt. „Du solltest dringend dein Arbeitsverhalten ändern!" Paula zuckte zusammen. „Obwohl –, Herr Hemmelmann korrigierte sich, „dein Arbeitsverhalten ist eigentlich in Ordnung. Du machst ja was. Aber dein Sozialverhalten! Ändere dein Sozialverhalten!"

Bisher hatte noch niemand Paulas Sozialverhalten kritisiert. Weder in der Grundschule noch hier am Gymnasium gab es Beschwerden. „Was soll ich denn ändern?", fragte sie deshalb zaghaft. „Was mache ich denn falsch?"

„Solche wie dich kenne ich! Deine Art nervt mich. Ich möchte, dass du dich ganz nach hinten in die letzte Reihe setzt!"

Paulas Augen füllten sich mit Tränen. Sie packte ihre Sachen zusammen und verschwand nach hinten. Napoleon war zufrieden mit seiner neuen Aussicht. Die störte nun auch kein Schüler mehr, denn alle beugten sich tief über ihre Hefte.

Einige Zeit später brach die Woche an, in der jeder Lehrer mit jedem Schüler zehn Minuten vor der Tür verbrachte, um dort vertraulich die Zeugnisnote zu besprechen. „Ich hab voll Angst, was ich in Politik kriege!" Lilly sorgte sich am Abend vorm Politikunterricht. „Der kann mich nicht leiden. Der kneift immer so böse die Augen zusammen, wenn er mich anschaut. Ich trau mich schon gar nicht mehr, mich zu melden! Bestimmt trägt er mir das von damals nach, als ich Mira mit den Fingern die Zeit gezeigt habe."

„Ach, Quatsch!", beruhigte ich sie. „Da erinnert er sich sicher überhaupt nicht mehr dran. Überleg mal, wie viele Schüler er jeden Tag unterrichtet."

„Hoffentlich hast du recht, Mama!"

Herr Hemmelmann machte sich die Mühe mit der Diskretion und dem Vor-die-Tür-Gehen nicht. Während einer Arbeitsphase setzte er sich rittlings aufs Pult und zitierte den alphabetisch ersten Schüler zu sich. Er wies ihm einen freien Stuhl in der ersten Reihe zu, der heute aus Krankheitsgründen leer geblieben war. Zwischen zwei Mitschülern – das war auch besser so; falls jemandem etwas unklar blieb, konnten sie sich hinterher im Kollektiv darüber austauschen.

„Wie schätzt du dich denn selber ein?", eröffnete Herr Hemmelmann das Gespräch, als Lilly an der Reihe war.

„So Zwei …" Wie man halt als Schüler irgendwie noch hofft.

„Das glaubst du doch wohl selber nicht! Du erinnerst dich sicher an den Vorfall in der ersten Unterrichtsstunde? Als du mir gegenüber eine obszöne Geste machtest! Du hast es bis heute nicht für nötig gehalten, mir zu erklären, was die bedeutete. Du kannst froh sein, wenn ich dir auf dem Zeugnis noch eine Vier gebe! Im Moment sehe ich das allerdings nicht."

Warum wurde so jemand Lehrer? Vielleicht hatten ihn seine eigenen Klassenkameraden früher im Schrank eingesperrt? Und er hatte diese Finsternis bis heute nicht durchdrungen? Nutzte er nun die Gelegenheit, sich zu rächen? Es gab so viele schöne Jobs, alle ohne Kontakt zu Kindern! Der Lehrermangel an unseren Schulen schien gravierender zu sein, als man gemeinhin glaubte!

Nach meiner eigenen Schulkarriere und meiner Erfahrung als Zweifachmutter stand zu befürchten, dass wir Herrn Hemmelmann so schnell nicht wieder loswürden. Schwanger würde er leider schon mal nicht. Es blieb uns nur übrig, ihn nun jeden Abend in unser Nachtgebet mit einzuschließen: Ab mit ihm, zurück nach Sankt Helena!

Und wissen Sie was? Noch ehe ich mich gegen die ungerechte Behandlung meiner Tochter auflehnen konnte, wurden wir erhört! In der Woche darauf erschien Herr Hemmelmann nicht zum Unterricht. Am Nachmittag sickerte durch, dass er sich auf unbestimmte Zeit hatte beurlauben lassen. Ein wenig wunderte mich, dass das so schnell gegangen war. Was sich genau hinter den Kulissen abgespielt hatte, wollte ich gar nicht wissen. Das Ziel war erreicht: Der Typ war Geschichte!

HAUPTSACHE, DU HAST DICH GEMELDET!

ES GIBT HALBJAHRESZEUGNISSE

Ein großes Ereignis warf seine Schatten voraus: Die erste Ernte am Gymnasium stand kurz bevor! Dachte manch Abgekämpfter noch, auf dem Zeugnis stünde nichts Überraschendes, weil die Zeugnisnote, wie in der Grundschule, als simple Durchschnittsberechnung aus den schriftlichen und mündlichen Leistungsüberprüfungen ermittelt wurde, dann lag er damit kräftig daneben. Ersteltern lernten jetzt vom immensen Einfluss der mündlichen Mitarbeit. Wer bereits Sprösslinge zur weiterführenden Schulen entsandt hatte, resignierte: Beim Kleinen in der Fünften ging der Mist wieder von vorne los!

Ich Muttertier hatte da schon einiges mitgemacht. Mein Erstgeborener war ein ziemlich fauler Schüler gewesen. Schlimm wurde es aber erst zu Beginn der Pubertät und unterirdisch, als er richtig schwer daran erkrankte. In den Klassenarbeiten kam er anfangs noch klar. Doch seine mündliche

Mitarbeit stellte er irgendwann vollständig ein. Sich zu melden gefährdete sein Image – denn nichts fürchtete ein cooler Jungadoleszent mehr, als von seinen Mitschülern als Streber abgestempelt zu werden. In der pubertätsverseuchten Gedankenwelt meines Erstgeborenen zählte es bereits als „krass zu viel Unterrichtsbeteiligung“, die Lehrkraft überhaupt anzuschauen, wenn sie mit ihm sprach. Klar, dass die Damen und Herren sich das nicht gefallen ließen. In ihrem geheimen Büchlein gaben die Lehrer anscheinend jedem Schüler für jede Stunde eine Mitarbeitszensur, bei der es aber weniger um die Qualität der Wortbeiträge als um ihre Quantität ging. Oder ich kapierte schlicht die Kriterien nicht. Das konnte auch sein.

Was genau unter des Knaben Namen im jeweiligen Büchlein notiert war, erfuhr ich immer sechs Wochen vor dem Zeugnis – wenn der Briefträger wieder Sturm schellte, weil die blauen Briefe nicht alle in unseren Briefkasten passten.

Nun war Lilly ein empathisches, fleißiges Mädchen – ganz anders als mein Erstgeborener. Ihre Aufgaben erledigte sie, ohne dass ich sie erinnern musste – meist wusste ich nicht mal, was sie gerade im Unterricht durchnahm. Erst wenn ich mit ihr für die nächste Klassenarbeit büffelte, brachte sie mich wieder auf den neuesten Stand. Weil in der Grundschule alles prima gelaufen war, hegte ich die Hoffnung, das würde so weitergehen. Eine trügerische Vorstellung.

Etwa drei Wochen vor dem Zeugnistermin setzte die Schule den regulären Unterricht aus. Die Pädagogen legten ihre Lehrpläne beiseite und begannen mit jedem Schüler einzeln dessen Zeugnisnote zu besprechen. Stärken, Schwächen, vor allem aber die mündliche Mitarbeit – und warum die Paukersicht auf die Eleven meist deutlich trüber war als deren Selbsteinschätzung. Zwischen 30 und 35 Kinder in jeder Klasse – das dauerte. Da das Besprechen unter den Datenschutz fiel, fanden die konspirativen Treffen – wie gesagt, außer bei Herrn Hemmelmann – auf dem Flur statt. Die Klasse war derweil mit einer langen Liste von Aufgaben sich selbst überlassen, weswegen die Disziplinprobleme eklatant zunahmen, und somit auch die Strafarbeiten.

Frau Thiele, die beliebte junge Mathelehrerin, war schon seit ein paar Wochen dauererkrankt und ihre Vertretung, die junge Referendarin Frau Decker, wusste sich nicht anders zu helfen, als die Schülerunruhen vermittels schriftlicher Mathetests niederzuknüppeln. Anscheinend lag ihr aber das Rechnen nicht – sie ließ Lückentexte ausfüllen. Inhaltlich eigneten die sich mehr, den Kenntnisstand der Eltern abzufragen. Beim letzten Test beispielsweise ging es um Zinsrechnung. Eine Frage lautete: „Wofür zahlt der Bankkunde Zinsen an die Bank?"

„Damit die Angestellten bezahlt werden können" war falsch, klar. Aber auch für *„geliehenes Geld"* gab es keinen Punkt. *„Kapital"* wäre der gesuchte Begriff gewesen. Pech für die Kinder, dass sie den in der 5. Klasse noch gar nicht kannten …

Durch die ständige Testschreiberei zog sich das Durchkauen der Mathenote nun aber noch länger hin, was zu noch mehr Unruhe führte. Hoffentlich kam Frau Thiele bald wieder! Wie das bei Krankheiten gern so war, war sie vermutlich abrupt aus dem Schulalltag gerissen worden – anders ließ sich die Mathezensur von Paula nicht erklären: Die erste Klassenarbeit (die mit dem Fahrplan, den niemand lesen konnte) war mit einer Vier minus in die Hose gegangen, danach schrieb Paula zweimal eine Eins minus. Rechnerisch ergab das eine Zwei – erst recht angesichts der unübersehbar steilen Tendenz nach oben. Tatsächlich bescheinigte ihr die Referendarin aber zum Halbjahr nur eine Drei: Paulas Mitarbeit lasse zu wünschen übrig.

Ein gutes Signal an den Schüler war so eine Benotung nicht. Vergeigte er die erste Klassenarbeit, nutzte es ihm offensichtlich nichts, wenn er sich den Rest des Halbjahres reinhängte. Ob sich Zehnjährige dann von der Weisheit *„Nicht für die Schule, sondern für das Leben lernen wir!"* motivieren ließen? Ich war da eher pessimistisch …

Mein Großer litt seine gesamte Schulkarriere lang unter der starken Gewichtung der Mitarbeit. Im Zeugnis bekam er manchmal zwei Noten schlechter, als der rechnerische Durchschnitt der ihm bekannten Noten ergab. Das hatte mit seinem eigenen Verhalten zu tun. Doch Paula war anders. Zwar konnte ihr quirliges, lebhaftes Wesen einen Lehrer in einer Klasse mit 30 Kindern schon fordern – aber zu schlechten Noten führen? Ich fragte mich manchmal, ob so etwas womöglich an etwas anderem lag. Sie hatte nämlich auch einen Bruder, zwei Jähre älter und heftig an Pubertät erkrankt. Eine schlechte Startposition auf der Lehrersympathieskala. Wie gut, dass am Waldgymnasium noch keiner gespannt zu haben schien, wer Lillys großer Bruder war!

Der hohen Fluktuation der Lehrer sei an der Stelle einmal herzlich gedankt.

In der nächsten Stunde stand Englisch auf dem Stundenplan. Fröhlich folgte Lilly Frau Ries auf den Flur. Die Lehrerin wiegte jedoch sorgenvoll den Kopf: „Deine schriftliche Leistung ist okay. Aber deine Mitarbeit! Du beteiligst dich viel zu selten am Unterricht! Was soll ich dir bloß im Zeugnis geben ...?“ Lilly verstand die Welt nicht mehr. Für alle drei Klassenarbeiten hatte sie ein Sehr gut eingeheimst, auch für sämtliche Vokabeltests. Ihr Kinderherz rutschte geradewegs in die Hose. Nicht dass es ihr am Ende wie Paula erging? Doch da lächelte Frau Ries: „Ihr seid ja noch nicht lange auf unserer Schule. Ihr könnt noch nicht wissen, wo der Hase hier langläuft. Ich gebe dir dieses Mal noch eine Eins. Aber im nächsten Halbjahr musst du dich unbedingt mehr anstrengen!“

Zusätzlich zu den Hauptfächern Deutsch, Mathe und Englisch gab es die Nebenfächer, deren Benotung sich gefühlt nur noch aus Kaugummi zusammensetzte: Mitarbeit, Mitarbeit und noch mal verdammte Mitarbeit! Außerdem floss die Heftführung mit ein – wog als Teilnote aber nur dann schwer, wenn sie schlecht ausfiel. War der Hefter in Ordnung, wirkte er sich mehr nach Schweizer Vorbild aus: neutral. Selbst schriftliche Leistungsüberprüfungen gingen in den Nebenfächern unter, weil sie zur mündlichen Note zählten. Machen Sie sich also nichts daraus, wenn Ihr Kind da unterm Jahr was versemmelt: Fürs Zeugnis interessiert, ob es sich anständig gemeldet hat ...

Diese Gewichtung war für Lilly eine völlig neue Erfahrung. Ihr war schon aufgefallen, dass es im Unterricht häufig Wortmeldungen ohne substanziellen Inhalt gab.

Letztens in Musik hatte Herr Schwach nach berühmten klassischen Komponisten gefragt. Linus meldete sich unverzüglich – wie er es immer tat. Er kam auch gleich als Erster dran: „Ich habe letztes Wochenende eine Gitarre geschenkt bekommen. Freitags gehe ich jetzt immer zur Musikschule." Aha. Bedeutende Persönlichkeiten schien er aber keine zu kennen.

Sofort schnippste Gretas Meldefinger auf: „Ich gehe auch zur Musikschule! Ich spiele Klavier. Schon seit ich vier war!"

Und auch die Jäger-Schwestern wussten etwas beizutragen: „Zu uns kommt der Musiklehrer ins Haus. Wir sind zu zweit, da lohnt sich das."

Die klassischen Komponisten waren offenbar in Vergessenheit geraten (noch mehr, als das sowieso der Fall ist); der Rest der Stunde drehte sich um die musikalische Späterziehung der Schülerschaft: Wer welches Instrument lernte und wie hervorragend er oder sie es beherrschte.

Als es klingelte, sagte Herr Schwach zu Linus: „Du hast sehr gut mitgearbeitet. Dein Beitrag hat unsere Stunde weit vorangebracht. Ich gebe dir für diese Stunde eine Eins!"

Übernahmen Schüler den Unterricht, kam das offenbar bei vielen Lehrern gut an. Damit sich dieser Trick nicht zu schnell abnutzte, gab es auch gewöhnlichere Methoden, um Bestnoten abzusahnen. Anschaulicher lässt sich das immer am Beispiel erläutern. Politikunterricht, der verschollene Herr Hemmelmann fragte: „Wie heißt unsere Bundeskanzlerin?"

Viele Finger schnipsten auf, an Deutschlands Spitze hatte sich ja schon länger nichts mehr bewegt. Auch Lilly wusste das. Daniel war dran: „Angela Merkel!", trötete er, froh, garantiert die richtige Antwort zu geben. Lilly nahm den Finger runter. Die meisten anderen auch – doch Greta meldete sich weiter.

„Was gibt es, Greta?"

„Das wollte ich auch gerade sagen! Unsere Bundeskanzlerin heißt Frau Merkel."

„Sehr gut!"

Offensichtlich inspirierte Linus das Lob, er zeigte nun ebenfalls auf. „Frau Doktor Angela Merkel ist unsere Kanzlerin. Ich wollte das auch gerade sagen!"

„Ausgezeichnet!"

So einfach waren gute Noten abzusahnen, man musste nur mitspielen.

Interessierte das abrufbereite Wissen eigentlich überhaupt noch? Oder ging es nur noch darum, wie sehr der Schüler auf sich aufmerksam machte? Fiel die Belohnung höher aus, je mehr scheinbare Anstrengung er unternahm? Wobei es unwichtig war, welche tatsächliche Leistung er ablieferte?

Und dann kam der Zeugnistag. Notenmäßig überraschte er keinen – im Gegensatz zu meiner eigenen Schulzeit, als wir morgens schlotternd vor Angst aufstanden, welche Quittung uns erwartete. So gesehen machte das viele Gequatsche im Vorfeld schon Sinn.

„Frau Pfau hat entschieden, wer ab dem nächsten Halbjahr zum Förderunterricht muss: mehr als die Hälfte der Klasse!"

„Du etwa auch?“

„Zum Glück nicht. Aber Paula muss in Mathe!“

Förderbedarf betraf nur die Hauptfächer, nahm ich zunächst an. Doch bei manchen Familien flatterten auch Nachhilfeempfehlungen für Biologie und Politik in die Post. Wobei „Empfehlung“ nicht ganz stimmte: Es handelte sich um eine Anmeldung, der ein Schreiben der Schulleitung beilag. Mit Rechtsbehelfsverweis auf das notwendige Bestehen der sechsten Klasse und damit der „Erprobungsstufe“, um weiterhin am Gymnasium lernen zu dürfen. Freiwillig erzwungener Nachmittagsunterricht also, künftig einmal pro Woche von 13.30 bis 15 Uhr. Buchbar als Halbjahres-Komplettpaket.

Da es weder in Bio noch in Politik schriftliche Leistungsabfragen gab, bekamen die armen Würstchen sicherlich Nachhilfe in Unterrichtsbeteiligung. Vielleicht auch in ordentlicher Heftführung, denn das war ein Unterrichtsinhalt, den ich in den vergangenen viereinhalb Schuljahren wirklich vermisst hatte. Neben etlichen anderen übrigens. Leider gab es den Spaß nicht umsonst: Kostenpunkt 39 Euro im Monat, zu überweisen an einen Hilfsverein.

Neben dem ganzen Gemecker wartete auch eine positive Überraschung. In Erdkunde schaffte man es zwar seltenst, in einer von Frau Presslers Malaufgaben ein „Doppelplus“ abzugreifen – aber es genügten pro Halbjahr zwei Bewertungen mit „++“, um auf dem Zeugnis eine Eins zu ergattern. Ganz gleich übrigens, welches Sonderzeichen auf den restlichen Werken prangte. Anscheinend wusste Frau Pressler um ihren übertriebenen Qualitätsanspruch, und entsprechend schwer wogen bei ihr positive Resultate.

Lilly hatte in dem halben Jahr vor allem Bewertungskreise bekommen, aber tatsächlich auch zwei der alternativen Doppelplusse geschafft! So richtig freuen konnte sie sich über ihre Eins trotzdem nicht: „Mir wäre es lieber, ich bräuchte nicht jede Woche Angst vor Erdkunde zu haben. Dafür nähme ich sogar eine schlechtere Note in Kauf."

KÜMMERT IHR EUCH MAL UM DIE NEUE!

EINE MITSCHÜLERIN AUS DEM KRISENGEBIET

Anfang Februar informierte mich Lilly eines Tage beim Mittagessen: „Nach Karneval kriegen wir eine Seiteneinsteigerin!“

Im Job sind Seiteneinsteiger solche, die vorher was anderes gemacht haben. Zum Beispiel ein Feldwebel, der von der Fahne die Nase voll hatte und nun lieber Lehrer sein wollte. Ich war mir aber nicht sicher, ob ich wirklich in die richtige Richtung dachte, denn Feldwebel Pressler war ja schon da. Deswegen fragte ich nach: „Was ist denn eine Seiteneinsteigerin?“

„Ein Flüchtlingsmädchen. Die kommt in unsere Klasse. Sie spricht kein Deutsch und die Lehrer wissen nicht einmal, ob sie überhaupt die lateinische Schrift beherrscht.“

„Woher kommt sie denn?“

„Wissen die Lehrer auch nicht. Es sollten sich vier Kinder freiwillig melden, die sie als Delegation am Aschermittwoch begrüßen und im Sekretariat abholen. Ich hab mich aber nicht gemeldet."

Nun war meine Tochter zwar die falsche Adresse, aber mich interessierte schon sehr, wieso ein Kind, das kein Deutsch verstand, in eine fünfte Klasse des Gymnasiums eingeschult wurde. Das war ja bereits schwer genug für Einheimische, die immerhin vier Grundschuljahre lückenlose Vorbereitung auf das deutsche Schulsystem hinter sich hatten. Hinzu kam, was Eltern aus Erfahrung wissen: Blieb das eigene Kind wegen Krankheit ein paar Tage der Schule fern, sackten seine Leistungen danach erst einmal ab. Wie sollte das gehen, wenn ein Kind nicht mal die Basics wie Sprache und Schrift beherrschte?

„Sie bleibt erst mal ein halbes Jahr bei uns und dann wird entschieden, ob sie auf die Realschule wechselt. Ich verstehe nicht, warum sie sie nicht gleich auf die Gesamtschule tun? Oder in die Hauptschule. Bei uns auf dem Gymnasium ist es doch zu schwer! Außer vielleicht in Erdkunde, da wird eh nur gemalt. Aber dafür verbreitet Frau Pressler Terror. Das ist doch nichts für Kinder, die aus dem Krieg flüchten! Die brauchen Ruhe und liebe Lehrer! Ich verstehe das nicht."

Ich auch nicht. Wenn sogar Zehnjährige das Problem erkannten, warum dann nicht auch die, die bei uns die Entscheidungen trafen?

Dann kam der Mittwoch. Gleich in der ersten Stunde stand Erdkunde auf dem Plan. Das traf sich gut, denn als Unterstufenleiterin übernahm Frau Pressler die Einführung. Kurz bevor sie die Klasse betrat, hatte sie einen Anruf des Dolmetschers der Erstaufnahmeeinrichtung erhalten: Das Mädchen hieß Basima und kam aus dem Irak. Sie sprach Aramäisch und beherrschte nur die arabischen Schriftzeichen. Unsere lateinischen Buchstaben kannte sie nicht und Englisch verstand sie auch nicht. Das würde schwierig werden.

Ängstlich, klein und zierlich stand das Mädchen dann um kurz nach 8 Uhr inmitten seiner Willkommensdelegation vorn an der Tafel. Pressler sandte ungekannte mütterliche Signale aus, als sie laut grübelte: „Wo setzen wir dich denn jetzt hin …? – Am besten neben ein Mädchen, das dir dann alles beibringen kann!" Ihr Blick hetzte durch die Klasse und dann zeigte sie mit dem Finger auf Lilly. „Setz dich dort daneben!"

Darauf war Lilly nicht gefasst. Überrascht riss sie die Augen auf. Pressler entging das nicht und ihre Adleraugen verengten sich zu zwei giftigen Schlitzen: „Wie kannst du denn da so unverschämt gucken?!" Sie baute sich vor Lilly auf. „Mit dir wird das nichts! Deine neue Mitschülerin soll sich willkommen fühlen. Vor dir kriegt sie ja Angst!"

Natürlich war es ein Weg, Kindern die Verantwortung für einen Schützling zu übertragen. Den konnte man auch beschreiten – doch man musste den Kindern die Zeit geben, sich auf die Sache einzustellen. Seit Anfang Februar wäre genügend Zeit gewesen, das Gespräch mit den Kindern zu suchen. In einer einfache Frage hätte sich das zusammenfassen lassen: *„Wer mag sich um das fremde Mädchen kümmern?"* Man hätte die Aufgabe mit ihren Konsequenzen in der Klasse besprechen können, die Kinder hätten Fragen stellen, sich daheim mit den Eltern beraten und ein paar Nächte darüber schlafen können! Das wäre gegangen.

Was aber nicht ging: dass das fremde Kind schon zitternd im Klassenzimmer stand, als der Lehrer seine rhetorische Frage abschoss: „Du kümmerst dich, okay?" Und dann entsetzt war, wenn das herausgepickte Kind angesichts der Verantwortung erschrak. Nicht alle verfügten über ein Mutter-Teresa-Gen – bei manchen musste es auch erst sanft herausgekitzelt werden, nicht gleich frühmorgens wie ein Eimer kaltes Wasser ins kuschelige Nest gekippt werden.

Jetzt befanden sich in der Klasse also schon zwei Mädchen, die sich im Moment ziemlich fürchteten.

„Wer betreut denn die neue Mitschülerin freiwillig?"

Nick meldete sich.

„Du? Kann das nicht jemand anders übernehmen?" Pressler kniff die Augenbrauen zusammen und scannte die Runde. Nichts, kein weiterer Finger zeigte auf. Pressler seufzte und schubste das Mädchen zu Nicks Tisch. In der Schule musste immer alles zackig schnell gehen, man hatte keine Zeit! Je länger ich Frau Pressler kannte, umso mehr gewann ich den Eindruck, dass sie richtig froh war über die hektischen G8-Zeiten. So konnte sie ungestört ihren Stress ausleben. Für sie existierte kein Grund, eine Sache mal in Ruhe anzugehen! Wie schlimm musste das gerade in so einer Situation für die Kinder sein?

Nick bekam nun den Auftrag, sich ab sofort im Unterricht um Basima zu kümmern. „Du wirst ihr immer erklären, was wir gerade machen!"

Sprach's – und weiter ging es mit dem aktuellen Unterrichtsthema: Ikea. Ikea als Unterrichtsinhalt war auch so eine Sache für sich: Vielen Schülern war zwar nach wie vor unklar, dass es sich bei Austria um einen Nachbarstaat Deutschlands handelte und nicht etwa um einen Kontinent am anderen Ende der Welt, oder was an der Andy-Möller-Aussage „Mailand oder Madrid – Hauptsache Italien!" falsch war. Doch das schien nicht so wichtig zu sein, denn schon seit fast einem Monat beschäftigte sich der Erdkundeunterricht intensiv mit Ikea: Das Logo in verschiedenen Größen malen, das Sortiment aufzählen und die Standorte benennen. Eben alles, was wichtig war für künftige Konsumenten …

Den Rest der Stunde ignorierte Frau Pressler das neue interkulturelle Gespann. Zuerst versuchte Nick, Basima den Sachverhalt mit Ikea darzulegen: Möbelhaus, Småland und Kötbullar … Offensichtlich betrieb die Schwedenkette im Irak aber noch keine Dependance, denn des Mädchens Augen wollten partout nicht verstehend leuchten. Nach kurzer Zeit wurde es Nick dann zu blöd. Er rupfte ein Blatt aus seinem Block und schob dem Mädchen seine Federmappe hin. Dann boxte er es mit dem Ellbogen in die Rippen und klatschte auf das Blatt: „Du. Malen!"

An dem Beispiel ließ sich gut erkennen, wie Druck von oben nach unten weitergegeben wurde. Die Flüchtlinge kamen voller Hoffnung auf ein besseres Leben nach Deutschland. Doch ihre schulpflichtigen Kinder wurden einfach nach ihrem Alter in ganz normale deutsche Schulen gesteckt. Die

Qualifikation, um an einem Gymnasium zu landen, bestand lediglich darin, dass das Flüchtlingskind im Heimatland beschult worden war. Uninteressant schien dabei, ob das Kind die neuen Mitschüler überhaupt verstehen konnte und wie viel es vom Unterricht mitbekam. Lehrer, die sowieso schon überfordert und zu wenige waren, bekamen nun zusätzlich noch sprach- und kulturfremde Kinder zugeteilt. Die Schulleitung beschloss, der Lehrer nickte – und übertrug dann die Verantwortung an einen Schüler. Der sollte für das Kind da sein und es sozusagen unterrichten!

Dass die Flüchtlingskinder die Hälfte des Unterrichtstages aus den Klassen genommen wurden, weil sie gemeinschaftlichen Deutschunterricht erhielten, verbesserte die Situation auch nur unwesentlich.

Den ersten Schultag im deutschen Schulsystem verbrachte Basima also malend. Danach hörte ich lange Zeit nichts mehr. „Was macht denn eure neue Mitschülerin?“, fragte ich deswegen eines Nachmittags nach ungefähr zwei Monaten.

„Sie ist da.“

„Und, wie geht es ihr?“

„Keine Ahnung.“

„Wieso weißt du das nicht?“

„Sie spricht doch kein Deutsch, da kann sie ja schlecht was erzählen.“ Auch wieder wahr.

„Hat sie in den zwei Monaten denn noch nichts gelernt?“

„Doch, ‚ja‘ und ‚nein‘, und bis 20 zählen kann sie jetzt. Das wollte sie Frau Pfau letztens vorführen, die hat sie aber nicht ausreden lassen.“

„Wie muss ich mir das denn vorstellen …?“

„Wir hatten Deutschstunde und haben gerade die Spannungskurve in der Erzähltechnik besprochen. Da hat sie sich gemeldet und angefangen loszuzählen. Frau Pfau hat sie unterbrochen und jemand anders drangenommen."

„Und was ist dann passiert?"

„Helena hat sich gemeldet und gesagt: ‚Basima wollte Ihnen doch bloß zeigen, was sie schon kann!' – Frau Pfau interessierte das aber nicht. Sie meinte, dafür hätte sie keine Zeit."

Ja, schwierig. Da wollte ich auch nicht Lehrer sein. Der Unterricht für 30 Kinder musste ja weiterlaufen. Die Deutschstunde konnte nicht plötzlich zum Sprachkurs werden. „Was macht Basima denn, wenn sie nicht in ihrem eigenen Deutschkurs ist?"

„Sie ist halt mit im Unterricht und soll in ihren Deutschbüchern arbeiten."

„Das ist bestimmt ziemlich langweilig."

„Ja, sie schläft auch öfter darüber ein. Freitag hat sie laut geschnarcht."

„Und dann?"

„Hat Franzi sie geweckt. Anschließend hatten wir Erdkunde, da muss sie mitmachen. Da malen wir eh nur von der Tafel ab."

„Es gibt doch aber auch noch andere Fächer, wo man mitmachen kann, ohne Deutsch zu verstehen. Sport und Kunst zum Beispiel."

„Die finden in der Früh statt, da hat sie Deutschkurs."

„Muss sich Nick eigentlich immer noch kümmern?"

„Ja, soll er."

„Und, macht er?"

„Nö. Frau Pfau war ja gleich klar, dass das nichts wird. Sie hat das damals auch sofort geändert und Helena und Paula eingeteilt. Aber Frau Pressler hat das nicht gepasst, sie hat's wieder rückgängig gemacht."

„Weiß man denn, warum?"

„Nö. Aber was Frau Pressler sagt, das wird gemacht. Und so ist es dann geblieben."

FRAU THIELE GEHT!

WENN DIE LIEBLINGSLEHRERIN AUSFÄLLT

Nach den Osterferien waren das Töchterchen und wir Eltern entspannt und erholt – das durfte so nicht bleiben. Und richtig: Gleich am Montag kam Lilly tief betrübt von der Schule nach Hause. „Etwas ganz Schreckliches ist passiert!“ Aus den braunen Augen meines Töchterchens rollte eine Träne. „Frau Thiele …“

„Was ist mit ihr? Ist ihr etwas zugestoßen?“

„Ja.“ Zwei Tränen.

„Was ist geschehen, Schatz?“

„Sie ist schwanger!“ Für die einen ein glücklicher Umstand – für die anderen eine Katastrophe. „Frau Thiele ist die allerbeste Lehrerin, die wir haben! Sie ist unheimlich nett, ich mag sie so gern. Warum kriegt sie denn jetzt ein Kind? Das muss doch nicht sein! Sie hat doch schon einen Sohn! Und sie hat uns! Das reicht doch an Kindern!“

Auf den Schreck fiel mir auch nichts Positives ein. Die Tochter hatte recht, das musste wirklich nicht sein! Ein Lehrer, der die Schüler für sein Fach begeisterte, war ein Segen. Und wenn er oder sie auch noch Mathematik unterrichtete, war das wie ein Sechser im Lotto. Sogar einer mit Zusatzzahl!

„Wie lange bleibt sie denn noch?“

„Noch das ganze restliche Schuljahr. Man sieht auch noch nichts. Aber was wird dann im nächsten Jahr? Wen kriegen wir denn in der sechsten Klasse in Mathe?“

Das war auch mein erster Gedanke gewesen! Wer würde den Kindern im nächsten Schuljahr Bruchrechnen und sonstige algebraische Gemeinheiten fürsorglich ans Herz legen? Jetzt schoss mir eine Scary Vision durch den Kopf: Sie war alt und schrumpelig und verbreitete unglaubliche Hektik. Bei dem Gedanken blieb mir fast das Herz stehen und meine Knie wurden weich. *Jetzt mach bloß keinen Fehler, Mutter! Lass dir bloß nicht, unter keinen Umständen, etwas anmerken …*

Doch meine Tochter kam von selbst drauf: „Wenn Frau Pressler unsere neue Mathelehrerin wird, wechsle ich augenblicklich die Schule! Da gehe ich noch in der Pause nach Hause!!“

Na bravo, wenn uns schon beiden der Feldwebel einfiel …

„Ich kann mir gar nicht vorstellen, wie die das in der 5c mit der aushalten! In unserer Klasse sehen wir die ja zum Glück nur in ihrem blöden Nebenfach und wenn sie bei uns Vertretung macht. Aber in Mathe! Wenn ich die noch öfter in der Woche verkraften muss! Da wäre ich voll fertig!“

Hoffentlich würden wir nicht nächstes Jahr erfahren, ob sie recht hatte. Wie alt war die Pressler eigentlich? Und wie lange würde sie noch ihren Dienst an der Kreide versehen? Schon als sie meinen großen Sohn tyrannisierte, war sie gefühlt 70. Demnach müsste sie inzwischen fast 80 sein …

Weil das natürlich nicht möglich war, überlegte ich, wer da mehr Einblick hatte. Bei wem ich auch Antworten auf meine beiden dringlichen Fragen bekäme: In welchem Alter werden Lehrer pensioniert? Und: Wann hatte der Zerberus seinen ersten Schrei durch die bis dahin so friedliche Welt geblökt? Ich wollte das nicht auf den Tag genau wissen – schließlich wollte ich ihr ja nicht zum Geburtstag gratulieren –, aber so grob halt, Sie wissen schon.

Damit uns die Mathe-Horrorvision nicht den ganzen Nachmittag verdarb, schickte ich sogleich eine WhatsApp an Sabine. Deren Stammhalter Noah besuchte die eben erwähnte 5c: „Weißt du, wie lange es Frau Pressler noch macht?"

Postwendend kam zurück: „Bestimmt noch ewig. Die dämliche Kuh! Gift konserviert!"

„Wie alt ist sie?"

„Tippe auf 120."

Okay, Sabine war also keine Hilfe. Auf der Homepage der Schule fand ich auch keine persönlichen Angaben.

Was nun?

Da fiel mir Thea ein! Sie engagierte sich schon immer an höchstmöglicher Stelle in Elternsachen und wir kannten uns seit der Grundschulzeit der Kinder. In diesem Jahr hatte sie den Posten der Stellvertreterin von der Stellvertreterin des Schulpflegschaftsvorsitzenden inne.

In der Nachricht an Thea musste ich ein bisschen weiter ausholen und auch Höflichkeitsfloskeln wie Anrede und Schlussformel unterbringen, denn wir pflegen nicht so häufigen Kontakt.

Liebe Thea,
wie geht es dir? Wir haben uns lange nicht mehr gesehen. Ich hoffe, dein Sohn hat sich gut am Gymnasium eingelebt.

Es ist schade, dass unsere Kinder nicht mehr in dieselbe Klasse gehen. Ich bin auf der Suche nach einer Information. Frau Thiele, unsere Mathelehrerin, ist schwanger. Kannst du uns verraten, ob Frau Pressler als Nachfolgerin für die 5b gehandelt wird?
Liebe Grüße und hochachtungsvoll,
Meta

Nachdem ich auf Absenden geklickt hatte, passierte erst einmal nichts. Lilly saß vor ihrem Mittagessen, hatte den Kopf schwer auf die rechte Hand gestützt und fischte mit der Gabel nanopartikelgroße Zwiebelteilchen aus der Tomatensoße. Schon ohne die Fummelei sah meine selbst gemachte Tomatensoße ziemlich ekelig aus, denn sie hatte sich, kurz nachdem sie auf dem Teller breit gelaufen war, in ihre flüssigen und festen Bestandteile getrennt. An jedem anderen Tag hätte sich meine Tochter lautstark beschwert, was das wieder für ein widerliches Kochexperiment sei und ob ich nicht einfach mal Pommes und Pfannkuchen zubereiten könnte wie normale Mütter. Stattdessen fragte sie mich nun alle fünf Sekunden: „Hat Thea schon geantwortet? Was schreibt sie?"

Mein Handy hatte weder gezuckt noch geleuchtet und auch noch kein akustisches Signal abgegeben – trotzdem checkte ich jedes Mal den Bildschirm. „Nein, hat sie nicht."

Nach fast zwei Stunden endlich vibrierte mein Mobiltelefon: Thea blinkte im Display.

„Hi Thea! Das ist aber lieb, dass du mich anrufst!" – Doch die Anruferin schien nicht in Stimmung für Small

Talk zu sein, denn sie kam sofort zur Sache: „Nicht schon wieder eine Schwangere! Bloß nicht! Das ist ja zum Haareraufen! Wo sollen wir denn jetzt schon wieder eine neue Lehrerin hernehmen? Vom gesamten Personal sind im Moment neun im Erziehungsurlaub. Neun von 35! Und jetzt kommt Nummer zehn? Wie soll das bloß gehen …?"

Das wusste ich auch nicht.

„Mach du das doch!", schlug Lilly vor. „Wenn du mir was erklärst, verstehe ich das immer sofort. Und dann schreib ich in jeder Mathearbeit eine Eins, weil ich ja vorher weiß, was drankommt!"

Ich tippte mir an die Stirn. „Du bist wohl nicht ganz gescheit! Ich habe genug mit euch zwei Kindern. Bei 31 zusätzlichen würde ich mich erschießen!"

„Es sind doch nur 30 zusätzlich! Weil eine davon bin ja ich. Und mittags gibst du sie schon wieder ab; am Nachmittag hast du mit mir zusammen deine Ruhe."

„Mache ich trotzdem nicht. Du kannst dich selber beim Direktor um den Posten bewerben."

„Ich? Was soll ich denn mit denen machen?"

„Knobelaufgaben. Sind auch eine Form von Mathe."

Thea schien sich nach ihrem verzweifelten Ausbruch ein wenig abreagiert zu haben, denn sie fuhr nun deutlich ruhiger fort: „Du hattest mich nach Frau Pressler gefragt. Sie ist knapp über 60 und wird demnächst pensioniert."

Vor Freude hätte ich an die Decke springen können! Leider vergaß ich in der Euphorie nachzufragen, wann es so weit sein würde. Denn, das wurde mir erst klar, nachdem ich aufgelegt hatte: Die Gefahr, sie als Mathelehrerin zu erwischen, war ja nicht gebannt, wenn sie bis zur Rente noch ein oder zwei Jahre herumbringen musste.

So kam es, dass wir am Abend auch nicht schlauer waren als zuvor – und das setzte sich in den nächsten Tagen fort. Das Gute an schwierigen Situationen: Man gewöhnte sich dran.

Ende der Woche dachte zumindest ich kaum noch über Lillys mathematische Zukunft nach. Das lag wohl auch daran, dass Mathe ausfiel. Am Dienstag war Frau Thiele nämlich krank. Auf dem Vertretungsplan stand Erdkunde. Da das fundamental wichtige Fach laut Stundenplan am Mittwoch noch einmal regulär dran war, nutzte Frau Pressler die Gelegenheit, für den nächsten Tag eine zusätzliche Hausaufgabe aufzugeben. (Diesmal hielt sich immerhin der Zeitaufwand in Grenzen, da hatte es schon schlimmere gegeben.)

Gegen Ende der Stunde wurde das Aufgabenblatt ausgeteilt. Wie üblich handelte es sich um eine schiefe Schwarz-Weiß-Kopie, von der offenbar schon lange kein Masterblatt mehr existierte. Eine Kopie der Kopie der Kopie – man konnte kaum noch was erkennen. Zur Sicherheit erläuterte Frau Pressler die Aufgabenstellung: „Zählt die Milchkühe im Kuhstall und malt das Blatt anschließend farbig aus! Wenn ich übrigens auch nur eine einzige lila Kuh sehe, gibt es eine Sechs und eine Strafarbeit dazu!"

Während sie hektisch in den Bankreihen weiter hinten die Blätter abwarf, griff Daniel nach seinem Hausaufgabenheft – doch anstatt die Aufgabe vergessenssicher für den nächsten Tag zu notieren, überlegte er es sich anders und drosch erst mal mit dem Heft auf Lillys Kopf. „Was hat die Alte eigentlich gegen lila Kühe? Im Fernsehen seh ich ständig welche!

Guckt die kein Fernsehen?"

Lilly – offenbar hocherfreut über die Ablenkung – riss dem Kumpel das Heft aus der Hand und klatschte es ihm um die Ohren. „Weil die genmanipuliert sind. Das kann die nicht leiden! Die steht auf bio."

„Die sollte aber mal so eine in Lila probieren. Die schmecken gut. Dann wäre sie bestimmt weniger zickig."

Lilly duckte sich und legte den Zeigefinger an den Mund: „Achtung, sie kommt."

Am nächsten Morgen sammelte Frau Pressler die Hausaufgaben aus der Vertretungsstunde ein. Nick hatte wohl im Dunkeln gearbeitet, denn er hatte mit schwarzem Buntstift kräftig über die unklaren Ränder geschmiert. Das verlieh seinen dicht gedrängt stehenden Milchkühen das Aussehen wehrhafter Stachelschweine. Doch das stellte weniger ein Problem dar; viel schlimmer war, dass es aus der verlaufenen Stallmitte lila leuchtete! Die kolorierte Fläche war zwar nicht riesengroß und es handelte sich dabei keineswegs um ein ausgewachsenes Rindvieh – aber der fremdfarbige Haufen war unverkennbar und nicht wegzudiskutieren. Fliederlila im Kuhstall! Ein Skandal!

Der Kopf des Zerberus lief feuerrot an, dann wurde er gelbgrün wie ein Knollenblätterpilz. Das waren aber auch keine natürlichen Gesichtsfarben ...

Übrigens, als kleiner Exkurs in die Natur und als Warnung: Der Grüne Knollenblätterpilz sieht zwar dem Champignon ähnlich, zählt jedoch zu den giftigsten Pilzen, die bei uns in Deutschland wachsen! Sein Verzehr führt nach circa zehn Tagen Krankheitsverlauf zum Tod. Zu den berühmten

Opfern Grüner-Knollenblätterpilzvergiftungen zählen der römische Kaiser Claudius, Papst Clemens VII. und Karl VI. Der Pilztod des Letzteren war besonders tragisch, denn er löste 1740 den österreichischen Erbfolgekrieg um Kaiserin Maria Theresia aus. Ein Pilz, der Europa veränderte – und eine Kuh, die das auch tat, nur ganz anders.

Kraft ihres Amtes als Unterstufenkoordinatorin stellte sich Pressler dem durch Schokokonsum und Werbefernsehen verblassenden Wissen über Nutzvieh allerstrengstens entgegen. Sie knallte Nick die Kopie auf den Tisch, nachdem sie sie vermittels Lesebrille noch mal eingehend geröntgt hatte, und blitzte den Knaben aus eiskalten Augen an: „Du schreibst zur nächsten Stunde einen Aufsatz! ‚*Wie fertige ich meine Hausaufgaben ordentlich an!*' Eine ganze Seite will ich sehen!"

Sind Sie jetzt gespannt, was der Knabe schrieb? Nichts. Aber dafür schrieb seine Mutter einen Brief:

Sehr geehrte Frau Pressler,
bei dem lila Fleck auf der Arbeitskopie meines Sohnes handelt es sich um das Kopftuch der Melkerin. Lilafarbener Stoff wird in der Landwirtschaft gern wegen seiner Unempfindlichkeit getragen. Auch dunkelblauer und dunkelgrüner. Bitte sorgen Sie dafür, dass die Kopien für die Kinder hochwertiger angefertigt werden! Vor allem, dass die Kopiervorlage beim Kopiervorgang bündig ausgerichtet auf der Glasscheibe liegt. Sollten die 10 Euro Kopiergeld pro Halbjahr für solche Qualitätsstandards nicht ausreichen, legen Sie das gern auf

uns Eltern um. Wir erwarten ordentliches Arbeitsmaterial für die Kinder!
Hochachtungsvoll
Nicks Mutter

Knickte Feldwebel Pressler vor so viel geballter Schützenhilfe aus der Mütterriege ein? Gab sie klein bei? Ersparte das Nick die Sechs für die Revolte? Ich weiß es nicht. Die Mutter wurde zum Gedankenaustausch in die Schule bestellt, das Unterrichtsthema Landwirtschaft wurde zugunsten weiterer Ikea-Einheiten gestoppt und die Qualität der Kopien hat sich nicht verändert.

Etwas Neues gab es allerdings: Am Freitag fiel Mathe ersatzlos aus.

So ging das die nächsten drei Wochen weiter: Dienstags nahm sich Pressler vertretungsweise der armen Schülerlein an, freitags ließ man sie ausschlafen. So kam es, dass Lilly und ich nun jeden Freitag gemeinsam frühstückten. „Ich halte das nicht mehr aus ...", jammerte sie am Freitag der dritten Woche.

„Was denn, mein Schatz?"

„Ich habe doch gesagt, dass ich Frau Pressler nicht öfter als einmal in der Woche verkrafte!"

„Aber warum regst du dich denn dann heute über sie auf? Heute ist doch Freitag! Heute hast du sie gar nicht."

„Ja, aber am Dienstag wieder. Bestimmt haben wir am Dienstag wieder Erdkundevertretung!"

„Ich glaube eher, dass Frau Thiele am Dienstag wiederkommt."

Kam sie aber nicht. Es kam auch kein anderer Lehrer, selbst Frau Pressler ließ auf sich warten. Längst war der Gong zum Unterrichtsbeginn auf dem Schulkorridor verhallt.

Nun waren so junge Schüler ja allgemein recht wohlerzogen und noch recht brav – weder verschwanden sie nach Hause noch verdrückten sie sich anderweitig. Stattdessen entsandten sie eine Delegation aus Klassensprecher, Stellvertreter und dessen bestem Freund zum Sekretariat. Im Sekretariat ging es derweil drunter und drüber, es herrschte helle Aufregung: Sowohl der Direktor als auch Frau Pressler telefonierten. Der Direktor hatte Frau Thiele am Ohr, Frau Pressler das Schulamt.

Was war geschehen?

Wie das bei Schwangerschaften manchmal der Fall war, gab es bei Frau Thiele Komplikationen. Deshalb hatte ihr der Arzt ein sofortiges Beschäftigungsverbot erteilt. Von jetzt auf gleich standen also verdammt viele Klassen des Waldgymnasiums ohne Mathelehrerin da. Frau Pressler bemühte sich nun beim Schulamt um einen schnellen Ersatz. Sie sei auch fürs Erste mit einem Springer zufrieden, Hauptsache, der Unterricht liefe weiter. Doch Lehrerinnen schienen im Augenblick besonders fruchtbar zu sein, denn der Pool an Ersatzkräften war leer gefischt. Man könne lediglich eine Referendarin schicken. Frau Pressler fuchtelte aufgebracht mit dem Hörer, so als wolle sie ihr Gegenüber vermöbeln: „Bloß nicht, davon haben wir genug!“ Und hier war ich ausnahmsweise mit ihr einer Meinung: Bloß nicht!

Für den Moment zeigte sich die Führungsriege des Gymnasiums ratlos. Aber wenigstens die Sekretärin behielt einen kühlen Kopf und nahm sich der hinterm Tresen lauschenden

Abgesandten der 5b an: „Ihr hättet jetzt bei Frau Thiele Mathe gehabt, richtig?“ Sie wartete die Antwort gar nicht erst ab, sondern zog stattdessen die unterste Schublade ihres Rollcontainers auf. Mit einem wehmütigen Blick entnahm sie der Lade ein Buch mit einem roten Schleifenband drumherum. „Das wollte ich heute eigentlich Frau Pfau zum Geburtstag schenken. Jetzt muss ich mir wohl etwas anderes überlegen, um sie aufzulockern.“ Sie legte das Präsent vor dem Klassensprecher auf den Tresen. „Verteilt die Mandalas in eurer Klasse und jeder malt eines davon aus! Es kommt gleich ein Lehrer zu euch, der euch beaufsichtigt!“ Entschlossen zog sie am Band und der sich lösende Schleifenpuschelknoten gab den Titel frei: *Halt's Maul und chill! Entspannungsmandalas für Erwachsene.* Sie pochte mit dem Zeigefinger auf den Titel: „Und genau so macht ihr das auch. Verhaltet euch ruhig! – Den Rest des Blocks bringst du mir zurück. Den brauche ich sicher in der nächsten Zeit noch öfter.“

In der Klasse entbrannte ein heftiger – und alles andere als ruhiger – Verteilungskampf um die besten Motive aus dem Mandalablock. Da waren aber auch schöne Parolen dabei! Wenn mein Pubertier aufgrund eines pubertären Anfalls richtig in Fahrt geriet, klang das ähnlich. Ich möchte hier nicht Gefahr laufen, zensiert zu werden, deswegen präsentiere ich Ihnen nur ein paar zivile Destillate: Unter *„Halt die Fresse, ich kacke!“* konnte man sich prima etwas vorstellen – keiner von uns wollte schließlich auf dem Klo gestört werden. An *„Du blöde Sau, du!“* gibt es auch nichts zu hinterfragen, da musste einer richtig sauer sein. Weil aber an des Schweinchens

Ringelschwanz Primeln und Veilchen baumelten – die auf einen peppigen Anstrich warteten – und am Schinken zwei Herzchen blitzten, konnte man das Motiv auf den ersten Blick für eine Liebeserklärung halten.

Die Sekretärin hätte die Karten vielleicht vorher einmal durchblättern und die heftigsten Weisheiten heraustrennen sollen, denn es verstand sich von selbst, dass ihre Eigenmächtigkeit Folgen hatte: Gleich zwei Mütter beschwerten sich – die eine telefonisch beim Direktor, die andere bei der Klassenlehrerin per Notiz im Hausaufgabenheft.

Am Freitag war dann nichts mehr mit Ausschlafen, auf dem Vertretungsplan stand: Mathe bei Herrn Göpfert.

Zur Mittagszeit kam Lilly missmutig nach Hause. Nachdem sie sich ihrer Sneakers entledigt hatte, blieb sie unglücklich auf der Treppe hocken. Sie schien absolut keinen Hunger zu verspüren. „Was ist denn los?“, fragte ich. „Bist du schlecht drauf?“

„Der ist ja noch schlimmer als Frau Pressler!“

„Wieso? Habt ihr was Neues gelernt?“

„Wir haben in Mathe gar kein Mathe gemacht! Der hat uns zwei Stunden lang vollgequatscht, wie seine Regeln sind.“

„Und wie sind seine Regeln?“

„Es gibt zwei Sorten von Eiszeit. Die persönliche Eiszeit, wenn sich ein Schüler eine Verfehlung leistet. Der muss dann einen Strafaufsatz schreiben. Je nachdem, wie oft der Schüler auffällt, verschlimmert sich die Strafe. Der Aufsatz wird jedes Mal eine Seite länger und es müssen jedes Mal mehr Unterschriften eingeholt werden. Ab dem vierten Mal muss man sich seine Strafarbeit vom Direktor unterzeichnen lassen.

Und dann gibt es noch die kollektive Eiszeit. Die bricht aus, wenn wir zu laut sind. Wenn wir das erste Mal rumschreien, spricht er den Rest des Tages nicht mehr mit uns. Das vermerkt er in seinem Notizbuch. Wenn wir dann in der nächsten Stunde wieder laut sind, redet er eine Woche lang nicht mit uns. Kommt das dann noch ein drittes Mal vor, sagt er den ganzen Monat nichts mehr."

„Wie soll das denn gehen? Unterrichtet er dann in Zeichensprache?"

„Dann müssen wir uns alles im Buch selber beibringen. Er schreibt dann bloß Seite und Nummer an die Tafel und sagt kein Wort. Da muss dann jeder für sich überlegen, wie man das rechnet."

Das waren ja Aussichten! Schlimmer als im Knast! Aber bestimmt hatte meine Tochter etwas missverstanden – ich konnte mir nicht vorstellen, dass ein Lehrer in einer ganz normal lebhaften Klasse solche Maßnahmen ergreifen würde.

Dass Herr Göpfert seine Eiszeitregeln ernst meinte, sollte Lilly jedoch gleich in der nächsten Mathestunde erfahren. Wie das bei Kindern nun mal so ist, hatten Lilly und ihre Freunde das drohende Ungemach übers Wochenende wieder vergessen. Das war das Gute: Kinder trugen buchstäblich die Sonne im Herzen. Der Matheunterricht war noch nicht mal richtig losgegangen, da hatte Lilly schon die erste Strafarbeit ihres Lebens am Hals. In Nullkommanichts hatte sie Stufe eins der persönlichen Eiszeit erklommen.

Und das kam so: Herr Göpfert begann die erste Mathestunde in der 5b unvorbereitet. Weil Frau Thiele so abrupt ausgefallen war, musste er sich selbst einen Überblick über den bisher behandelten Stoff verschaffen. „Wer ist denn in Mathe der Beste?“

Alle deuteten auf Max. „Komm mal bitte mit deinem Heft nach vorn! In der Zeit lest ihr anderen im Mathebuch das Einführungskapitel. Das beginnt auf Seite 9. Ich will kein Wort hören!“

Herr Göpfert vertiefte sich in Max’ Heft, er blätterte und machte sich Notizen. Zwischendurch nippte er an seinem Kaffee.

Zuerst herrschte Totenstille. Doch nach ungefähr einer halben Minute wurde die Klasse lebendig. Man konnte das nicht als Tohuwabohu bezeichnen – dafür ging es zu friedlich zu –, aber man hörte Stühlerücken, Husten, Schnäuzen, Kichern, ab und an fiel etwas herunter – was halt so normal war im Klassenraum, wenn keine Hochkonzentration wie bei einem Test verlangt wurde.

Daniel hatte das Kapitel schneller überflogen als Lilly, und da er nicht reden durfte, musste er seinen Sieg im kleinen Banknachbarnwettstreit anders artikulieren. Am schnellsten ging das, wenn er Lilly mal wieder das Buch um die Ohren haute. Die, nicht faul, tat es ihm gleich – beide kicherten, sie trieben das Spiel ja öfter. Doch in dem Moment kam von hinten ein Schatten angeflogen und ein drittes Buch krachte genau zwischen den beiden auf den Fußboden. Mira war wohl ebenfalls fertig, hatte aber schlecht gezielt. Lilly hob das Buch auf und gab es der Freundin zurück. Die drei grinsten sich zufrieden an.

Damit wäre die Sache eigentlich erledigt gewesen, doch auf einmal brüllte Miras Sitznachbar Kevin hysterisch los: „Herr Göpfert! Die prügeln sich hier! Die schlagen sich die

Köpfe ein! Und die hören überhaupt nicht auf! Ich hab denen gesagt, die sollen das lassen! Aber da haben die mir auch Schläge angedroht! Ich kann mich nicht konzentrieren! Und Angst habe ich außerdem! Ich will mich umsetzen!" Ausgerechnet Kevin petzte und log, was das Zeug hielt! Nachdem sich seine wasserstoffblondierte Mutter erst letzte Woche wieder einmal beschwert hatte, dass er sich in der Klasse nicht integriert fühlte ...

Herr Göpfert schaute von Max' Heft auf. „Wer schlägt sich hier im Unterricht?"

„Die drei!" Kevin boxte auf Miras Arm.

„Aua!", schimpfte die. „Nicht so feste!"

„Und wer noch?" Herr Göpfert hatte von der Sache nichts mitbekommen.

„Na, die zwei da vorn. Daniel und seine Nachbarin." Nach einem Dreivierteljahr wusste der Bengel immer noch nicht, wie meine Tochter hieß. Das nutzte ihr aber wenig, denn Herr Göpfert erhob sich nun zur vollen Größe seiner massigen Gestalt. Drohend baut er sich vor den drei Sünderlein auf: „Erste Stufe der persönlichen Eiszeit für euch: Strafaufsatz! Das Thema lautet: ‚Warum ich meine Mitschüler nicht verprügeln darf'!"

Der folgende Unterricht rauschte an meiner Tochter vorbei. Sie war zu geschockt, um noch über Zahlen nachzudenken. Sie konnte sich nicht mehr auf den Unterricht konzentrieren. Zum Glück war danach die Schule aus. Weil der Wetterdienst mal wieder Sturm prophezeite, hatte ich Lilly am Morgen mit dem Muttertaxi zur Schule gefahren, obwohl der Tornister leicht genug für das Fahrrad gewesen wäre. Jetzt sah ich schon von Weitem, dass etwas nicht stimmte, denn als meine Kleine hinter der Ligusterhecke auf den Parkplatz einbog, hüpfte der leuchtend blaue Schulranzen nicht wie gewohnt auf und ab. Eine schwere Last schien an Lillys zarten Schultern zu hängen und drohte, sie zu Boden zu ziehen. Ganz blass ließ sie sich neben mir auf den Beifahrersitz fallen und erzählte, was passiert war.

Wie reagierte man da als Mutter? Wie verhielt man sich richtig? Stellte man sich schützend vor sein Kleines und zog wie eine Löwin in die Schlacht? Einem ersten Impuls folgend wollte ich augenblicklich in die Schule stürmen und mit Herrn Göpfert eine Unterredung führen. Ihm notfalls den Kopf abreißen oder so. Doch weil das in einer so frühen Phase der Rage für mich und meine Leute noch nie gut ausgegangen war – und ich ja Gott sei Dank lernfähig war –, beschloss ich, erst einmal nach Hause zu fahren und das Ereignis zu durchdenken. Das Töchterchen verbat sich sowieso strikt, dass ich das Gespräch mit dem Lehrer suchte.

Nachdem die ganze Familie eine Nacht über das Ereignis geschlafen hatte, einigten wir uns am Samstagmittag auf Wunsch der Tochter darauf, nach außen hin Ruhe zu bewahren. Stattdessen adaptierten wir das Aufsatzthema ein wenig. Anstelle von „*Warum ich meine Mitschüler nicht verprügeln darf*" trug die Abhandlung nun die Überschrift: „*Wie verhalte ich mich im Unterricht richtig?*" Der Vater beaufsichtigte die Schreiberei und diktierte entscheidende Passagen, und als beide schließlich inhaltlich mit dem Aufsatz zufrieden waren und auch sämtliche Rechtschreibfehler ausgemerzt hatten, unterschrieben wir Eltern noch. Sollte Herr Göpfert etwas auszusetzen haben, würde ihn der Vater aufsuchen.

So ein Vater machte im Streitfall mehr her als eine Mutter, die sich schnell emotional verzettelte …

Doch zu unserer gewieften Strategie kam es nicht, denn Herr Göpfert hatte den Strafaufsatz zur nächsten Mathestunde vergessen. Er fragte nicht danach, auch nicht in der Woche darauf, und so trug Lilly die Denkschrift bis Schuljahresende immer mit sich herum. Für den Fall, dass er sich doch eines Tages erinnerte, lag sie säuberlich zusammengefaltet ganz hinten im Hausaufgabenheft. (Übrigens auch als Gedächtnisstütze für das Kind, dass sich der Fliegenklatschenblödsinn mit den Büchern nicht gehörte …)

Dafür kam Lilly aber mit einem anderen Stimulus nach Hause: „Nächste Woche schreiben wir eine Mathearbeit!"

„Wieso denn? Ihr hattet doch erst zweimal Mathe!"

„Sonst werden die Zeugnisse nicht rechtzeitig fertig, hat Herr Göpfert gesagt."

„Na und? Soll er die dritte Arbeit einfach weglassen. Zwei Klassenarbeiten pro Halbjahr reichen doch aus!"

„Warum regst du dich denn auf, Mama? Diesmal brauchen wir nichts zu üben, weil ich alles kann! Das ist doch toll!"

Diese quantitative Seite hatte ich noch gar nicht bedacht – so übel war die frühe Arbeit tatsächlich nicht! Dennoch stellte es sich als naiv heraus, zu glauben, dass die Eleven ausnahmsweise so himmlisch beschenkt davonkommen würden. Am Freitag vor der Klassenarbeit gab Herr Göpfert den Kindern nämlich noch einen Motivationskick mit auf den Wochenendheimweg: Für Klassenarbeiten gebe es bei ihm selbstverständlich auch Regeln! „Klassenarbeiten baue ich immer nach dem gleichen Schema auf. Das erste Drittel kann jeder lösen. Für das zweite Drittel muss man geübt haben.

Und am dritten Drittel erkenne ich, wer das Mathe-Gen in sich trägt und wer keine Ahnung hat."

Weil diese Prophezeiung für eine Mathestunde nicht grauslich genug war, rief er den Schülern auf dem Flur noch einen frohen Hiob hinterdrein: „Ich habe übrigens mit dem Direktor gesprochen: Ihr gefallt mir. Wir machen auch im nächsten Schuljahr zusammen Mathe!"

ZUCKERBROT UND PEITSCHE

VOM KUCHENBACKEN UND ANDEREN STRAFARBEITEN

Kurz nach Frau Thiele fiel auch die Kunstlehrerin aus. Das kam nicht überraschend, sie ging ganz regulär in Mutterschutz. Wohl weil bei ihr alles nach Plan verlaufen war, zauberte die Schule gleich am ersten Tag einen dauerhaften Ersatzunterricht aus dem Ärmel. Ab sofort wurde mittwochs in der Früh nicht mehr gemalt, sondern dem Physikunterricht gelauscht. Einem Fach, das eigentlich erst ab dem sechsten Schuljahr unterrichtet werden sollte. Aber so ein bisschen Naturwissenschaft konnte ja nicht schaden. Zumal unser Gymnasium eine MINT-Schule war. Was für Außenstehende mit kleineren oder gar keinen Kindern nach Pfefferminzdrops klingt, bedeutet profan: eine zertifizierte Schule für Mathematik, Informatik, Naturwissenschaft und Technik.

Wer trat also um kurz nach 8 Uhr durch die Klassenzimmertür? Herr Göpfert!

Wie ich bereits erzählt habe, war Herr Göpfert ein Mann mit strengen Regeln. Neben seinen Eiszeiten hielt er zur

Züchtigung noch einen weiteren virtuellen Rohrstock bereit, bei dem es die Eltern gleich mit abkriegten. Schließlich war es doch eine Folge von deren Unzulänglichkeit, wenn die Blagen nicht spurten: Für schlechtes Betragen backte das renitente Schülerlein zur nächsten Stunde einen Kuchen. Selbst gemacht und wohlschmeckend, versteht sich. Keine Tiefkühlware und keine Fertigmischung! Herr Göpfert war ein erfahrener Lehrer, er kannte sich aus im Kühlregal!

Ich war noch nicht ganz durchgestiegen, wann er mit welchem Instrument zuschlug – aber jetzt, mitten im Frühling, schien ihm die Kuchenvariante die bekömmlichere Lösung zu sein. Den Schülern sagten die Strafkuchen auch mehr zu – solange sie nicht selber backen mussten.

Letzte Mathe/Physik-Woche verhielt sich die Kuchenbilanz in Lillys Klasse besonders umfangreich.

In der ersten Göpfert-Stunde sollte besprochen werden, wer die Klasse zur Matheolympiade vertrat. Dafür suchte Herr Göpfert nach Freiwilligen. Zwei der Streber meldeten sich. Beide männlich. Linus und ein ganz Ruhiger, dessen Namen ich nicht mal weiß.

„Möchte denn kein Mädchen mitmachen?“, fragte Herr Göpfert.

Stille.

„Niemand?“ Keine zuckte sich, alle Finger blieben unten. Politisch schien er das nicht hinnehmen zu wollen, denn er zog kräftig die Augenbrauen zusammen: „Wir benötigen aber ein Mädchen!“

Nick zeigte auf, er schnipste mit dem Finger: „Ich will mitmachen!“

„Endlich!" Paula klatschte begeistert in die Hände: „Die Quotenfrau!" Die Klasse lachte.

Ich hätte das auch lustig gefunden – Paula aber gleich nicht mehr und ihre Mutter noch viel weniger: Die beiden backten den ersten Kuchen.

„Quotenfrau" schien wahrlich eine schlimme Beleidigung. Das Mädchen gehörte auf Spur gebracht!

Nachdem sich alle wieder beruhigt hatten, rief Herr Göpfert für den weiteren Verlauf der Doppelstunde zur Gruppenarbeit auf. Gruppenarbeit war wichtig, damit die kleinen Egoisten lernten, im Team zu spielen: Einer dachte, einer schrieb mit, die anderen waren anwesend. Wie das bei schulischer Gruppenarbeit gern so war, sorgte die Einteilung für Unmut: Wer mit wem nicht wollte, weil ... siehe oben. Doch bei 31 Schülern ergaben sich rein theoretisch für Zweiergruppen über 400 Möglichkeiten. Da würde im Lauf der Schulzeit schon mal eine dabei sein, die passte ...

Heute verlief die Zuteilungslinie im Zickzack durch die Bankreihen wie ein Schnittmuster. Ausnahmsweise sollten gleichgeschlechtliche Arbeitspaare gebildet werden. Das schien aber so kompliziert, dass es am Ende nicht aufging: Ein Mädchen blieb übrig. Eigentlich sollte gerade im Matheunterricht jeder sofort erkennen, dass eine ungerade Schülerzahl keine vollständigen Zweiergruppen hervorbringen konnte – auch wenn das Lernziel nicht logisches Denken lautete, sondern im schematischen Befolgen von Algorithmen bestand.

„Was machen wir denn jetzt mit dir?", überlegte Herr Göpfert. Mit krauser Stirn schweifte sein Blick über die Schülerschar.

Wenn sich Kinder lösungsorientiert einbrachten, war das toll. Wieder meldete sich Nick: „Nehmen Sie mich, ich bin doch auch ein Mädchen!“

Ich verstand zwar nicht, warum er deswegen backen musste, aber seine Mutter war inzwischen daran gewöhnt: Sie stand fast jede Woche hinter der Rührschüssel. Ich würde mir das nicht gefallen lassen – und war unendlich dankbar, dass Herr Göpfert nie mein Pubertier unterrichtet hatte! Da hätte ich gleich eine Konditorei eröffnen können, der Bengel hätte es bestimmt auf zwei Kuchen pro Stunde geschafft ...

Am Abend, als Lilly ihre Bücher und Hefte für den nächsten Tag zusammensuchte und alles schwungvoll über den gebohnerten Dielenboden zur Schultasche schlittern ließ, rappte sie einen Song vor sich hin: „Ich darf nicht vergessen, dass ich Tafeldienst hab!“ Das nächste Heft klatschte gegen die Fußleiste. „Ich darf nicht vergessen, dass ich Tafeldienst hab!“ – Klatsch. – „Ich darf nicht vergessen ...“

Unterdessen kroch ich ins Innere meiner Spülmaschine und war über dem ganzen Geklapper von Tellern, Tassen und Besteck taub für das, was außerhalb meiner Haushaltshilfe geschah. Deswegen erschrak ich fürchterlich, als Lilly sich neben mir auf den Fußboden fallen ließ und brüllte: „HAST DU VERSTANDEN, MAMA?“ – Es hallte in der Maschine wider und mich übermannte ein Fluchtreflex, infolgedessen ich mir kräftig den Hinterkopf an der Abdeckplatte anhaute. „Verdammt noch mal! Bist du verrückt geworden?“

„Du musst mich morgen früh unbedingt daran erinnern, dass ich Tafeldienst hab!“

„Deshalb machst du so einen Stress?“ Ich befühlte mein wachsendes Horn und drückte dann schnell das Brotmesser zum Kühlen dagegen. „So schlimm wird es nicht sein, wenn du mal vergisst, den Lappen zu schwingen!“ Dabei dachte ich an meine eigene Schulzeit, da hatte das mit dem Tafeldienst auch schon nicht funktioniert. Das lag wohl im Besonderen daran, dass so ein Tafelschwamm eine ekelige Angelegenheit war. Er stank nach totem Scheuerlappen – und damit nicht genug: Der Kreideschlamm verhielt sich wie Gleitgel und das widerliche Ding flutschte einem wie ein nasser Fisch durch die Finger! Man wollte ja auch nicht fest zupacken. Wenn die Hände nach verrichteter Arbeit wieder trockneten, hatte der Kalk den Fettfilm von den Handflächen weggeätzt, und das war ein abartiges Gefühl! Ich war echt tafeldiensttraumatisiert!

„Natürlich ist das schlimm, wenn ich's vergesse! Weil du dann backen musst!“

„Was hat denn dein Gedächtnis mit meiner Küche zu tun?“

„Wenn Herr Göpfert den Tafeldienst erst auffordern muss, die Tafel zu säubern, muss der zur Strafe einen Kuchen mitbringen.“

„Das kriegt er doch gar nicht mit, wenn du ohne zu putzen nach Hause gehst.“

„Doch! Weil wir putzen vor der Stunde!“

„Verstehe ich nicht … Wieso putzt ihr doppelt? Die Tafel ist doch in der Früh sauber – oder reicht ihm das nicht?“

„Boah, Mama, du hast echt keine Ahnung! Bist du auch mal zur Schule gegangen? Wir putzen, bevor der Unterricht anfängt! Niemand macht sauber, wenn er fertig ist!“

Aha, das erklärte natürlich manches. Wenn die in der Schule nicht lernten, hinter sich aufzuräumen …

„Mittwochs bei Herrn Göpfert ist Tafeldienst besonders blöd, weil Dienstagnachmittag findet bei uns im Raum Deutschförderunterricht statt. Die kritzeln sämtliche Tafelflügel voll. Vorne und hinten! Als ob die deswegen schreiben lernen, nur weil die so viel rumschmieren!"

„Na gut, dann lege ich mir jetzt einen Erinnerungszettel auf den Schreibtisch!"

Sie werden es sich denken können: Es kam etwas dazwischen. Eigentlich kam mehr etwas drauf, denn es war der Tag, an dem unser Käseblättchen erschien. Am Abend, kurz vorm Schlafengehen, flatterte es in den Briefkasten. Weil mich lokale Nachrichten mehr interessierten als das, was bei den Reisbauern in China los war, las ich das immer gründlich. Am Abend fehlte mir die Zeit zur Lektüre, deswegen verbrachte die Bekanntmachung die Nacht immer geschützt vor Landregen auf meiner Tastatur. Heute gebettet auf dem Zettel. Ich fand ihn am nächsten Vormittag, nachdem ich, aufgewühlt vom Inhalt, die Zeitung in den Papierkorb pfefferte.

Als ich den ausgedienten Zettel hinterherschmiss, klingelte mein Telefon. „Mama! Du musst Kuchen backen!" Im Hintergrund der Pausenlärm von allen Kindern dieser Welt. Deswegen war ich mir auch nicht sicher, ob ich das richtig verstanden hatte. „Nix muss ich. Ich arbeite."

„Reicht auch, wenn du heute Nachmittag backst!"

Wollte sie mich veräppeln? Nach der Action, die wir gestern Abend um die blöde Putzerei veranstaltet hatten, konnte sie heute doch unmöglich vergessen haben, den Lappen zu schwingen! Aber vielleicht handelte es sich auch um einen

Erziehungskuchen, weil sie mit ihrem Sitznachbarn geschwatzt hatte. „Was war denn los?", fragte ich deshalb.

„Ich und Linus hatten vergessen, die Tafel zu wischen. Wir haben da gestern zu viel drüber geredet. Da hab ich wohl gedacht, ich hätte das schon erledigt."

Oh Mann, meine Tochter war tatsächlich mit meinem Pubertier verwandt: Anständig drüber gequatscht ist auch erledigt.

„Jedenfalls müssen ich und Linus jeder einen Kuchen mitbringen."

„Der Esel nennt sich immer zuerst, das solltest du dir endlich einmal merken!"

„Dann bringen halt Linus und ich jeder einen Kuchen mit. Ist doch wurscht. Es müssen zwei sein!"

„Ist Linus nicht der Streber? Hat der tatsächlich vergessen, die Tafel zu putzen?"

„Ich weiß auch nicht, was mit dem los war. Gesagt hat er seitdem noch nichts, er heult … Ach, ehe ich das vergesse! Mama, da ist noch was! Maria hat mich gebeten, dass du ihrer Mutter eine WhatsApp schreibst! Die muss nämlich auch Kuchen backen!"

„Wieso das denn?"

„Sie hat mit ihrem Nachbarn gequatscht."

„Ich will nicht wissen, warum Maria einen Kuchen mitbringen muss. Vielmehr interessiert mich, warum ICH das ihrer Mutter ausrichten soll! Das kann sie doch nachher selber beichten. Ich habe genug zu tun!"

„Ja, stimmt, das reicht auch. Wir brauchen die Kuchen ja erst morgen. Tschüss, Mama, ich hab dich lieb."

„Ich dich auch, Schatz."

In einer halben Woche summierten sich die Strafkuchen bis jetzt auf vier. Halleluja! Da wurden die Kinder doch dick! Herr Göpfert, ein Mann in den späten Fünfzigern, war das schon. Jetzt wunderte ich mich darüber nicht mehr, bestimmt unterrichtete er schon eine Weile nach der Zuckerbäckerzüchtigungsmethode.

Mit Arbeiten war an diesem Vormittag mal wieder wenig los: Mich überkam das Bedürfnis, mich bei meiner Schulfreundin Nicole auszukotzen. Sie wohnte im Erzgebirge, dort wo sich Fuchs und Hase Gute Nacht sagten und wo die Räuchermännlein geschnitzt wurden. Sie hatte vier Kinder, ihr war also kein menschlicher Abgrund fremd. Nicole schrieb zurück: „Was ist denn bei euch los? Ich habe noch nie gebacken! Und das würde ich auch nicht machen! An deiner Stelle würde ich dem einen großen Haufen vor die Tür legen!“ Theoretisch hatte sie damit recht – doch wenn Mütter rebellierten, wurde das ja kein Scharmützel zwischen Mutter und Lehrer, vielmehr entbrannte dann ein Stellvertreterkrieg, den das Kind austragen musste.

Deswegen entschied ich, ich würde ihren Vorschlag mit dem braunen Haufen ignorieren und mich in mein Rührkuchenschicksal fügen. Zu dem Zweck stellte ich nach dem Mittagessen die Utensilien bereit und suchte Eier und Butter, Zucker und Salz, Milch und Mehl zusammen – Safran war nicht vorrätig. Gerade wollte ich dem ersten Ei den Kopf abschlagen, als Lilly in meinen Backreim reingrätschte: „Stopp! Du brauchst heute nicht zu backen! Linus’ Mutter hat keine Zeit, wir bringen unsere Kuchen erst am Freitag mit!“

Meinetwegen, so konnte ich mich meiner ausgefallenen Arbeit vom Vormittag widmen. Ich bettete das Ei sacht zurück in seinen Pappmascheekarton, es sollte noch ein wenig seine Zeit genießen.

Als mein Mann am Abend nach Hause kam, sah der die Situation natürlich ganz anders als ich! Er war eben ein Mann und im Büro galten andere Regeln als in der Schule. Im Job hieß es darauf zu achten, dass man nicht untergebuttert wurde. Da zählte der offene Kampf als bequemere Lösung. Dementsprechend wurde der Gatte sauer und pflaumte die Tochter an, was denn wohl passieren würde, wenn sie keine Backwaren mitbrächte? Sein Wesen war lösungsorientiert, er meinte die Frage durchaus ernst. Lilly guckte erschrocken zu mir, sie wollte sich nicht aufstacheln lassen.

„Wenn du das wissen möchtest, musst du selber in der Schule anrufen!", sprang ich ihr in ihrer Not bei. „Wir wollen das nicht herausfinden! Wir backen lieber!"

Mein Mann winkte ab. „Wollt ihr jetzt Duckmäuser spielen oder wollt ihr euch gegen vorsintflutliche Erziehungsmethoden wehren?"

„Wir wollen vor allem keinen Stress!"

„Wenn ihr sowieso keinen Rat annehmt, dann lasst mich mit dem Mist in Ruhe!" Meines Mannes Nervenkostüm war heute dünn, hinter im lag wohl wieder ein harter Arbeitstag.

„Bist du mit Nicole verwandt oder was ist los mit dir? Wir wollten dich lediglich informieren, damit du Bescheid weißt über die schulischen Belange deiner Tochter! Und damit du vor allem dankbar bist, dass deine eigene Schulzeit längst hinter dir liegt!"

Mein Mann machte sich ein Feierabendbier auf und als es nach dem Plopp zischte, feixte er versöhnt: „Das sagen meine Jungs auch immer. Ein Glück, dass wir schon so alt sind! Wir hätten es sonst niemals bis zum Abitur geschafft. Heutzutage würden wir allesamt von der Schule fliegen!"

In der Nacht träumte ich von Torten: Riesige Backwerke wurden auf Europaletten durch eine große Halle gefahren. Ich hatte eine Konditorenlehre begonnen und war trotz fortgeschrittenen Alters und Beweisfalten im Gesicht die einzige Azubine in dem ganzen Backstudio, die quertrieb. Mal verbrannte mir der Tortenrohling, weil ich den Küchenwecker nicht fand, ein andermal durchzogen meine grauen Haare, die mir trotz der Bäckermütze ausgefallen waren, die Buttercreme. Nachdem mir eine Kakerlake in die Himbeercremefüllung geplumpst war und ich diese Proteinzutat, statt sie zu entfernen, mit dem Mixstab unauffällig klein pürieren wollte, platzte dem Zuckerbäckermeister der Kragen und er setzte mich an die frische Luft. Als ich im Flur des Jobcenters saß, erwachte ich schweißgebadet.

Es war 5 Uhr morgens. Himmel, nahmen mich die Schulgeschichten mit!

An Einschlafen war nun nicht mehr zu denken, das hätte sich auch nicht mehr gelohnt. Also stand ich auf und setzte mich mit einem frischen Kaffee an meinen Schreibtisch. Im Haus war es ruhig, alle schliefen noch – draußen wohl auch, kein Auto brummte die Straße herauf. Ich befasste mich eine Weile mit meinem Job, doch mir fehlte die Konzentration. Zu farbenfroh erinnerte ich mich an meinen fettigen Tortentraum. Ich verspürte Hunger, vielleicht war es auch nur Appetit. Auf einmal durchzuckte mich ein Gedanke: *Der Tafelkollege Linus war ein Streber! Würde der heute zur*

Mathestunde tatsächlich ohne Kuchen aufkreuzen? Egal, wie ich mir den kalten Ofen schönzureden versuchte und den Gedanken beiseitedrängen wollte – ich kam immer mehr zu dem Schluss: Nie im Leben!

Mit einem ähnlich hohen Blutdruck wie vorhin, als ich mittellos auf der Strafbank im Gang des Jobcenters gesessen hatte, hetzte mein Blick zur Uhr: Mittlerweile war es 6.31 Uhr! Ich sprang auf! „LILLY! AUFSTEHEN! WIR HABEN VERSCHLAFEN!", brüllte ich in den Flur. Ich stürzte in die Küche. Zum Glück bin ich nicht die Ordentlichste, deswegen konnte ich mir die Sucherei nach den Konditorenutensilien sparen: Alles stand noch von gestern rum. Nicht einmal die Rührschüssel musste ich ganz hinten aus dem Turm im Schrank rausfummeln, der dann immer gefährlich schwankte …

Ich beglückwünschte mich zu meiner Faulheit und haute ohne viel Federlesens dem verschonten Ei den Kopf ab. Ich warf ein halbes Stück Butter dazu, dass es spritzte, und kippte frei nach Schnauze Zucker und Mehl darüber. Pulver aus Tütchen für Geschmack und Konsistenz hinterher – und hielt den Mixer hinein. Normalerweise nahm ich mir für so was mehr Zeit und beachtete vor allem die Reihenfolge. Der Mixer heulte auf und augenblicklich stand ich in einer dichten Staubwolke. Schlechte Sicht, wie bei einem Wirbelsturm. Unter gewöhnlichen Umständen hätte ich an der Stelle einen Brüller losgelassen – doch in meinem Kopf tickte unerbittlich die Uhr, und so hielt ich das Unwetter und den Feinstaub aus und mixte stur weiter. So lange, bis sich sämtliche Ingredienzien zu einer Masse vermengt hatten und das Zimmer aufklarte. Nach knapp zwei Minuten war es so weit. Ich riss den Backofen auf, ein Blech heraus und goss den Teig in die Form. Er schien es nicht eilig zu haben und floss zähflüssig wie halbkalte Lava aus der Schüssel. Im Nachhinein war diese Zwangsruhe gut, denn so fiel mir auf, dass ich die Kirschen vergessen hatte. Ich rannte in den Vorratskeller, schnappte ein Glas Sauerkirschen aus dem Regal und rief beim Zurückkommen noch einmal nach Lilly, denn im Stockwerk über mir rührte sich nichts.

Damit die Kirschen abtropften, kippte ich sie in ein Sieb, dann warf ich zwei Handvoll über den Kuchen. Fix das Blech zurück in den Ofen: Fertig!

Diesmal vergaß ich nicht, den Küchenwecker zu stellen – wofür so ein Albtraum doch gut war!

Nun machte ich mich auf die Suche nach meinem Töchterchen. Das Kinderzimmer war leer, das Badezimmer auch – wo, verflixt noch eins, war das Kind? Sie konnte doch nicht schon los zur Schule sein! Das hätte ich doch mitgekriegt! Ein wenig ratlos schaute ich mich um. Hatte etwa jemand mein Püppchen geklaut? Über Nacht, aus dem Haus? Augenblicklich kriegte ich doppelt so hohen Blutdruck wie in der Nacht! Ich riss die Tür zum Schlafzimmer auf, holte tief Luft und wollte meinen Mann anschreien, er sollte, verdammt noch mal, endlich aufstehen! In der Jalousiendämmerung auf meinem Kissen und halb unter der Bettdecke versteckt, lugte ein Büschel brauner Haare hervor. Es sah aus wie ein Gamsbart an einem Tirolerhut und war auch ungefähr so dick. Das wollte ich zuerst überprüfen, schreien konnte ich hinterher immer noch. Ich zerrte die Bettdecke vom Gamsbart – Sie werden es sich denken können: Es handelte sich um den Zopf meines vermissten Töchterchens. Das lag zusammengerollt in meinem Bett und schlief fest. Am liebsten hätte ich mich danebengelegt, so erleichtert war ich. Schlaf fehlte mir außerdem. Stattdessen ließ ich mich auf der Bettkante nieder und begnügte mich damit, ihr über den Kopf zu streichen. Davon, vor allem aber wohl wegen des kalten Luftzugs, erwachte sie. Sie streckte sich. Dann lächelten mich ihre morgenklaren Augen an: „Ich hatte einen wunderschönen Traum. Ich habe geträumt, wir sitzen in einem Café und essen herrlichen Kirschkuchen. Der war so lecker und hat so süß geduftet …“ Sie richtete sich auf und schnupperte. „Hier riecht es genauso lecker wie in meinem Traum! Hast du etwa gebacken?“

Ich nickte und teilte ihr meine Bedenken bezüglich ihres strebsamen Klassenkameraden mit. Zu meiner Verwunderung zeigte sie mir keinen Vogel, sondern hüpfte fröhlich nickend aus dem Bett.

In dem Moment krächzte in der Tasche meines Bademantels der Küchenwecker, die Backzeit war um. Die nahe Kirchturmglocke fiel unterstützend ein und dröhnte mich fast taub. Es war 7 Uhr: Mir blieb eine halbe Stunde Zeit, bis sich das Kind samt Sack und heißem Pack auf den Weg machen musste. Wie kriegte man einen rot glühenden Kuchen in solcher Hast transportfähig? Vorsichtig packte ich das Blech mittels Topflappen und einer doppelten Lage Geschirrtücher und jonglierte es durch den Flur bis vor die Haustür. Dort war im Moment der kälteste Platz, über Nacht hatte es bis auf knapp über null Grad abgekühlt. Ich stellte das Blech direkt aufs Pflaster, damit die

Steine so viel Wärme wie irgend möglich aus dem Blech absaugen konnten.

Der Kuchen dampfte wie der Schlot eines Kraftwerks und ich stand augenblicklich in einer dichten Nebelwolke. Es duftete köstlich. Hoffentlich klaute mir den hier draußen keiner! Zum Glück war bei uns vor der Tür nie viel los – und zu so früher Stunde schon gleich gar nicht. Mittlerweile hatte die Nebelmaschine unsere ganze Einfahrt duftverhüllt, man konnte die Hand vor Augen nicht mehr sehen. Solchermaßen beruhigt stürmte ich ins Haus zurück, die Treppe rauf und machte dem träumenden Kind Beine. Mich selbst musste ich auch noch in Schale schmeißen, denn mit dem Kuchen ließ sich schlecht Fahrrad fahren. Der Teil der Kuchenstrafe ging mir besonders auf den Sack: Der Mittwoch war eigentlich ein Fahrradtag! Deswegen ranzte ich das Kind an: „Wehe, du vergisst noch mal den doofen Tafeldienst!"

Ich kriegte es rechtzeitig hin, den Kuchen, so heiß wie er noch war, zu schneiden und mithilfe einiger Lagen Backpapier dreistöckig in eine Dose zu schichten. Es würde schon gehen, optisch waren Schüler nicht so anspruchsvoll.

Am Nachmittag kam Lilly leichenblass zum Auto geschlichen.

„Was ist los?" Entsetzt öffnete ich ihr die Tür.

„Mir ist total schlecht … Wir haben den ganzen Tag gegessen. Wir hatten alle vier einen Kuchen dabei. Linus auch, genau wie du gesagt hast …" Ich sah sie prüfend an – Hilfe, mein frisch gesaugter Wagen! Und tatsächlich, sie wurde noch eine Spur blasser, die Farbe tendierte jetzt ins Grünliche. Eilig ließ ich auf ihrer Seite das Fenster herunter. Doch statt des erwarteten Schwalls rülpste sie kräftig. „Geht es?“ Ich gab mich mütterlich, als es wieder ruhig war im Auto. Lilly nickte und in ihre Wangen kehrte ein wenig Lebenssaft zurück. „Nick hat heute schon wieder eine Strafarbeit aufgekriegt. Diesmal muss er im Mathebuch eine Seite rechnen. Wir sind alle froh drüber. Wir können keinen Kuchen mehr sehen!“

BRÜCKENTAG ODER KEIN BRÜCKENTAG?

EIN FEIERTAG IST NICHT ZUM VERREISEN DA

Durch die vielen Feiertage im Frühjahr war das Leben mit schulpflichtigen Kindern eigentlich ganz schön. Familien erhielten die Gelegenheit, sich langsam auf die verheißungsvollen Sommerferien einzustimmen. An den geschenkten Tagen konnte man schon mal probehalber kurzreisen – zum Test, ob man das Aus-dem-Koffer-Leben unterm Jahr nicht verlernt hatte. Besser war es aber, das auf die großen Ferien zu verschieben und sich stattdessen endlich einmal richtig auszuschlafen! Danach ließ sich dann stressfrei – mit der Kaffeetasse in der Hand und sonstigen Leckereien auf dem Schoß – des ursprünglichen Grundes für die freie Zeit gedenken.

Los ging diese mit den Osterfeiertagen, die noch jedem von uns ein Begriff sind. Neben den Eiern und den süßen Häschen gedachten wir an Ostern vor allem der Auferstehung des Herrn. Nicht lange nach Ostern stand der 1. Mai im Kalender, der Tag der Arbeit. Da er gern mal aufs Wochenende fiel, konnte man ihn oft vergessen. Die anderen Feiertage reihten sich nach festen, spirituellen Regeln an das große Eiersuchen: 40 Tage nach Ostern feierten wir Christi Himmelfahrt, Pfingstmontag stand uns am 50. Tag ins Haus und Fronleichnam zelebrierten wir am 60. Als Feiertag genossen den Letzteren jedoch nur Bundesbürger mit hauptsächlich katholischer Mitbevölkerung, damit sie ungestört an der Prozession teilnehmen konnten. In NRW war das Gott sei Dank der Fall – zumindest auf dem Papier.

Weil ein paar der Gedenktage auf Donnerstag – und nicht auf Freitag – fielen, schlummerte in ihnen trotz Freizeit auch Stresspotenzial.

So auch neulich, als das Land stramm auf Fronleichnam zumarschierte. Am Montag im Englischunterricht fing es an. Frau Ries kritzelte gerade die Hausaufgaben für die nächste Stunde an die Tafel: einen Text lesen, zwei Seiten Vokabeln lernen und drei Aufgaben im Workbook lösen. „Halt, stopp!", schimpfte Nick von seinem Strafplatz in der ersten Reihe. „Das schaff ich im Leben nicht!"

„Klar schaffst du das." Frau Ries schrieb ungerührt weiter. „Bis Freitag ist genügend Zeit. Kannst sogar den Feiertag sinnvoll für verwenden."

„Den verwend ich schon, wir fahren nach Paris! Und wieso bis Freitag? Fällt Englisch am Montag aus?"

„Deine Eltern werden ohne dich nach Frankreich reisen müssen. Kommender Freitag ist kein Brückentag!"

„Seit wann das denn? Donnerstag ist doch Feiertag!"

„Eben. Und der Freitag heißt nicht Freitag, weil er ein freier Tag ist."

„Hat ja auch keiner behauptet. Aber wenn Donnerstag Feiertag ist, haben alle am Freitag frei. Das lohnt sich doch sonst gar nicht!"

„Was lohnt sich nicht?"

„Na, Heizung anstellen, Licht machen, Hochofen heizen ..."

„An unserer Schule gibt es keinen Hochofen. Und das mit dem Licht – da mach dir keine Sorgen. Das vertragen unsere Ressourcen noch."

Ich fand den nicht freien Schulfreitag auch mächtig blöd, denn die Firma meines Mannes war – genau wie die von Nicks Eltern – brückentagsdicht. Wir hätten endlich wieder einmal zu den Großeltern aufs Land reisen können. „Lass uns Lilly doch einfach krankmelden!", schlug mein Mann vor.

„Du bist wohl nicht gescheit? Um freie Tage herum wissen die in der Schule genau, wo der Hase langläuft! Erst letztens stand am Düsseldorfer Flughafen die Polizei und kontrollierte sämtliche Familien. Eltern, die für ihre Kinder keine Beurlaubung vorweisen konnten, erhielten einen Bußgeldbescheid!"

Mein Mann tippte sich an die Stirn. „Ich wollte sowieso eigentlich das Auto nehmen!"

„Willst du, dass wir uns bereits in der fünften Klasse alle Sympathien verscherzen?" Ich fahre wirklich gern heim, aber das war nicht der Zeitpunkt, um „ein Ding zu drehen".

Nicht jeder gab seine Reisepläne so kampflos dran wie ich – am nächsten Tag im Deutschunterricht erkundigte sich Nick bei der Klassenlehrerin: „Warum haben wir denn am Freitag nicht frei? Ich finde das ungerecht! Wir wollten nach Paris!"

Frau Pfau schrieb gerade in Schönschrift einen langen Satz an die Tafel. Ohne die quietschende Kreide abzusetzen, sagte sie: „Hat doch keiner was gegen. Jeder kann fahren, wohin er will."

„Aber Frau Ries hat gesagt, wir müssen zur Schule kommen!"

„Klärt das mit Frau Ries." Frau Pfau klatschte ein Ausrufezeichen hinter den Satz und schaute dann genervt auf ihre Armbanduhr. „So, Nick. Mich interessiert eure Parisreise eigentlich weniger. Bestimme du mal hier die Satzglieder!"

„Äh …"

„Und das Ganze ein bisschen zackig, wir haben nicht den ganzen Tag Zeit!" Damit war das Thema „Brückentag" erledigt und es ging tiefer in die Finessen der deutschen Sprache. Nun waren adverbiale Bestimmungen und Erweiterungen für die meisten Kinder eher eine staubtrockene Angelegenheit. Wegen der enormen Reibung, die das in den ansonsten gut geölten Kinderköpfen verursachte, blieb beim Klingeln noch viel Stoff übrig. Den einfach auf die nächste Stunde zu vertagen kam für Frau Pfau nicht infrage. Wie gewohnt machte sie kurzen Prozess: „Den Rest erledigt ihr als Hausaufgabe!"

Egal. Geschafft! Feiertag!

Auch ohne wegzufahren, machten wir es uns nett: Wir räumten ein bisschen den Garten auf (noch lohnte sich das bis zum Herbst!) und Lilly verbrachte den Nachmittag mit dem besten Kumpel auf dem Trampolin. Aus den anderen Gärten um uns herum war nichts zu hören – vermutlich waren alle verreist. Mit langem Brückentagswochenende, die Glücklichen!

Der Abend zeigte sich mild, wir saßen lange draußen; außer Lilly musste am nächsten Tag ja keiner raus.

Mitten in der Nacht schreckte mich ein Geräusch aus dem Schlaf. Es musste vom Fenster gekommen sein. Ich war sofort hellwach – oder was man um die Zeit wach nannte. Regungslos lauschte ich, doch es war nichts zu hören. Gerade entschied ich, dass ich mich verträumt haben musste, und schloss wieder die Augen ... Da! Schrilles Kreischen! Direkt unterm Fenster! Mir stellten sich die Nackenhaare auf! Das klang, als würde draußen einer Katze der Schwanz abgebissen werden. Nach dem ersten Schock wurde mir klar, dass sich die Sachlage so ähnlich verhielt: Die Nachbarskatzen frönten dem Liebesspiel. Um 4 Uhr morgens ...

Eben wollte ich erleichtert zurück in meine Kissen sinken, als ich im faden Schein des Mondlichts bemerkte, dass sich die Türklinke bewegte. Langsam, wie von Geisterhand, wurde sie heruntergedrückt.

Während mir erneut fast das Herz stehen blieb, schnarchte mein Mann seelenruhig weiter. „Wer da?“, rief ich mit letzter Kraft. In dem Moment polterte es draußen heftig und die Tür wurde aufgestoßen. Ich fing an zu schreien. Der Eindringling ebenfalls. Mein Mann fuhr hoch. „Bist du bekloppt??“, schnauzte er mich an und griff sich mit der Hand an den Brustkorb. Solchermaßen bewaffnet kriegte daraufhin der Eindringling sein Fett weg: „Was rennst du mitten in der Nacht durch die Gegend?? Du hast morgen Schule! Da willst du doch wohl ausgeschlafen hin!“

„Ich hab geträumt, dass ihr mich krankgemeldet habt! Das gab fürchterlichen Ärger! Frau Pressler ist total ausgeflippt! Ich musste den ganzen Tag Mülleimer sortieren! Darf ich bei euch im Bett schlafen? Ich fürchte mich!“

„Siehst du, das hast du davon!" Mit einem Fußtritt revanchierte ich mich beim Vater, dessen dämliche Reiseidee uns nun den besinnlichen Ölsardinenschlaf bescherte. Doch der Alte knurrte nur und begann augenblicklich wieder tief und gleichmäßig zu atmen. Also war es an mir, an den äußersten Matratzenrand zu rücken, um einen zusätzlichen Liegeplatz zu erschließen.

Der Rest der Nacht verlief desaströs: Bis zum Morgengrauen sortierte ich unter Presslers Fuchtel den Hausmüll! Verschimmelte Leberwurstbrote, schleimfeuchte Taschentücher, klebrige Popel … – Sie wissen schon. Die Kirchturmglocke mit ihrem Weckruf fürs fleißige Volk erlöste mich – jedoch erst, nachdem Pressler mich für eine zweite Nachtschicht eingeteilt hatte! Die nächtliche Fron ging mir dermaßen an die Substanz, dass ich auf der Stelle wieder einschlief, kaum dass draußen Ruhe herrschte. Erst der nächste Glockenschlag, eine halbe Stunde später, riss mich aus meiner Wiederherstellung. Verdammt! Wir hatten verpennt!

Katzenwäsche, sputen, lossprinten. Um 8.14 Uhr riss Lilly die Tür zum Schulhaus auf. Dabei hätte sie sich gar nicht so abzuhetzen brauchen; sie hätte die roten Ampelphasen abwarten können und auch ihr Fahrrad sicher mit dem diebstahlunsicheren Bauzaun verketten können – denn die gesamte 5b lärmte noch auf dem Flur. Die Tür zum Klassenraum war verriegelt, in allen anderen Klassen hatte der Unterricht bereits begonnen. Völlig außer Atem ließ sich Lilly zwischen Franzi und Leni auf den Boden fallen. In dem Moment kam ein Ball auf die drei Mädchen zugeflogen. Geistesgegenwärtig duckten sie sich und der Ball donnerte gegen die Tür des Nachbarklassenzimmers. Ein paar Jungs johlten und als einer der Bengel seinen Kickfuß ausfuhr und den Ball zurückbefördern wollte, wurde die Tür von innen aufgestoßen und krachte ihm ins Kreuz. Frau Pressler tauchte zornesrot in der Öffnung auf. „WAS IST HIER LOS? WO IST EURE LEHRERIN?“

„Hier nicht.“ Die Klasse war fröhlich.

„Bei wem habt ihr jetzt Unterricht?“

„Frau Pfau.“

Pressler zückte ihre mittelalterliche Telefonzelle und wählte eine Nummer. „Die 5b steht noch auf dem Flur! Wo bleibt Frau Pfau?“ Selbst der Lautsprecher an dem Ding war riesig, man konnte die Sekretärin gut verstehen: „Die ist … noch nicht da.“ „So geht das nicht! Der Unterricht hat begonnen! Rufen Sie sie sofort an!“ Presslers Gesichtsfarbe feuerte noch ein wenig mehr ins Chilirote und die strubbeligen Haare standen noch mehr als sonst wie Antennen vom Scheitel ab. Ihr wilder Blick fixierte zielsicher die größten Unruheherde der Klasse und die Stimmung im Flur kippte augenblicklich von ausgelassen auf hochexplosiv. Doch noch ehe ihr irrer Blick jemanden angekokelt hatte, bimmelte ihr Kommunikationsgerät.

„Ja?!“

„Frau Pfau war noch daheim. Sie kommt gleich.“

„MIT WELCHER BEGRÜNDUNG?“ Dann besann sie sich. „Einen Moment!“ Sie zerrte ihren riesengroßen Schlüsselbund aus der Hosentasche, sperrte den Klassenraum auf und schubste den der Tür am nächsten stehenden Schüler hinein. „Vorwärts!“ Sie drehte der Klasse den Rücken zu und brüllte in den Hörer: „WENN DIE LEHRKRÄFTE SCHON NICHT BEGREIFEN, DASS HEUTE

KEIN BRÜCKENTAG IST! WIE SOLLEN WIR DAS DANN VON UNSEREN SCHÜLERN ERWARTEN?!"

Eine sehr gute Frage! Ich vermute trotzdem, die Sekretärin blieb ihr die Antwort schuldig. Genau weiß man das allerdings nicht, denn im Klassenraum brach erneut ein Tumult los: Der Fußball war verschwunden! Und mit ihm Nick!

„Wo steckt der? Der stand doch gerade noch neben mir!" Daniel schnappte sich den Mülleimer und schaute prüfend in dessen sämtliche Fächer. „Fürn Eimer ist der doch viel zu fett!" Tristan klatschte sich mit der flachen Hand vor die Stirn.

„Du Fusselbirne! Ich hab kontrolliert, ob ich meinen Kaugummi ins richtige Fach getroffen hab! Nicht dass die Alte mir den Mülleimer wieder in die Brotbüchse schüttet!"

Tristan zuckte zurück und ging auf Abstand. Anscheinend konnte er sich noch lebhaft erinnern, wie Daniel damals wegen Frau Pressler auf den Tisch gekotzt hatte. Schnell zog er sein Handy aus der Innentasche seiner Jeansjacke. „Ich ruf den jetzt an!"

„Den Eimer?"

Linus baute sich breitbeinig vor Tristan auf: „Handys sind auf dem Schulgelände verboten!"

„Schnauze!" Das Freizeichen ertönte. Nick meldete sich: „Wat willste?"

„Wo steckst du, verdammt? Wir wollen weiterspielen!" Im Hintergrund quietschte eine Straßenbahn. „Bist du etwa abgehauen?"

„Ich fahr jetzt nach Paris!"

BALD GEHT ES AUF KLASSENFAHRT

DER KÜRZESTE ELTERNABEND ALLER ZEITEN

Wenn ein Elternabend anstand, war ich immer zwiegespalten. Eigentlich hatte ich keinen Bock drauf, mir den Abend mit dem schwadronierten Mumpitz von Leuten, die ich nicht mal kannte, um die Ohren zu schlagen; auf der anderen Seite waren solche Veranstaltungen aber trefflich unterhaltsam. Jedes Mal wartete ich aufgeregt auf die erste dämliche Frage aus dem Publikum. Wenn die einmal gestellt war, ging es meist Schlag auf Schlag: Die Eltern überboten sich in hirnloser Fragerei.

Manchmal waren so schwachsinnige Wortmeldungen darunter, dass man sich zwangsläufig fragte: Wie um alles in der Welt hatten diese Menschen bis heute überlebt? Vom Alter der Kinder her und durch die biologisch-mathematische Brille betrachtet, hatten wir es in der Zielgruppe hauptsächlich mit Menschen in ihren Vierzigern und Fünfzigern zu tun. Aber greifen wir nicht vor …

Heute Abend war es nämlich wieder mal so weit: Wir Erziehungsberechtigten der Jahrgangsstufe 5 waren zum Sammelelternabend in die Aula einbestellt. Das Thema lautete: „Unsere Klassenfahrt". Denn gleich zu Beginn des nächsten Schuljahres würden alle 120 Sechstklässler des Waldgymnasiums für eine Woche gemeinsam verreisen. Es ging zum Möhnesee. Wer den nicht kennt: Das ist der Stausee bei Arnsberg im Kreis Soest, dessen Staumauer in einer Mainacht 1943 von den Briten mit einer eigens dafür entwickelten Rollbombe zerstört worden war. Mehr als 1200 Menschen fanden damals in den Fluten den Tod. Todesopfer waren noch im 100 Kilometer entfernten Essen zu beklagen. Die Staumauer des Möhnesees wurde kurz darauf wiedererrichtet, doch die tragische Geschichte wurde überall in der Gegend lebendig gehalten. So eignete sich die Klassenfahrt auch zum anschaulichen Geschichtsunterricht, denn in der sechsten Klasse kam Geschichte als Nebenfach hinzu und löste das wunderbare Fach Erdkunde bei der Lieblingslehrerin ab.

Ich fuhr mit dem Fahrrad zur Elternveranstaltung – erstens wegen der Parkerei nach Feierabend im Wohngebiet und zweitens, damit ich mich hinterher auf dem Heimweg abreagieren konnte. Pünktlich um 18.58 Uhr erreichte ich den Schulhof und zum Glockenschlag 19 Uhr schlüpfte ich in die Aula. Hinter mir schloss sich sofort die vollautomatische Brandschutztür und das Licht wurde stark heruntergedimmt. Darum ließ ich mich auf dem erstbesten freien Platz nieder, nicht dass ich hier in der künstlichen Nacht noch stürzte. Um die Reihen nach bekannten Gesichtern abzuscannen, reichte die Notbeleuchtung sowieso nicht aus.

Weil Eltern meistens brave Bürger waren, erstarb mit der hereinbrechenden Finsternis auch sofort das Murmeln. In der ersten Reihe erhob sich ein Lehrer und trat, vom Scheinwerferkegel begleitet, ans Mikrofon: „Guten Abend, liebe Eltern! Wir haben unter den Kollegen gelost. Mich hat es getroffen: Ich darf Ihnen den heutigen Abend präsentieren! Ich bin der Herr Schütz, der Klassenlehrer der 5c. Vor sich finden Sie ein kopiertes DIN-A4-Blatt mit allen wichtigen Informationen zur Klassenfahrt. Wir gehen das kurz gemeinsam durch, im Anschluss bleibt noch Zeit für Fragen."

Die Dunkelheit im Raum ging in Morgengrauen über und Herr Schütz legte mit einem Affenzahn los. In MG-feuerartigen Salven ratterte er die Textbausteine des Blattes ins Mikrofon. Es ließ sich kaum erkennen, wann ein Satz zu Ende war und ein neuer begann. Nicht mal den Satzschlusspunkt nutzte der Lehrer, um nach Luft zu schnappen. Er schien beim Reden eine Atemtechnik zu verwenden, wie sie die Aborigines beim Didgeridoospielen benutzen. Zur steten Tonabgabe muss da der Bläser für einen gleichmäßigen Luftstrom im Eukalyptusrohr sorgen. Den erzeugt er, indem er auch beim Einatmen reinpustet. Zirkularatmung nennt man diese Technik.

Steht bei Ihnen daheim auch ein Didgeridoo in der Ecke? Möchten Sie den Staubfänger endlich spielen lernen?
Die Zirkularatmung können Sie sich mithilfe eines stinknormalen Strohhalmes draufschaffen. Sie benötigen zusätzlich ein Glas voll Wasser. Setzen Sie sich entspannt an einen Tisch und versuchen Sie nun gleichzeitig reinzublubbern und dabei einzuatmen. Es wird eine Weile dauern, bis Sie das hinkriegen: Ich tippe mal auf etwa fünf Halme, wegen der Hygiene …

Aber zurück zu unserer Reise bzw. zum Klassenfahrtselternabend! Herr Schütz feuerte also seinen Munitionsgurt an Verhaltensregeln durch die Lautsprecher – ich hatte echt Mühe zu folgen. Zum Glück hielt er sich strikt an den Zettel, weswegen sich mir der Sinn seiner Rede erschloss: Die Krankenkarte gehörte in einen zugeklebten Umschlag und mit dem Namen des Kindes versehen dem Klassenlehrer anvertraut; Handys waren verboten, ebenso MP3-Player, vor allem aber Waffen. Hieb- und Stichwaffen, auch Waffenattrappen: Nichts davon durfte man mitnehmen. War alles verboten – na so was!

Um sicherzugehen, dass uns kein Fehler unterlief, würde ich den Zettel daheim noch mal in Ruhe bei einem Glas Rotwein studieren. So wie das wohl ungefähr 50 Prozent der Fünftklässler-Eltern noch vor 19 Uhr ebenfalls beschlossen hatten, denn wenn man davon ausging, dass die Schülerschaft nicht größtenteils aus Zwillingspärchen und Drillingskindern bestand, saßen hier in der Aula verdammt wenige Eltern versammelt. Die wenigen waren aber dafür umso wissbegieriger! Um 19.07 Uhr hatte Herr Schütz seine Liste heruntergerasselt und gab den Startschuss für Fragen. Hinter mir meldete sich ein Vater mit modischem schwarzem Brillengestell zu Wort. Auf seinen Knien lag eine Kunstleder-Schreibunterlage mit Reißverschluss, wie sie besonders gern von engagierten Mitarbeitern verwendet wurde. Der Vater nahm die Veranstaltung ernst, seine Notizen füllten bereits die zweite Seite. Damit auch den weiter entfernt Sitzenden ohne Sichtkontakt die Wichtigkeit seiner Frage klar wurde, unterstützte er sie mit einem heroischen Kugelschreiberkreisen über meinem Kopf. „Eine Frage zur Krankenkarte: Benötigen Sie die im Original oder in Kopie?“

Der Typ, der neben ihm saß, war wohl Bauarbeiter von Beruf – zumindest ließ seine derbe Arbeitsjacke darauf schließen. Er straffte seine bequeme Sitzhaltung ein wenig und tippte sich an die Stirn: „Ey, Mann, wat sollen die denn im Krankenhaus mit ’ner Kopie im Schlitz!“

Die Dame zur Linken des Bauarbeiters ergriff das Wort: „Wie funktioniert das denn, wenn ein Kind regelmäßig Medikamente braucht? Wer kümmert sich denn darum?“

Das war nun eine Frage für Herrn Schütz. „Darauf sollten die Kinder selber achtgeben. Sie sollten in der Lage sein, ihre Medikamente selbst zu dosieren. Doch ich kann Sie beruhigen: Wenn ein Kind sein Medikament vergessen hat einzunehmen, würden wir sowieso einen Arzt aufsuchen.“

„Aber das machen Sie doch hoffentlich nicht einfach so! Arztbesuche sprechen Sie doch hoffentlich mit den Eltern ab! Ich frage auch mehr wegen der Einnahme. Die Kinder dürfen ja keine Handys mitnehmen. Woher sollen sie denn dann wissen, wann es Zeit ist? Dürfen sie Sie nach der Uhrzeit fragen?“

„Ja klar, jederzeit. Aber es wäre gut, wenn Sie Ihrem Kind trotzdem eine Uhr mitgeben würden.“

„Darf man das denn? Ist denn eine Uhr erlaubt?“

Herr Schütz schien den Kanal voll zu haben, denn er warf einen genervten Blick auf seine: „Am besten Sie besprechen die Medikamenteneinnahme Ihres Kindes mit dem Klassenlehrer. Wer ist das denn?“

Die Mutter winkte ab. „Nein, ich muss nichts besprechen. Meine Tochter braucht keine Medikamente. Ich fragte nur für den Fall, dass jemand anders welche braucht.“

In der Reihe hinter mir hatten sich die fragefreudigsten Köpfe versammelt, jetzt meldete sich die Nachbarin der engagierten Medizinfrau: „Da die Kinder ja keine Handys mitnehmen dürfen – wie erfahren wir denn, ob sie gut angekommen sind?"

„Wir richten selbstverständlich eine Telefonkette ein."

„Eine Telefonkette finde ich überhaupt nicht zeitgemäß! Da müssen wir eine WhatsApp-Gruppe dafür gründen!"

„Du bist wohl nicht ganz dicht?" Der Bauarbeiter beugte sich wieder vor. „Wenn alle zwei Sekunden eine von euch Tussis tickert: ‚Sind sie schon da?', und jedes Mal das Scheißhandy bimmelt – da fall ich vom Gerüst, wenn ich ständig nachgucke, was los ist!"

„Dann müssen Sie halt auf lautlos stellen und erst nach Feierabend lesen!"

„Einen Scheiß muss ich!"

Rechtzeitig bevor das zwischen den Streithähnen hinter mir eskalierte, kam Herrn Schütz ein Punkt in den Sinn, der nicht auf unserem Zettel stand: „Wir benötigen noch von allen Eltern eine schriftliche Einverständniserklärung, dass Ihr Sohn oder Ihre Tochter sich frei und ohne Aufsicht in der Umgebung und im Ort bewegen darf!"

„Was für eine Erklärung? Ich denke nicht daran! Wollen Sie sich damit Ihrer Aufsichtspflicht entledigen?"

„Ohne Ihre schriftliche Einverständniserklärung müsste Ihr Kind sich die ganze Zeit bei uns Lehrern aufhalten. Oder im Zimmer."

„Das ist mir immer noch lieber, als wenn die allein unterwegs sind! Man liest so viel! Nein, das werde ich nicht unterschreiben!"

Ich hätte mich als Moderator an der Stelle vermutlich auf eine bescheuerte Diskussion eingelassen, doch Herr Schütz meisterte die Situation großartig: Er ging gar nicht weiter auf die besorgte Mutter ein, sondern ermunterte per Kopfnicken die nächste Wortmeldung. Einverständniserklärung war schließlich Einverständniserklärung.

Wieder einmal war der Bauarbeiter dran. Er wedelte mit dem Infozettel: „Hier steht nichts von Badebekleidung drauf! Wie sollen die Kinder denn ohne Badesachen schwimmen gehen?"

„Wir werden nicht schwimmen gehen."

„Wieso das denn nicht? Ich denke, Sie fahren im Sommer an den See, weil man da baden kann! Die Jugendherberge steht am Ufer!"

„Wir gehen aus versicherungstechnischen Gründen nicht baden. Für 120 Kinder haben wir nicht genügend Sportlehrer mit Rettungsschwimmerdiplom dabei."

„Die Kids können doch alle selber schwimmen! Die haben doch mindestens alle Bronze oder Silber! Manche haben sogar schon das goldene Schwimmabzeichen! Das kriegt man nur, wenn man auch retten kann!"

Herr Schütz begann zu schwitzen. Ich sah im Scheinwerferlicht, dass seine Stirn plötzlich glänzte. „Eine Urkunde besagt nicht unbedingt, dass das Kind das kann, was draufsteht."

Was hatte der da gerade gesagt? Das deckte sich mit meiner schlechten Meinung von der Benotung in der Schule: Es zählte nicht, was ein Schüler an Leistung im Test ablieferte – es kam darauf an, wie sehr der Schüler nach außen hin zeigte, dass er sich anstrengte. Da konnte er den größten Blödsinn erzählen, Hauptsache, er meldete sich ständig.

Wenn er dran war, reichte es zu antworten: „Das wollte ich auch gerade sagen." Aktiv am Unterricht beteiligen, nannte sich das. Das war auch der Grund, warum wir so viele Einser-Absolventen produzierten – sich im Gegenzug die Wirtschaft aber beschwerte, dass die Azubis und Studenten immer weniger Wissen mitbrachten.

Zum Glück ließ der Bauarbeiter das Planschvergnügen unserer Sprösslinge nicht kampflos den Bach runterrauschen: „Dann lassen Sie sich halt von den Eltern bestätigen, ob die Kinder schwimmen gehen dürfen oder nicht!"

Wie das immer so war: Auch heute Abend kam es zu einer Solidarisierung. So ähnlich wie beim Stockholm-Syndrom, wo sich bei einer Entführung die Geisel in den Gangster verliebte und es ihm so mit hemmungsloser Zuneigung unmöglich machte, ihr etwas anzutun, hoffte hier wohl die Medizinfrau auf besonders wohlwollende Bewertung des Sprosses, denn sie schlug sich auf Herrn Schütz' trockene Seite: „Wenn die Schule Befürchtungen hat, dass es zu Unfällen kommen könnte, dann unterstütze ich das Vorgehen! Schließlich wollen wir doch alle nicht, dass unseren Kindern etwas passiert!" Sie fuchtelte kriegerisch mit dem Zeigefinger vorm Gesicht des Nachbarn, als sie ihm den Fehdehandschuh um die Ohren klatschte: „Oder wollen Sie etwa, dass Ihr Kind auf der Klassenfahrt ertrinkt?"

Mann, war die Frau dreist!

Hinter mir knisterte die Atmosphäre. Sich auf den erstbesten freien Stuhl zu setzen war wohl doch keine so gute Idee gewesen. Ließ der Bauarbeiter das auf sich sitzen? Der Mann war stark, es war klar, wer bei Handgreiflichkeiten den Kürzeren zöge. Ich ging vorsorglich ein wenig in

Deckung. Nächstes Mal würde ich mir eine freie Ecke suchen! Eine, wo ich rundherum mutterseelenallein saß. Oder direkt neben der Tür, da könnte ich im Ernstfall flüchten. Doch entgegen meiner Erwartung geschah hinter mir nichts. Den Bauarbeiter ließ der Affront kalt, wahrscheinlich war er abgehärtet. Er drückte das nervige Weib bloß mit der Pranke aus seinem Blickfeld, als wolle er sagen: „Du gehst mir unheimlich auf den Sack."

Herrn Schütz schien die Sache ebenfalls auf den Sack zu gehen, denn um exakt 19.14 Uhr verkündete er: „Ihr reges Interesse an unserer Informationsveranstaltung hat mich sehr gefreut – wir beenden sie an der Stelle! Sollten sich im Laufe der nächsten Wochen Fragen ergeben, wenden Sie sich einfach an Ihre Klassenlehrer. Ich wünsche Ihnen einen schönen Abend!"

Das Licht erstrahlte rundherum im Saal hell und ich erhob mich verdutzt.

Um 19.16 Uhr trennte ich mein Fahrrad vom Geländer des Schulhofs und um 19.30 Uhr war ich wieder daheim. Mein Töchterchen saß seelenruhig vorm Fernseher und mein Mann war noch nicht einmal vom Büro nach Hause gekommen.

Von mir aus konnte Herr Schütz den nächsten Abend gern wieder moderieren. Er sollte bloß das Handout nicht vergessen!

PASS HALT AUF DEIN ZEUG AUF!

DIEBSTAHL WIRD NICHT UNTERBUNDEN

Ich erzählte bereits, dass Lilly sehr an ihrem Schulmaterial hing, sie liebte das Besondere. Wenn etwas wegkam – das passierte –, dann achtete sie anschließend noch akribischer auf ihren Kram.

Doch trotz allen Augenmerks gab es im Schulalltag Zeiten, in denen die Schultaschen unbeaufsichtigt rumstanden, beispielsweise während des Sportunterrichts in der Turnhalle. In den Schlössern zu den Sammelumkleiden stecken keine Schlüssel. Das sei nicht nötig, denn die Eingangstür zum Gebäude besitze von außen keine Klinke. Wer reinwolle, müsse schellen.

Betrachtete man das in der Praxis, handelte es sich dabei leider um einen ausbaufähigen Schildbürgerstreich, denn in der Halle traten immer vier Klassen gleichzeitig zur Leibesertüchtigung an. Das machte 120 Kinder in 90 Minuten, zuzüglich derer, die sich wegen Kleiderwechsels, Freistunde, Wetter oder allem zusammen auch noch mit im Gebäude aufhielten. Jeder Langfinger gelangte unbehelligt mit rein und raus – oder turnte selber. Vermutlich war es trotz größten

Vertrauens der Schulleitung bereits zu erfolgreichen Beutezügen gekommen, denn warum wurden sonst vor jeder Sportstunde die Handys eingesammelt?

Am Montag nach der Ertüchtigung riss Frau Pfau die Tür zur Umkleide der 5b auf und brüllte in den Lärm, den 30 schwitzende Kinder beim Umziehen veranstalteten: „Nächstes Thema: Seiltanz! Jeder bringt nächste Stunde sein Seil mit!"

„Wieso denn ‚sein'? Ich hab keinen solchen Tinnef zu Hause!", „Nicht schon wieder so ein rosa Scheißthema!", „Null Bock auf den Rotz!" Kabinen-O-Töne junger Männer.

„Eine Woche habt ihr Zeit, ein Seil zu beschaffen!" Frau Pfau schmiss die Tür wieder zu, sie schien in Eile.

„Was passt euch denn nicht?" Lilly boxte Daniel in die Seite, der das mit dem Rotz abgelassen hatten. „Seilspringen ist doch allemal besser als blöde Ballspiele!" Sie zog ihren Tornister unter der Bank hervor und kramte nach ihrem Schülerkalender. „Ich find Bälleschmeißen doof."

„Fußball ist hohe Kunst! Ihr Tussis habt in euren Birnen für nix weiter Platz als fürs Shoppen!"

„Mein Schülerkalender ist weg. So ein Mist! Hab ich bestimmt vorhin bei Religion liegen gelassen."

„Ich trag's ein und erinner dich!" Franzi zog ihr Buch aus der Tasche, fand aber dafür ihren Füller nicht. „Hab ich wohl auch liegen gelassen. – Egal, schreib ich mit Kuli!" Der war genauso verschwunden. Daniel verdrehte die Augen und machte eine Scheibenwischerbewegung vor seiner Stirn. „Warum bringt ihr die Tonnen überhaupt mit? Ist doch sowieso nichts drin!"

„Das liegt daran, dass die Lehrer nach dem Klingeln immer so einen Stress mit ihrem dämlichen Raumabschließen machen! Weil sie selber in die Pause wollen! Die verhalten sich schlimmer als kleine Kinder!“

„Deswegen vergess ich auch ständig meine Hausaufgaben! Die lassen einem keine Zeit zum Eintragen!“

„Das stimmt doch gar nicht! Ich erinner dich immer dran. Du vergisst sie trotzdem!“

„Fall mir nicht in den Rücken! Lass uns lieber Frau Pfau suchen!“ Die Mädchen rannten der Klassenlehrerin hinterher, die bereits mit Riesenschritten den Schulhof überquert hatte und zum Lehrerparkplatz eilte. Doch sie schüttelte bloß den Kopf: „Den Kram könnt ihr morgen früh abholen! Hier kommt nichts weg.“ Damit ließ sie die Mädchen stehen, sie hatte Feierabend. Just in dem Moment entdeckte Lilly den Hausmeister, der den Osteingang das Schulgebäudes ansteuerte. „Ich kann nicht schlafen, wenn ich nicht weiß, wo mein Buch ist!“ Der Hausmeister schien ebenfalls in Eile. Schlechte Karten! Sie sausten trotzdem hinterher und erwischten ihn vorm Lehrerklo. „Könnten Sie uns bitte unseren Raum aufschließen? Wir haben da was vergessen.“

Der Hausmeister ließ die Tür zum Waschraum wieder zufallen. „Ist mir auch schon passiert. Welcher Raum ist es denn?“ Er klimperte mit seinem Schlüsselbund.

„Ganz vorne, der erste.“

Die Brandschutztür entriegelte mit einem Klacken, ein winziges grünes LED-Lämpchen gab den Weg frei – doch im Klassenzimmer lag nichts, was da nicht hingehörte. Die Plätze der Mädchen gähnten verlassen, auch die steril abgeräumten Fensterbänke und das Lehrerpult. Lilly fühlte eine unangenehme Hitze im Körper aufsteigen. „Die Sachen hat uns in Sport jemand aus den Tornistern geklaut!“

Das war aber noch nicht alles an Schwund! Am Abend, als Lilly ihre Tasche für den nächsten Tag einpackte, stellte sie fest, dass auch die große Box mit den teuren Buntstiften fehlte.

„Warum schleppst du die an einem normalen Schultag mit rum? Du hattest doch heute gar kein Kunst!“

„Weil ich die brauch! Alle paar Tage sammeln die Lehrer die Hefter ein. Die erwarten, dass man seine Aufzeichnungen schön bunt mit Bildern verziert. Zum Malen hab ich die Stifte doch!“

Am nächsten Morgen vor dem Unterricht passten die Mädchen Frau Pfau auf dem Flur vorm Lehrerzimmer ab.

„Für so etwas habe ich jetzt keine Zeit! Wir sprechen nachher in Deutsch darüber!“ Sie riss die Tür auf und verschwand.

Im Unterricht passte es aber wieder nicht. Wohl weil die zweieinhalb Minuten, die sie gemeinhin für soziale Belange der Klasse einplante, durch ein anderes Ereignis aufgefressen wurden – bei dem Lilly ebenfalls eine Hauptrolle spielte. Das kam so: Zu vorgerückter Deutschstunde wartete die nämlich immer noch ungeduldig auf das Besprechen ihrer Angelegenheit. Vielleicht zappelte sie ein wenig mehr als sonst auf ihrem Stuhl herum, denn zehn Minuten vor dem Klingeln zischte Sitznachbar Linus: „Gib endlich Ruhe mit deinem Krempel!“ Ehe Lilly sich’s versah, riss er ihr ihren himmelblauen Füller aus der Hand und ließ ihn wie eine

Kampfdrohne über ihrem Kopf kreisen. „Hast du wenigstens Grund, dich aufzuregen!"

„Hör auf mit dem Scheiß!" Lilly versuchte, ihren Füller zu erhaschen. Tisch- und Stuhlbeine schnarrten unterstützend.

Frau Pfau unterbrach ihre Tafelarbeit und guckte streng zum Unruhequell. „Lilly!" Als sie weiterschrieb, stand Lilly erneut für ihr Eigentum ein: „Gib den sofort her!"

Linus streckte ihr die Zunge raus und schnitt eine Grimasse.

„Auf der Stelle! Ich petz das sonst!"

„Lilly! Bist du endlich still?!" Frau Pfau warf ihren Kreidestift aufs Pult. Vielleicht tat sie das ein bisschen zu energisch – vielleicht landete der Stift aber auch bloß misslich: In einer weißen Wolke zersplitterte er zu Staub. Das Resultat sah ein wenig aus, als sei eine Tüte Mehl aus dem Schrank gestürzt. Mitten rein in das aufgeschlagene Klassenbuch. Frau Pfau pustete über die Seiten, die Wolke wirbelte in einen Schneesturm über und schnitt die erste Reihe von der Außenwelt ab. Ob der Umstände hob ein Geschrei an, das Lilly für ihre Zwecke nutzte. Überlebenskampferprobt mit einem älteren Bruder drosch sie Linus den Ellbogen in die Rippen: „Gib mir schleunigst mein Eigentum zurück!!"

Linus – sozialisiert ohne wehrhafte Geschwister – knallte das die Sicherung der Impulskontrolle raus. „Du dumme Gans!" Er holte aus und schmetterte den Füller Richtung Fenster. Lilly hechtete hinterher. Ihr Stuhl krachte um, die Bank hüpfte auf die Rückenlehne des Stuhls vom Vordermann – zu spät: Der Füller schlug in der Heizung ein.

„Jetzt langt es mir mit dir!" Wie eine Furie durchstieß Frau Holle das Wetter und rauschte zu Lillys Tisch. „Deiner Leistung bekäme es besser, wenn du dem Unterricht folgen würdest!" Mit einem Stoß aus der Hüfte katapultierte sie die Bank auf ihren Platz zurück. Wow, was für ein Auftritt!

Doch Lillys ganze Aufmerksamkeit galt nur ihrem Füller. Oder besser dem, was davon übrig geblieben war. Mit zarten Fingern fieselte sie die Gebeine aus dem Tintenblut. „Er ist ganz kaputt … Linus hat ihn kaputt gemacht …" Sie begann zu weinen. Heiße Tränen tropften in das Massaker.

Linus zog den Kopf ein und heulte nun ebenfalls. Ihm war wohl ein Licht aufgegangen. Doch er brauchte sich nicht um seine Reputation zu sorgen, denn Frau Pfau dachte gar nicht daran, ihn zu maßregeln, geschweige denn sich einzumischen: „Für solchen Kinderkram ist im Gymnasium keine Zeit! Das können eure Eltern untereinander klären. Und jetzt Schluss mit den Nebenschauplätzen hier! Wenn du nicht auf der Stelle ruhig arbeitest, Lilly, verbringst du die Stunde vor der Tür!"

Anstatt mein eigenes Credo zu beherzigen und unauffällig in Deckung zu bleiben, schrieb ich in dieser Nacht zwei E-Mails: eine an die Klassenlehrerin, die zweite an die Strebereltern. Danach ging es mir besser und ich konnte mich wieder mit meinem Leben befassen.

Von Frau Pfau hörte ich nichts. Weder darüber, wie die Schule vorhatte, mit der Klauerei umzugehen, noch, dass eine Versicherung für den Schaden aufkäme. Die Klassenlehrerin reagierte einfach gar nicht. Dafür ließen die Streberellis umso mehr von sich lesen! Am nächsten Nachmittag klingelte mein elektronischer Briefkasten:

„Liebe Frau Miller, es freut uns, dass wir uns endlich einmal über die aktuelle Schulsituation unserer Kinder austauschen. Das wurde Zeit!“ Mich durchzuckte eine Ahnung, dass ich gleich von noch schlechterer Laune heimgesucht werden würde als gestern. Und so kam es auch. Die guten Menschen klagten an, dass Lilly ihren Engel Linus seit Wochen quäle. Sie werfe sein Federmäppchen durchs Schulhaus und besudele auch sein Namensschild. An unserer Stelle würden sie daher den Ball flach halten, wie aufgezeigt, handele es sich um eine Retourkutsche. Außerdem beeinträchtige Lillys schwatzhaftes Verhalten im Unterricht den Lernerfolg des Knaben. Sie hätten der Klassenlehrerin bereits vorgeschlagen, Lilly zu den anderen Labertaschen zu setzen – damit die sich nur noch gegenseitig am Lernen hinderten –, Frau Pfau sei aber nicht darauf eingegangen. Wegen des ganzen Zinnobers stünden sie kurz davor, Schritte bei der Schulleitung einzuleiten. Wir sollten die Mail als letzte Warnung betrachten. Bei weiteren Vorkommnissen bla, bla, bla …

Ich schnappatmete. Als ich mich wieder ausreichend grundversorgt mit Sauerstoff fühlte, brüllte ich ins Treppenhaus: „Lilly! Komm sofort runter!“

„Ich kann gerade nicht! Was gibt's denn?“

„Mach fertig, komm dann!“

Nach angemessener Zeit polterte es auf der Treppe. „Da bin ich. Was ist denn?“

„Die Eltern deines Sitznachbarn.“ Ich reichte ihr mein Handy.

Lilly verzog sich in die schmale Zuflucht zwischen Sofa und Fenster und begann zu lesen. Sie hatte die Füße noch nicht komplett im Versteck verstaut, da schimpfte sie auch schon los: „Das ist alles gelogen! Ich hab noch nie seine Federmappe runtergeschmissen! Nur letztens sein Namensschild. Weil er meines gegessen hat!“ Sie tippte sich an die Stirn. „Das muss man sich mal vorstellen! Der spinnt! Aber der macht das clever. Der achtet immer darauf, dass die Lehrer abgelenkt sind. Die kriegen nie was mit! – Und quatschen tu ich auch nicht! Der labert die ganze Zeit mit Simon. Er stört sich wahrscheinlich an sich selber!“

Mein Mann winkte ab. „So sind Mütter. Ist bei mir in der Firma nicht anders.“ Dann wendete er sich an mich: „Und du untersteh dich, auf die Mail zu antworten!“

„Wieso denn? Willst du das etwa auf Lilly sitzen lassen?“

„Was soll denn dabei herauskommen? Glaubst du, Linus’ Mutter schreibt zurück: Bitte entschuldigen Sie, unser Sohn hat seinen Irrtum eingesehen. Natürlich ersetzen wir Ihrer Tochter den kaputten Füller!“

„So in etwa.“

„Werd endlich älter und sieh nicht bloß so aus!“

Daraufhin zeigte ich meinem Mann den Mittelfinger, und den Rest des Tages sprachen wir nicht mehr miteinander.

Weil es sich bei Lillys geklauter Habe um täglichen Schulbedarf handelte, hätte ich mich streng genommen auf der Stelle um Ersatz kümmern müssen. Lilly sah das genauso und schnatterte mir verbale Post-its in den Gehörgang: frühmorgens mit der Zahnbürste im Mund – das schneite dann so romantische weiße Flocken ins Treppenhaus – oder mittags beim Pingpong-Spielen mit den Erbsen, unterm Gute-Nacht-Kuss und auch mal zwischendurch. Ich hätte sie wirklich gern erlöst – aber ich zwang mich, auf Post zu warten! Ich wollte nicht zulassen, dass die Schule das Problem aussaß. Vielleicht mussten die sich nur etwas länger beraten.

Leider zählt es an weiterführenden Schulen zu den Unsitten, auf Mails von Eltern nicht zu antworten. Bedingt durch die lebhafte Schulkarriere des Erstgeborenen kenne ich mich mit Zuchtanstalten aus. Auf ihren Homepages priesen sie die wichtige Säule, die der Dialog zwischen Elternhaus und Lehrkörper darstellte – dessen ungeachtet funktionierte der als Einbahnstraße. Ich vermutete, das stand so im Lehrer-Knigge. Der empfahl bestimmt, elektronische Post so lange zu ignorieren, bis die Eltern entweder die Schulleitung in die Beschwerdekette einarbeiteten oder die Schnauze von der Tipperei voll hatten und persönlich in dem Laden aufliefen. In den meisten Fällen taten die Erzeuger nämlich beides nicht und die Sache hatte sich von selbst erledigt. Das kennt man aus dem häuslichen Umgang mit dem Nachwuchs: Stellt er sein Drängen ein, war das Anliegen nicht so wichtig. Eltern sind schließlich auch eine Art Kinder. Bloß mit Falten.

Nachdem ich fast zwei Wochen verwartet hatte, eines Nachmittags dann das: „Mama, wann kaufst du mir endlich meine neuen Stifte? Ich krieg in Heftführung eine schlechte Note. Das willst du doch nicht! Und Hausaufgaben vergesse ich auch ständig, weil ich nichts in meinen Kalender eintragen kann. Sogar die Deutscharbeit hatte ich vergessen! Hier, siehst du, ich habe eine Vier plus geschrieben …“ Sie schniefte und bugsierte das Heft aus Pulli und Hosenbund. „Schimpfst du mit mir?“

„Plus ist doch okay. War es schwierig?“ Ich zog das Heft zu mir heran. Den Eselsohren nach zu urteilen, schleppte sie es seit mindestens einer Stunde mit sich herum. Auf ein verdächtig feuchtes Schniefgeräusch hin warf ich einen prüfenden Blick in ihr Gesicht – da tropfte auch schon eine Träne vom Wimpernkranz. Ich zog das unglückliche Kind auf meinen Schoß.

„Wir sollten uns eine Fabel ausdenken. Das hat mir richtig Spaß gemacht. Ich dachte, ich bekomme dafür eine super Note …“

Ich las mir die Aufgabenstellung durch, dann Lillys Text. Er lautete in etwa so: Nachdem eine bildschöne junge Füchsin an der Uni einer Vorlesung über die Auswirkungen von Fleischkonsum auf den Klimawandel gelauscht hatte, beschloss sie, für den Rest ihres Lebens zu fasten. Bereits am nächsten Morgen knurrte ihr aber so heftig der Magen, dass sie ihren Rettungsplan in vegane Esskultur abänderte. Woher schnell Grünzeug nehmen? Sie schlich sich in die Nachbarwohnung und entdeckte dort im Kühlschrank ein Netz voll Kartoffeln. Sie verschlang es mit einem Schnapp. Es schmeckte scheußlich und die Fäden des Netzes verfilzten sich in ihren Zahnzwischenräumen und kitzelten sie so stark am Gaumen, dass sie das ganze Zeug in einem Schwall wieder rauskotzte. Andererseits, um das Klima zu retten, musste man Opfer bringen! Während sie noch mit Würgen und Aufdröseln beschäftigt war, dröhnte plötzlich ein mächtiges Stampfen durch die Wohnung. Der Boden schaukelte und alles wackelte, selbst der Kühlschrank. Die Füchsin wollte geschwind Reißaus nehmen – doch ein Nilpferd versperrte den Türrahmen. Die Schenkel des Nilpferds waren so beeindruckend, der Hintern so unglaublich – nicht der kleinste Durchschlupf bot sich der Füchsin. Jeder wusste, dass Nilpferde Vegetarier waren. Von Körnerfresserei wurde man also derart fett? Die Schöne erschrak fürchterlich! Sie warf einen Blick in den Spiegel, fuhr sich mit der manikürten Pfote über den samtigen Pelz und entschied sich auf der Stelle, die Klimarettung den anderen zu überlassen!

Also, meinen Humor traf die Story! Fabelelemente enthielt sie auch. Waren womöglich Klimawitze unschicklich, weil sie davon kündeten, dass Schülerlein den Ernst der Lage verkannte? Oder welchem Aspekt hatte sie die schlechte Note zu verdanken?

Es wurde höchste Zeit, dass ich Buch und Stifte beschaffte, ausstehende Finanzierung hin oder her. Lilly sollte nicht länger unter meinem Scharmützel mit der Zuchtanstalt leiden.

Mit der Kaffeetasse in der Hand und gehörig vom schlechten Gewissen gepiesackt, sauste ich auf der Stelle zum Onlinehandel. Ich war fest entschlossen, das Zeug zu bestellen. Beim Durchkämmen der Regale fiel mir jedoch vor Schreck fast das Tablet aus den Händen! 80 Euro für Buch und Stifte zusammen! Der ursächliche Grund für den Schlamassel scheuchte mich zum zweiten Mal aus der Defensive und ich dumme Kuh schrieb erneut an die Klassenlehrerin. Unter anderem wollte ich wissen, ob das nun teuer genug sei, endlich für die Dauer des Unterrichts die Umkleide abzuschließen.

Schlechte Strategie, gebe ich zu.

Vielleicht erhielt ich deshalb bereits am nächsten Tag eine knappe Antwort:

Geehrte Mutter,
grundsätzlich wird kein Material ersetzt.
Das Abschließen der Umkleiden ist unüblich und aus organisatorischen Gründen unmöglich.
Das Mitnehmen der Schultaschen in die Halle ist untersagt. MfG

Lauter „un-"s, ich war baff. Was das für organisatorische Gründe seien, wollte ich postwendend wissen – darauf kam dann keine Antwort mehr. Sollte sich mir anscheinend durch Nachdenken erschließen.

Wo nun Funkstille zwischen uns herrschte, biss ich ein Stück aus meinem Notgroschen und kaufte dem Kind das ersehnte Buch nebst Stiften und Etui neu. Damit nichts davon erneut verlustig ging, erstand ich außerdem im Baumarkt ein Vorhängeschloss. Ich trug Lilly auf, damit die Reißverschlüsse ihres Tornisters zusammenzuketten.

Weil die Klassenkameraden die Idee super fanden, ging es in der nächsten Woche in der Umkleide so romantisch zu wie in Köln auf der Hohenzollernbrücke: überall baumelten bunte Liebesschlösser.

Um auf Nummer sicher zu gehen, sperrten die Kinder ihre Tonnen nun grundsätzlich ab. Sogar während des Unterrichts. Natürlich ging das nicht lange gut. Gleich am nächsten Tag verschusselte Daniel in der Frühstückspause seinen Schlüssel und bis zum Schulende kamen noch zwei weitere hinzu. So kam es, dass in der sechsten Stunde in Mathe einige Schüler Däumchen drehten statt den Zirkel. Noch am selben Abend erhielt ich einen Anruf der Klassenlehrerin.

Das Abschließen der Tornister sei ebenfalls unerlaubt, ich solle mich nicht noch einmal in den Schulablauf einmischen! Wenn ich mich einbringen wolle, könne ich das in Form einer Kuchenspende bei einer der nächsten Schulveranstaltungen machen. Da sei von mir bisher ja nichts gekommen.

Kurz danach erhielt Lilly ihre nächste Deutscharbeit zurück. Ballade analysieren. Dieses Mal war die Note noch schlechter ausgefallen. Als Außenstehender konnte man zur Deutschbewertung nicht viel sagen. Anders als in Mathematik mit eindeutigen Zahlenergebnissen ließ sich in Deutsch das Raster ziehen wie ein Gummiband: In die Jogginghose passt sowohl der Dicke rein als auch der Spindeldürre. Oder eben nicht. Eine schlechte Zensur muss man pragmatisch behandeln: Haken dran – und die nächste Bewährungschance ergreifen! Alle zwei, drei Wochen kriegte der Eleve sowieso eine neue.

Als ich meinen mütterlichen Haken unter die Note setzte, fiel mir auf, dass Frau Pfaus Korrektur dasselbe Datum trug wie meine freche Mail. Ich blätterte im Klassenarbeitsheft zurück zur letzten Arbeit und glich mit meinem Mailprogramm ab. Mein Verdacht erhärtete sich: Die Klimafabel hatte Frau Pfau nach meiner ersten Beschwerdemail verrissen. Waren das Zufälle?

Just in dem Moment klingelte mein Telefon. Meine Freundin Sabine war dran. Sie war den Tränen nahe. „Noah hat heute seine Deutscharbeit zurückgekriegt. Eine Sechs ... Was mache ich denn jetzt?“

„... Hast du eurem Deutschlehrer in letzter Zeit was geschrieben?"

„Ja ... warum?"

„Worum ging es?"

„Das hatte mit Deutsch nichts zu tun. Er unterrichtet auch Erdkunde. Letztens ließ er einen unangekündigten Test über die Arktis schreiben, weil ihm die Klasse zu viel lärmte –"

Ich unterbrach sie erstaunt: „Ihr nehmt die Arktis durch? Bei uns ist Erdkunde inhaltsleer. Hauptsächlich muss man was malen."

„Bei uns auch. Baudenkmäler und so einen Mist. Oder es wird über Ikea gequatscht. Von der Arktis hatten die jedenfalls noch nichts durchgenommen. Entsprechend beschissen fiel der Test aus. Fast die gesamte Klasse schrieb Fünfen und Sechsen. Ich guckte mir daheim den Test an und entdeckte ein paar Fehler sachlicher Art. Das hab ich korrigiert und ihm gemailt. Ich dachte eigentlich, er hätte es nicht bekommen, weil er nicht antwortete ..."

Na, dann war mir alles klar! Frau Pfau musste sich dermaßen provoziert gefühlt haben, dass sie das in Lillys Zensur kanalisierte. Unsere Superlehrer mochten nicht nur keine Post, sie waren auch nicht kritikfähig!

„Entweder bist du paranoid", überlegte Sabine, „oder du hast recht ..."

Ich würde in dem Verein jedenfalls künftig dermaßen die Schnauze halten, die nächsten Jahre gäbe ich das Musterbeispiel einer angepassten und friedfertigen Mutter ab! Keine einzige Beschwerde käme mehr über meine Lippen! Das würde ich mir alles bis zu Lillys letztem Schultag aufheben. Wenn es ganz schlimm käme, schriebe ich vielleicht ein Buch darüber – mal sehen ... Zusätzlich zu meinem frisch erneuerten Leidenswillensschwur quälte mich auch die schon ein paar Tage zuvor gereifte Erkenntnis, dass sämtliche Materialdelikte den Verantwortlichen in der Schule offenbar piepegal waren. Der gut ausstaffierte Schüler latschte mit einer Selbstbedienungstonne über das Gelände. Mir war zum Weinen zumute ...

Mit meiner zweiten Einschätzung lag ich nicht ganz richtig. Die Anstalt differenzierte nämlich – je nachdem, um wen es sich bei dem Geprellten handelte. Das wusste ich von Tim; bei dessen Bilingualen zogen nämlich auch immer öfter düstere Wolken auf.

Ebenfalls Deutschstunde, aber andere Deutschlehrerin. In einer Arbeitsphase schritt diese durch die Reihen. Sie musste schließlich prüfen, ob ihre Schäflein fleißig waren. Bei Tim, der dicht über sein Heft gebeugt schrieb, stutzte sie: „Was ist denn mit deinem Deutschbuch passiert?" Sie lupfte den Deckel, der diagonal gebrochen war und nur noch an Fetzen hing. „Das Buch musst du ersetzen!"

„Das war ich nicht, das war schon so." Aus ehrlichen Augen sah Tim sie an.

„Darauf hättest du gleich hinweisen müssen, als es dir ausgehändigt wurde. Jetzt muss ich davon ausgehen, dass du es mutwillig beschädigt hast! Zur nächsten Stunde kaufst du ein neues!"

„Aber das war ich doch nicht!" In Tims Hals stieg ein Kloß auf. Was würde seine alleinerziehende Mutter sagen? Der Vater verdiente auch nicht viel.

„Nächsten Montag!“ Die Deutschlehrerin klopfte mit dem Finger auf das Corpus Delicti. Dann deutete sie auf den makellosen Buchdeckel von Tims Sitznachbarin. „So muss ein Buch aussehen!“

„Das ist doch auch viel neuer! Das sieht man doch!“ Tim kämpfte für das Familienbudget. Da kamen ihm auch verbalen Fäuste recht: „Wir sind der letzte G8-Jahrgang an unserer Schule! Warum soll ich denn da noch ein neues kaufen? Sie schmeißen die Bücher doch nach uns sowieso weg!“

„Hier geht es ums Prinzip, mein lieber Tim. Wie behandeln wir Sachen, die uns nicht gehören? Ich schlage vor, du arbeitest jetzt weiter! Andernfalls kontaktiere ich deine Mutter. Dann erfährt sie gleich von mir am Telefon, wie du mit unserem Schuleigentum umgehst!“

Verlust war also ungleich Verlust. Persönlicher Verlust wog demnach weniger schwer als gemeinschaftlicher. Den gesellschaftspolitischen Feldversuch dazu hatte man bekanntlich schon in der DDR durchgeführt. Das Individuum nehme sich weniger wichtig. Das musste man schließlich auch lernen. Wie gut, dass unsere Schule umfassend bildete!

Da Tonne-Abschließen nun oberstudienrätisch verboten war, fehlte nach der nächsten Sportstunde wieder etwas aus Lillys Ranzen! Diesmal handelte es sich um die Dose mit dem Pausenbrot. Nur ein leer gefressenes Butterbrotpapier – das vorwitzig zwischen den Blättern des neuen Schülerkalenders hervorspitzte – zeugte davon, dass hier jemand Mundraub begangen hatte. Obwohl meine Jüngste nun so heftigen Kohldampf schob, dass mich zwei Stunden später die Sekretärin anrief – ich solle das Kind abholen, ihm sei schlecht geworden –, wendete ich mich nicht erneut an die Klassenlehrerin. Die Tochter sollte sich zusammenreißen. Nicht dass uns am Ende noch ein blauer Brief ins Haus flatterte!

POLITIK-VERDROSSENHEIT KOMMT NICHT VON UNGEFÄHR

WENN MAN NACH DEN GESCHWISTERN BEURTEILT WIRD

Nachdem Seilchenspringen im Sportunterricht inzwischen abgehandelt war, sollte es am Montag endlich wieder so weit sein: *„Teambildende Aktionen mit dem Ball“*. Meistens lief das auf Völkerball hinaus.

„Ich hasse Ballspiele!“, stöhnte Lilly gleich früh beim Aufstehen. „Da geht es bei uns zu wie im Krieg. Hoffentlich überleb ich das heute!“

Tat sie – allerdings geriet sie in ein so heftiges Scharmützel, dass Blut von ihrer Lippe und vom Kinn tropfte und Knie und Hüfte infolge heftiger Blutergüsse noch wochenlang farbenfroh schillerten. Selbst Frau Pfau mit ihrer distanzierten Art guckte mitfühlend und fragte Lilly, ob sie sich lieber abholen lassen wolle. Lilly schüttelte den Kopf, nahm aber stattdessen ein Kühlpack fürs Gesicht mit in die Hofpause.

Danach stand Politik auf dem Stundenplan. Damit das nicht wie in den letzten Wochen ausfiel – Herr Hemmelmann hatte uns ja abrupt verlassen –, erschien heute ein Vertretungslehrer: Herr Krautwurm. Ein ungewöhnlicher Name – ihn als Kind zu tragen war vermutlich nicht einfach gewesen.

Herr Krautwurm schloss den Raum auf, dabei schaute er Lilly zufällig ins Gesicht. „Oh Gott." Er runzelte die Stirn.

„Ist nicht so schlimm", sagte Lilly, „tut schon kaum noch weh."

Als alle ihre Plätze eingenommen hatten, kam Herr Krautwurm gleich zur Sache: „Also, es ist so. Ich habe mich nicht darum gerissen, heute hier Vertretung zu machen. Lasst mich was klarstellen, dann werden wir prima miteinander auskommen." Über die Ränder seiner Brillengläser hinaus schweifte sein Blick aufmerksam durch die Reihen. „Wer hier nette große Geschwister hat, der darf bei mir alles! Das wären dann schon mal die Jäger-Schwestern. Die dürfen sogar mehr als alles, weil ich Maximilian besonders gut leiden kann! – Wer hat denn noch größere Geschwister auf unserer Schule?"

Ein paar Finger zeigten auf. Ich hatte Lilly eingeschärft, bei Geschwisterfragen unter keinen Umständen Interna preiszugeben! Ihr Bruder hätte eine andere Schule besucht, fertig. So ungewöhnlich war das ja nicht.

Herr Krautwurm ließ sich die Geschwister der Reihe nach aufzählen, manche kannte er nicht. Für ein paar Kinder wirkte es sich nachteilig aus, ihre Stammbaumverknüpfung offenzulegen, bei anderen war es egal. Das Ergebnis von Herrn Krautwurms Umfrage zeigte, dass die kleinen Lehrerlieblinge mit braven großen Geschwistern aufwuchsen.

Wer hingegen eher lebhaft oder anderweitig unpopulär war, der verfügte auch oft über ebensolche verwandtschaftliche Beziehungen. Die schon erwähnten Jäger-Mädchen und Greta hatten nun einen Freibrief – Paula hingegen riet er, sich die Stunde über ruhig und unauffällig zu verhalten.

„Was ist eigentlich mit dir?“, wandte er sich schließlich an Lilly. „Nimm mal das Kühlpack weg!“

„Oh Gott!“, stöhnte er erneut und Lilly kamen erste Zweifel, ob er tatsächlich ihren Zustand meinte. Ihr Verdacht sollte sich später bestätigen, denn nachdem er mit seiner Stammbaumanalyse fertig war, ließ er in der ersten Bankreihe einen Stapel Arbeitsblätter austeilen. Wie so oft ging es ums Weltklima: „Was müssen Politik und Wirtschaft ändern, damit wir euch einen lebenswerten Planeten hinterlassen?“ Expertenmeinungen einholen sozusagen.

Damit auch alle die gleichen guten Lösungen zu Papier brachten, wurden die Ideen vorher mündlich zusammengetragen.

Auch in Lillys Klasse gab es ein paar Klimaaktivisten. Greta zeigte wie immer als Erste auf und forderte das sofortige Verbot von SUVs.

„Ein sehr guter Ansatz!“, lobte Herr Krautwurm. „Was für ein Auto fährt denn deine Mutter?“

„Einen Mercedes V-Klasse.“

„Das ist ein ziemlich großes Auto.“

„Das braucht meine Mutter, weil sie zwei Pferde hat und täglich aufs Land fährt.“

„Was macht sie denn jeden Tag auf dem Land?“

„Sie fährt zum Stall. Sie kümmert sich um ihre Pferde.“

„Wie weit ist das?“

„Knapp 80 Kilometer."

„Besonders klimafreundlich ist das nicht."

„Ist aber günstiger, als wenn sie bei uns in der Stadt einen Stall mietet!" Viel hatte sich seit den Zeiten vom *Wintermärchen* des deutschen Dichters Heine nicht getan: Revolutionäre Ideen ließen sich schwer durchsetzen, wenn selbst die Leute, die öffentlich Wasser predigten, privat lieber Wein tranken.

„Wie ich sehe, trägst du eine amerikanische Designerjacke."

„Na und? Was tut das denn zur Sache?"

Die Klasse lachte und Leni ergänzte: „Sie hat noch mehr, ich googele immer die Preise!"

Die Klasse johlte und Herr Krautwurm schien zu bedauern, dass er die Diskussion losgetreten hatte. „Jetzt beruhigen wir uns alle wieder!" Er wechselte das Thema: „Wie ihr wisst, wird Papier aus Bäumen hergestellt. Was können wir denn beim Papierverbrauch für die Umwelt tun?"

Von dem Schlenker ließ sich nicht jeder Schüler beeinflussen. Nick brüllte durch die Klasse: „Greta! Dein Bruder fährt doch Kart! Da fährt er doch stundenlang im Kreis herum! Wie verträgt sich denn sein Fußabdruck mit deinem klimatischen Engagement?"

„Er ist halt besonders gut in seinem Sport! Du spielst doch Fußball, da frag ich dich auch nicht, ob sich die Kuh freiwillig die Haut für den Ball über die Ohren ziehen lassen hat!"

„Bälle bestehen schon lange aus verschiedenen Kunststoffen. Leder wurde gegen Polyurethan getauscht."

„Das ist ja noch schlimmer! So was kann man nicht recyceln! Ein Fußball ist nicht nachhaltig!"

„Vielleicht spielen wir wegen dem Ökoterror bald wieder mit Lederbällen. Hat mein Vater auch schon gesagt. Dann wird das Steak gegrillt und vom Leder gibt's einen Lendenschurz."

„Ich esse kein Fleisch! Ich bin Veganerin!"

„Jetzt mach mal keine neue Baustelle auf, wir waren bei deinem Bruder! Der braucht ja viel Benzin."

„Bleib du besser beim Fußball, vom Kartfahren hast du keine Ahnung. Die fahren alle E-Karts, schon wegen der Umwelt!"

„Und der Strom kommt aus der Steckdose. Mann, schalt deine Birne ein! Ob das CO_2 auf der Rennbahn entsteht oder woanders im Kraftwerk, das bleibt sich doch in der Bilanz gleich! Und außerdem: Wie kommt dein Bruder zu den Rennen hin? Der ist doch erst in der Achten!"

„Auch deswegen fährt meine Mutter ein großes Auto! Der Kart kommt auf den Anhänger. Du musst auch irgendwie zu deinen Fußballmatches hinkommen! Die finden ja wohl nicht bei euch im Garten statt. Ach, ich vergaß: Du hast ja gar keinen Garten ..."

„Die Karre gehört euch?"

„Klar, Mann. Ein Kart ist doch kein Ruderboot! Da kämpft jeder für sich allein!

„Abartiger Bonzensport!"

„Ruhe jetzt hier!" Herr Krautwurm grätschte in den Schlagabtausch der Aktivisten. „Wer nicht auf der Stelle anfängt zu arbeiten, fliegt raus!" Er zeigte mit dem Finger auf Lilly: „Und mit Fräulein Miller fangen wir an." Er wies zur Tür. „Raus!"

„Wieso denn?" Lilly hatte die ganze Zeit stumm der Diskussion gelauscht. Sie hatte nicht einmal etwas dazu gesagt. Woher wusste der überhaupt ihren Namen?

„Dein blödes Grinsen und dein renitentes Betragen erinnern mich an wen. Hast du einen Bruder?“

„Ja, aber der ist viel älter als ich …“

„Wenn ich noch einen Ton aus deiner Richtung höre, bist du draußen! Hast du verstanden?“

Ich erkundigte mich daraufhin mal wieder bei Thea, meinem Spitzel in der oberen Etage. Zum Glück war Herr Krautwurm bloß ein Vertretungslehrer! Einer, der am liebsten Politik in der Oberstufe gab und der kurz vor seiner Pensionierung stand. Politiklehrer schienen ein besonderer Schlag Mensch zu sein. Vielleicht lag es aber auch am Fach.

ES IST NIE ZU FRÜH FÜR SEXUELLE FRÜHERZIEHUNG

SELTSAME PRAKTIKEN IM BIOUNTERRICHT

Als wichtige Aufgabe sehen unsere Zuchtinstanzen auch die sexuelle Formung unserer Kinder an. Das geht schon im Kindergarten los. Letztens hatte mir meine Freundin Moni von einem pädagogischen Neuzugang in der Kita ihrer Kleinsten erzählt. Seit Kurzem unterstützte dort eine Puppe das Kindergärtnerinnenteam. Die Puppe war blond, trug Kleidchen und Zöpfchen, und zwischen ihren Beinen baumelte ein Schniedel. Sie hörte auf den Namen Esther-Lukas. Damit jeder sofort sah, dass sich das Püppchen uneins war, welchem Geschlecht es angehörte, trug es keinen Schlüpfer. Die Kleinste meiner Freundin Moni ging daraufhin auch ohne Unterhose zum Kindergarten. Für den Tag drauf wurde Moni zum Elterngespräch gebeten …

Doch hieven wir die kindliche Sexualität mal auf die gymnasiale Ebene. Da ging es nämlich neben dem Sexualkundeunterricht als Bestandteil vom Schulfach Biologie auch um sämtliche Formen der Prävention.

Jetzt, so kurz vor den Sommerferien, wurden an den Schulen gern Projekttage abgehalten, um die Zeit bis zu den Zeugnissen zu überbrücken.

Letzte Woche fand an unserer Schule ein sogenannter Präventionstag statt. Das Thema lautete: „Sexualisierte Gewalt". Wie das üblich war, wenn das Projekt einer Klasse von externen Fachkräften moderiert wurde, sollte uns Erzeugern der Inhalt vorab vorgestellt werden.

Sollte. Stattfinden würde der Elternabend nämlich nachträglich, und zwar morgen.

Ein willkommener Grund für mich, daheim zu bleiben! Denn seien wir ehrlich: Welch geniale Schutzidee könnten die uns Eltern vermitteln, auf die wir nicht von selber gekommen wären?

Das war mein Plan. Bis ich beim Einkaufen Anne Tränkner traf. Als sie mich entdeckte, stürzte sie auf mich zu: „Ich bring denen morgen beim Elternabend die Flötentöne bei! Die sind ja wohl nicht ganz dicht! Du kommst doch auch?"

„Was meinst du genau, was hat dich so erzürnt?" Ich schob einen Kasten Pils in die untere Ebene meines Einkaufswagens.

„Hat Lilly nichts vom Projekttag erzählt?"

„Sie wollte nicht darüber sprechen. Hat einen feuerroten Kopf gekriegt und sich sofort in ihr Zimmer verzogen."

„War bei Maria auch so. Ich hab aber nicht lockergelassen. Ich bin ihr so lange auf die Nerven gegangen, bis sie erzählt hat. Die haben geübt, wie man bei Jungs Kondome auf die Zipfel zieht!"

„Hä? Wie das denn?!?" Ich hatte plötzlich komische Bilder im Kopf. So fix konnte man mich von meinem Entschluss abbringen, einer Veranstaltung fernzubleiben: Zu dem Elternabend würde ich hingehen! Nun begriff ich auch, warum der nachrangig terminiert stattfand.

„Die haben einen Korb voller Gummischwänze in den Stuhlkreis gestellt. Jeder sollte sich einen rausnehmen. Die waren alle schön bunt, so in Regenbogenfarben."

„Von was für Schwänzen sprichst du?"

„Mensch, von Dildos!"

„Sexspielzeug?!" Da hatte Anne bestimmt etwas durcheinandergebracht!

„Die haben Verhüterlis ausgeteilt und gezeigt, wie man die über die Pimmel rollt!"

„Sind die bescheuert? Wieso üben die das mit unseren Zehnjährigen??"

„Deshalb sollst du ja den Elternabend besuchen, da erklären die die Zusammenhänge!" Anne kickte mit dem Fuß gegen meinen Biervorrat, sodass der heftig schepperte. „Nimm besser zwei Kästen! Schule ist nur im Suff zu ertragen ..."

Doch ich befolgte ihren Rat nicht, die Umstände erforderten einen klaren Kopf! Stattdessen ließ ich meinen beladenen Einkaufswagen einfach stehen und raste nach Hause. Innerlich war ich so in Aufruhr, ich fand nicht mal meinen Hausschlüssel. Zum Glück war Lilly schon daheim.

„Ich habe gerade Marias Mutter getroffen und die hat mir erzählt ..." Weiter kam ich nicht. Lillys Kopf lief sofort wieder tomatenrot an und sie fiel mir ins Wort: „Ich mag nicht darüber sprechen, Mama! Ich möchte nicht mehr daran denken! Ich will das nur ganz schnell vergessen!"

Was hatten die den Kindern zugemutet? Was hatte Kondomüberziehen überhaupt mit Prävention gegen sexuelle Gewalt zu tun? Aus meiner Sicht handelte es sich beim Projekt um eine Reinform von Gewalt!

Wie Anne ließ ich nicht locker, und nachdem sich Lilly ein paar ihrer Kuschelviecher zur Verstärkung geholt hatte, brach es endlich aus ihr heraus. „Das war einfach schrecklich! Es war so ekelhaft! Wie heißen noch mal die Luftballons?"

„Kondome."

„Siehst du, es war mir fast gelungen, das zu vergessen! Und dann fängst du wieder damit an!"

So lief das öfter im Leben: Kaum war Gras über eine Sache gewachsen, kam ein Kamel und fraß es weg. „Was war denn mit den Kondomen, Schatz?"

„Die haben uns gezeigt, wie man die an der Penisspitze aufsetzt und dann abrollt. Das war so glitschig …" Sie schüttelte sich. „Ich wollte mir danach die Hände waschen, und ein paar andere auch, das haben die uns aber nicht erlaubt. Die haben gesagt, die Dinger seien extra in so eine Flüssigkeit getaucht, damit das bei der Frau gut flutscht." Wieder schüttelte sie sich und verzog noch angewiderter das Gesicht, soweit das möglich war. „Kondome seien reiner und keimfreier als Trinkwasser. Wer wollte, durfte daran schlecken. Das habe ich aber nicht gemacht!"

Unfassbar! „War das alles?"

„Zum Schluss haben wir noch ein Quiz gemacht. Wir teilten uns in drei Gruppen auf. Jede zog ein paar Begriffe, die dann jemand an der Tafel vormachen musste, und die anderen sollten das erraten."

„Was waren das für welche?"

„Keine Ahnung, hab ich vergessen."

„Was Sexuelles?"

„Ja ... Von den meisten hatte ich noch nie gehört. Bei einem war es lustig. Da ist Nick mit dem Wischmopp um die Tafel rumgetanzt."

„Putzen hat doch nichts Sexuelles ..." Ich überlegte.

„Doch, Mama! Wischen! Macht der Papa das nicht?"

„Ach, du meinst wichsen?"

„Ja, so kann das auch geheißen haben. Nick hat es jedenfalls falsch gemacht und deswegen hat's ihm der eine Betreuer dann vorgemacht."

„Gewichst?" Vor lauter Schreck fiel mir die Kaffeetasse aus der Hand. In Nullkommanichts verteilte sich die braune Brühe über den Tisch und kroch zwischen die Blätter meines aktuellen Jobs, die ich zur Übersicht breit hinsortiert hatte. Unter normalen Umständen hätte ich an der Stelle so laut losgebrüllt, dass die mich noch im Nachbarhaus gehört hätten – doch ich war völlig neben der Spur. „Wer hat jetzt bei wem gewichst?" Mein Körper verhielt sich wie schockgefroren. Nicht mal mein Kopf ließ sich mehr bewegen.

„Na, ein Lehrer hat's vorgemacht. Also nicht in echt. So Pantomime halt. Der hat so getan, als ob er wischt."

„Wichst", verbesserte ich schwach.

Dann riss ich mich zusammen und griff zum Telefon. Mich verlangte dringend, mit meinem Ehemann zu sprechen! Vielleicht steckte ein geheimer Plan zum Auswandern in seiner Schublade. Ich war bereit. Hauptsache, raus aus der

Schulpflicht! Doch mein Mann hatte kein Ohr für meine Not, er war auf dem Weg in eine Besprechung. Also konzentrierte ich mich wieder auf Lilly. Die erzählte nun ohne zusätzliche Ermunterung weiter: „Die Gruppe, die das Quiz gewonnen hat, bekam zur Belohnung einen Preis: Jeder hat einen Penis und so einen Ballon gekriegt."

„Ihr seid das nicht gewesen?" Mir war flau zumute.

„Nein, wir hatten null Punkte. Von uns hat sich keiner ausgekannt. Bin ich auch froh drum. Ich hätte nicht gewusst, was ich mit den Sachen anstellen soll. Zum Wegschmeißen sind die zu schade. Der Penis kann ja nichts dafür, dass er ein Penis geworden ist."

Ich hatte Lillys Bericht gerade halbwegs weggesteckt, da rief Moni an. „Mein Auto hat einen Platten. Kannst du in unserem Baumarkt für mich zwölf Besenstiele abholen?"

„Verarschst du mich? Was willst du denn damit? Genügt nicht einer?" Einen könnte ich nämlich gut mit dem Fahrrad transportieren. Das wäre jetzt genau das Richtige, um mich bei einer Runde in die Nachbarstadt abzureagieren.

„Nein, zwölf stimmt schon. Sind für Sophies Schule. Ich habe telefonisch vorbestellt, du kannst direkt zur Information gehen."

„Was machen die mit so vielen Besen?"

„Frag mich nicht, das wurde auf dem letzten Elternabend beschlossen. Für den Biounterricht. Ich war aber nicht da."

„… vielleicht wollen sie Bäume pflanzen?" In Zeiten von Klimaschutz war das nicht abwegig. Leider kam an Lillys Schule bisher niemand auf so eine Idee, dort kümmerten sie sich lieber darum, dass die letzten schwindsüchtigen Exemplare auf dem Schulhof auch noch gefällt wurden.

„Ich vermute eher, dass die Klasse gemeinsam putzt." Einer geselligen Aufräumaktion durfte ich nicht im Weg stehen! Hurtig machte ich mich auf den Weg. Lilly blieb daheim – sie wollte Gras wachsen lassen: Sie chattete mit den Freundinnen.

Im Baumarkt war richtig was los. Ich drängelte mich zum Infodesk durch und der Typ fing an zu grinsen. „Gymnasium, sechste Klasse. Hab ich recht?"

„Ich nicht – aber die Kinder." Fast hätte ich mich geschmeichelt gefühlt.

Der Typ grinste noch mehr. Richtig unverschämt griente er mich an. Dann suchte er einen Lastenwagen aus einer vorgepackten Gruppe, auf der ebenfalls bündelweise Besenstiele festgezurrt waren.

Mich beschlich ein mulmiges Gefühl. Das verstärkte sich noch, als er mir die Rechnung in die Hand drückte und mir dabei mitleidig in die Augen sah: „Bleiben Sie stark! Ich bin ziemlich froh, dass ich keine Kinder habe."

Indes ging es mir immer schlechter. Das mulmige Gefühl war heftigem Unwohlsein gewichen, sodass ich am Abend schon früh zu Bett ging. Am Morgen fühlte ich mich außerstande, mein Lager zu verlassen. Mich schmerzten der Kopf und die Glieder, ich konnte kaum schlucken und mir war heiß und kalt gleichzeitig. Etwas Grippales hatte mich erwischt. Und es wurde so heftig, dass ich alles um mich herum vergaß; ich war nur noch mit dem nackten Überleben beschäftigt. An den Elternabend dachte ich nicht mehr. Leider. Denn sonst hätte ich meinen Mann hingeschickt!

Am Nachmittag rief mich Moni auf meinem Sterbebett an. „Ich eskaliere!", brüllte sie in den Hörer. „Sophie hatte heute Bio!"

Vor Schreck blieb mir die ohnehin knappe Luft weg. „Ist doch kein Hauptfach ... ist doch nicht schlimm ...", röchelte ich.

„Willst du wissen, wofür die die Scheißbesenstiele gebraucht haben?" Moni kochte, auch an der für sie ungewohnten Fäkalsprache gut zu erkennen. „Von wegen putzen! Letzte Woche haben die mit Sexualkunde angefangen. Da hätte ich eigentlich gleich schalten müssen! Ich hätte Sophie heute krankmelden sollen!"

„Was ist denn passiert?"

„Das ist so peinlich, ich mag das gar nicht erzählen ..."

Was war los, was hatte Moni so mitgenommen? – „Also, stell dir Partnerarbeit vor. Zuerst verteilten die das Material: Jungs kriegten einen Besen auf den Tisch, für Mädchen gab es ein Kondom. Die Jungen sollten sich dann vor der Tafel in einer Reihe aufstellen. Jeweils ein Mädchen davor. Weil das paarweise nicht aufging, schickte die Biolehrerin Sophie in die Jungsreihe: Sie mit ihren langen Haaren wäre jetzt auch einer. Natürlich grölten die anderen. So, aber jetzt kommt's: Auf Kommando mussten die Jungen die Besenstiele ausstrecken ..." Moni hielt kurz inne, musste sich wohl sammeln.

„Verstehe ich nicht ..."

Erst lachte sie, dann stöhnte sie. „Ich hab das erst auch nicht begriffen, als Sophie das erzählte. Die haben nicht gekämpft! Die haben den Mädchen Phallusse entgegengestreckt!"

Mir entfiel glatt, dass ich extra Luft eingejapst hatte, um zu niesen.

„Die Mädchen zogen dann Kondome drauf! Mit der Stoppuhr!"

„Ist nicht wahr ..." Das war alles, was ich rausbrachte.

„Jedenfalls hat sich Sophie jetzt in ihrem Zimmer eingeschlossen und heult." Moni beendete ihren Bericht.

„... wegen der Holzlümmel?"

„Wegen der Zuteilung! Sie musste sich doch von einem Mädchen die Tüte rollen lassen. Jetzt stänkern die Kinder, dass Sophie eine Lesbe sei. Und sie lästern, ob sie den Kerl in der Beziehung gibt."

Mit Monis Besengeschichte verhielt es sich ja noch abartiger als mit unserem Devotionalienkorb! Im Moment war ich sogar froh, dass die bei uns nur mit Sextoys aufgekreuzt waren statt mit Holzwaren. Und dass keine Partnerarbeitsorgie eingeplant war, sondern jeder für sich allein frickelte. Ein Nachspiel im Ansehen schien das Projekt für keinen aus Lillys Klasse gehabt zu haben. Die arme Sophie. Sie tat mir schrecklich leid.

Nachdem ich aufgelegt hatte, schob ich mir mit letzter Kraft eine Kopfschmerztablette in den Mund. Ich schloss die Augen und wartete, bis das Dröhnen in meinem Schädel nachließ. Gut, dass wir damals umgezogen waren, sonst würde Lilly heute dieselbe Schule wie Sophie besuchen. Das beruhigte mich nach einer Weile; vielleicht wirkte auch bloß die Tablette. Gelassenheit durchströmte mich, lullte auch die Viren mit ein. Ich fühlte, wie ich in erholsamen Schlaf wegdämmerte ...

Irgendwann kam Lilly nach Hause. Noch mit dem Schulranzen auf dem Rücken stürmte sie an mein Krankenlager. Sie überreichte mir eine Depesche:

Liebe Eltern,
wie gestern von einigen Eltern für den Sexualkundeunterricht angeregt, ist es unserer Schulsekretärin gelungen, einen Bioladen zu finden, bei dem sie 16 vegane Besen bestellen konnte. Es müsste sich nun nur noch jemand von Ihnen finden, der die Besen am Freitag abholt und über die Sommerferien bei sich einlagert.
Die Besen werden aus der Klassenkasse bezahlt.

Ein unerwartetes Abenteuer

Homeschooling in der Coronakrise

An dieser Stelle hätte das Buch eigentlich zu Ende sein sollen. Doch nach dem Schreiben vergehen meist noch Monate, bis so ein Druckwerk endlich das Licht einer Ladentheke erblickt. Während dieser physischen Reifezeit passieren manchmal unerwartete Dinge, sogar SEHR unerwartete Dinge, die ich ungern hier ignorieren würde. Ein bislang unbekanntes Virus kam über uns – und mit ihm das Homeschooling-Abenteuer …

Am Freitag, dem 13. März, meldete die Presse, dass es das bis zu den Osterferien mit dem Schulbesuch gewesen sei. Lilly und ich freuten uns sehr. Insgeheim hofften wir auf schön verlängerte Ferien. Die ersten beiden Homeschooling-Tage verliefen noch so, wie ich mir das ausgemalt hatte. Von offizieller Seite passierte nämlich: nichts.

Doch kaum saß ich Mittwochfrüh um kurz nach 8 Uhr mit einem Kaffee am Schreibtisch: die Eröffnungsmail der

Klassenlehrerin. Es gehe ihr gut – und darunter eine lange Liste mit Aufgaben für Deutsch. Schade. Ich druckte die Aufgaben aus. Gerade war ich wieder schön in meiner Arbeit verschwunden: die nächste Mail von Frau Pfau, diesmal mit den weitergeleiteten Aufgaben für Politik! Herr Nothnagel, Lillys aktueller Politiklehrer, war ein weiteres Beispiel für meine Theorie, dass Politik von besonders komischen Typen unterrichtet wird. Heute überbot er Frau Pfau: Er schickte gleich acht Seiten mit. Während der Drucker noch spuckte, überflog ich den Inhalt. Jeweils am rechten Rand fehlte ein Teil und beim seitenfüllenden Clusterbild, das die Kinder mithilfe des Texts vervollständigen sollten, ließ sich nicht mehr ausmachen, ob Herr Nothnagel zum Abdecken zu dünnes Papier verwendet hatte oder ob die Vorlage zu wenig Toner abgekriegt hatte. In jedem Fall schien die Aufgabe nicht ganz durchdacht.

Die dritte Mail – ich hatte gerade wieder in meine Arbeit zurückgefunden – betraf noch ein wichtiges Fach, das in der Coronakrise dringend beschult gehörte: Religion! Auch die Religionslehrerin schien selten E-Mails zu versenden, zumindest solche mit Anhang. Sie hatte fast ein ganzes Buch abfotografiert, jede Doppelseite hochkant auf einem Foto. Ganz gleich, auf welchem meiner Monitore ich die Bilder öffnete, der Text ließ sich nicht entziffern. Natürlich fiel mir das erst auf, als der Drucker endlich fertig war.

Wenn die Ausschussquote weiterhin so hoch blieb, war mein Papiervorrat vor Ostern aufgebraucht … Lösen ließen sich die Aufgaben so jedenfalls nicht!

Dann eine Mail von Frau Pfau:

Sehr geehrte Eltern,
ich habe nicht von alle Familien die E-Mail-Adresse. Bitte leiten Sie die Aufgaben untereinander weiter und kümmern Sie sich darum, dass alle Schülerinnen und Schüler unserer Klasse am Homeschooling teilnehmen können!

Sonst noch was?! Ich löschte die Mail, nicht dass ich in einem philanthropischen Anfall auf dumme Ideen käme. Zu tun hatte ich selber genug!

Nach und nach trudelten die Aufgaben für sämtliche Fächer ein. Was sie alle einte: Ihre Liste schien unendlich lang und für die Kinder kaum bewältigbar. So viel Stoff, wie sie hier bis zu den Osterferien selbstständig bearbeiten sollten, schafften sie in der Schule im halben Jahr nicht! Lilly rackerte das Wochenende durch. Am Sonntagabend war sie so fertig wie nach einem Klassenarbeitsmarathon. Den Tränen nahe rief sie zur Entspannung Franzi an. „Wie sollen wir das bloß schaffen? Die erste Woche ist doch schon um! Wie weit bist du denn mit deinen Sachen?“

„Hä? Was für Sachen? Wovon redest du?“

„Deine Mama muss ihre E-Mails abrufen!“

Ganz raushalten aus der Gruppenverantwortung, wie ich das gedacht hatte, konnte ich mich dann doch nicht: Die Familien von Franzi, Paula und Tim besaßen keinen Drucker. Da die Lehrer jeden Tag neue Aufgaben schickten, die es für die Bearbeitung auszudrucken galt, kamen die drei nun jeden Nachmittag bei uns vorbei. Schön mit Sicherheitsabstand, da blieb ich eisern.

In der zweiten Woche gab es eine Neuerung: Eine Lernplattform ging online. Mich freute das, hoffte ich doch auf Ruhe in meinem Mailfach. Leider schienen die Lehrer der Innovation zunächst feindlich gegenüberzustehen – die Aufgaben kamen nach wie vor per weitergeleiteter Mail durch Frau Pfau. Nur sie selber stellte Deutsch online ein. Lange ließ sie sich das aber nicht gefallen, denn nach ein paar weiteren Tagen informierte sie uns, dass die Fachlehrer ab sofort ihre Aufgaben direkt auf der Plattform einstellten, denn das wäre ihr zu viel geworden. Schau an …

Geht etwas Neues an der Start, braucht es eine Weile, bis sich das einspielt. In den ersten Tagen funktionierte von der Lernplattform aus das Ausdrucken nicht, weswegen die Homeschooler ohne Drucker nicht mehr bei uns aufkreuzten. Aus Sicht von Social Distancing ein Fortschritt.

So vergingen die drei ersten Homeschooling-Wochen wie im Flug. Die Schüler waren dermaßen mit Aufgaben eingedeckt, dass sie im Kinderzimmer einen Fulltimejob bestritten. Wer wirklich alles schaffen wollte, hockte bis in die Dunkelheit über den Büchern. Es gab aber auch Kids mit anderer Einstellung: Nicht nur meine Freundin Moni verzweifelte fast, weil der Große keinen Finger rührte, sondern gleich auf Ferienmodus geswitcht hatte. Ihre Nerven lagen blank, sie befürchtete, dass er den Anschluss verlieren würde.

In WhatsApp kursierten Witze wie: *„Manche Eltern erkennen gerade, dass der Lehrer gar nicht das Problem ist …“*

Meine Erfahrung war eine ganz andere. In unserer Straße schienen alle Kinder fleißig zu büffeln, ich sah den ganzen Tag keines draußen. Es war geradezu totenstill.

In der siebten Woche tagte unsere Große Koalition und einigte sich auf 150 Euro Soforthilfen für bedürftige Schüler. Nun geht die offizielle Definition von Bedürftigkeit gern ein wenig am tatsächlichen Bedarf vorbei. Auch der unteren Mittelschicht fällt es nicht leicht, den Kindern voll ausgestattete Büroarbeitsplätze zur Verfügung zu stellen. Vor allem, da das vor Corona eine völlig überflüssige Anschaffung für Elfjährige gewesen war. Aus Lillys WhatsApp-Gruppe wussten wir, dass in ihrer Klasse etliche Schüler keinen PC besaßen und deshalb die Onlineaufgaben am Smartphone lösen mussten. Neben den Kosten für die Hardware kam nun hinzu, dass alle Läden geschlossen waren. Wobei die für 150 Euro sowieso keinen Computer verkauft hätten!

Unter Homeschooling verstand anscheinend jeder Lehrer etwas anderes, denn jede Klasse machte ihr eigenes Ding. Tims bilinguale Klasse stellte im Lauf der Zeit komplett auf Videounterricht um. Jedes Fach wurde genau nach Stundenplan per Videokonferenz unterrichtet. Das verschaffte ihm einen gewaltigen Zeitvorteil: Unterricht von 8.10 bis 13.20 Uhr, am Nachmittag frei. In der a-Parallelklasse sollten bloß die Hauptfächer videounterrichtet werden. Das fiel allerdings öfter aus – manchmal waren nämlich die

Schüler vollzählig versammelt, aber der Platz des Lehrers blieb leer. Wie im normalen Schulbetrieb eben. Sophie, die Tochter meiner Freundin Moni aus der Nachbarstadt, schrieb sogar online Klassenarbeiten. Die erste, eine Mathearbeit, am Feiertag, dem Tag der Arbeit. Sophie erfuhr von der Klausur einen Tag zuvor, kurz nach 18 Uhr. An der Gesamtschulklasse der Nachbarstochter Mara hingegen engagierten sich die Lehrer wirklich sehr: Das Klassenleiterteam klinkte sich in den Klassenchat mit ein und stand neben sämtlichen Fragen zu den Hausaufgaben auch für Sorgen und Nöte bereit.

Ganz anders Lillys Klasse, die war buchstäblich „vogelfrei". Da wurde kein Aufriss gemacht, die Fachlehrer setzten auf Selbststudium. Seitenweise Texte zum Durchlesen, eine Liste mit Aufgaben – friss oder stirb. Ab und an auch mal in Mathe ein verlinktes YouTube-Tutorial – das dann aber meistens wenig mit der Aufgabenstellung zu tun hatte. Zwei-, dreimal schickten Fachlehrer Korrekturen von eingesandten Aufgaben, ansonsten kam keinerlei Feedback. Die Klasse war auf sich allein gestellt. Auf sich – und die Eltern.

Am Anfang war das für Lilly hart. Es fiel ihr schwer, sich durch den trockenen Wust zu kämpfen, und sie bat mich öfter um Hilfe. Doch dann wurden ihre Fragen seltener, bis sie schließlich ganz aufhörten. Lilly begriff nach und nach, wie man sich Sachverhalte selber erarbeitete. Den Freundinnen aus ihrer Klasse ging es genauso. Die Kinder hatten sich selbstständig eine Lernroutine erarbeitet, ohne dass ihnen das jemand beigebracht hatte. Ich war unheimlich stolz auf Lilly, sie hatte etwas Entscheidendes fürs Leben gelernt!

Einen Tag vor dem eingeschränkten Schulbeginn Ende Mai fand dann die erste und einzige Videokonferenz von Lillys Klasse statt: Klassenleiterstunde mit Frau Pfau, damit es am nächsten Tag in der Schule reibungslos lief. Im Vorfeld hatte Frau Pfau eine Mail mit den Regeln für die Videokonferenz geschickt:

1. Der Schüler/die Schülerin verwende ein Headset!

2. Es wird sich wie im Unterricht gemeldet, man spricht erst nach Aufforderung!

„Wie soll das denn bei 31 Kindern gehen? Das sieht die doch gar nicht, wenn ich da den Finger heb!"

3. Das Mitschneiden stellt eine Straftat dar.

Wow! Übersichtlich.

„Wie war euer Meeting?", fragte ich Lilly beim Mittagessen.
„Überflüssig. Genau wie die zehn Wochen Homeschooling anscheinend auch. Wir sollen morgen nur normales Schulzeug mitbringen! Die Homeschooling-Aufgaben brauchen wir nicht. Siehst du, Mama, ich hab das gleich gewusst, als Frau Pfau schrieb: ‚*Gegebenenfalls sammeln die Fachlehrer die Hefter ein.*' ‚Gegebenenfalls' ist ein anderes Wort für ‚nicht', es klingt nur hoffnungsvoller!"

„Und was war sonst so los?"

„Franzi hatte verschlafen. Das hätte ich auch machen sollen, die hat nichts verpasst. Frau Pfau wusste auf kaum eine unserer Fragen eine Antwort."

„Was wolltet ihr denn wissen?"

„Na, so Basics, die Schüler interessieren: Schreiben wir noch Klassenarbeiten? Kriegen wir in den Präsenzfächern trotzdem Aufgaben für daheim auf? Bekommen wir ein

Zeugnis? Wie setzt sich dieses Jahr die Zeugnisnote zusammen?"

Lilly hatte recht: lauter wichtige Fragen, die Schüler umtrieben.

„Weißt du was, Mama? Ich vermisse das Homeschooling jetzt schon!"

In der Nacht vorm ersten Schultag konnte Lilly schlecht einschlafen, sie war zu aufgeregt. Erst weit nach Mitternacht fielen ihr endlich die Augen zu. Trotz des Umstands, dass sie weiterhin auf persönlichen Kontakt mit den Freunden verzichten musste, war sie am Morgen ganz gut drauf. Endlich raus aus der Jogginghose! Als die Tochter schulfein in Schale geschmissen vor mir stand – wir staunten nicht schlecht: Die Hose zu kurz! Hochwasser knapp oberhalb des Knöchels! Mann, war das Kind groß geworden! Nicht nur innerlich, äußerlich auch.

Auf dem Schulgelände angekommen, lief es, wie man es schon aus der Presse kannte: Die Kinder fielen sich erst einmal in die Arme. Sie klatschten sich ab, sie pfiffen auf Social Distancing. Das war dem Direktor wohl vorher klar gewesen, denn er hatte eine Hundertschaft Lehrer vor dem Gebäude postiert, die den Sicherheitsabstand durchsetzen sollten. Das Kommando führte Feldwebel Pressler – was mich nicht wunderte. Nach einiger Zeit gelang es, die Schülertraube zu zerschlagen und in vorher bekannt gegebene Gruppen zu zerlegen, um sie schließlich, ohne sie zu berühren und unter Einhaltung des Sicherheitsabstands, in die jeweiligen Eingänge der mit Flatterband abgesperrten Lauflabyrinthe zu scheuchen. Das sah ein bisschen so aus, wie wenn meine Nachbarin abends ihre Hühner in den Stall brachte. Lilly reihte sich als Letzte in die Schlange ihres Teams ein. Natürlich nicht ohne erneute Umarmung mit den Freundinnen.

„Schluss jetzt!“, funkte Frau Pressler dazwischen.

„Wir rufen dich in der Pause an!“, rief Franzi.

„Das lasst ihr schön bleiben!“ Frau Pressler schüttelte energisch den Kopf. „Handys sind auf dem Schulgelände verboten! Daran hat sich auch mit Corona nichts geändert!“

„Aber Lilly ist ganz allein in ihrer Gruppe. Sie hat keine einzige Freundin dort.“

„Dann wird es wohl Zeit, dass sie sich eine neue sucht.“

Im Unterricht ging es mit dem Lehrplan weiter. Über den Stoff der letzten zehn Wochen wurde nicht mehr gesprochen. Wer gefaulenzt hatte, hatte eben Pech gehabt. Heute, bei Politik und Religion, war das egal; wie es in den Hauptfächern ausschaute, würde man dann sehen. Im Klassenzimmer zog es wie Hechtsuppe – zwecks der vorgeschriebenen Durchlüftung standen sämtliche Fenster sperrangelweit offen. Ging doch! Der Bereich einen Meter davor war allerdings mit rot-weißem Flatterband abgesperrt. Falls einer auf die Idee käme, sich rausstürzen zu wollen.

Dass solche Bänder nur bedingt ihren Zweck erfüllen, zeigte sich in der ersten Hofpause. Jede Lerngruppe sollte die Pause in ihrem abgeteilten Karree verbringen. Zwei Schulhöfe waren dafür in Planquadrate unterteilt, ein Hof für jede Jahrgangsstufe. Bäume gab es auf dem Schulhof ja keine mehr – zu gefährlich bei Sturm –, deswegen war das Flatterband um die Mülleimer geschlungen. Wie es genau passierte – ob ein des Distancings Überdrüssiger Hand angelegt hatte oder es sich schlicht um Pech handelte –, ließ sich hinterher nicht mehr nachvollziehen: Das Flatterband riss plötzlich entzwei! Da die Mülleimer nur umwickelt, aber nicht mit sicher haltenden Knoten versehen waren, verabschiedete sich das Band auf dem ganzen Hof aus seiner Position. Wie in Zeitlupe sackte die rot-weiße Grenze in sich zusammen. Die Schüler johlten und fielen sich erneut in die Arme, so wie man das aus dem Fernsehen von den Bildern des Mauerfalls im November 1989 kannte.

Stante pede marschierte Presslers Truppe in den Freudentaumel. „AUSEINANDER!", brüllten sie. „HALTET DEN SICHERHEITSABSTAND EIN! 1,50 METER! AUSEINANDER!"

Doch die Intervention misslang. Kaum hatte ein Lehrer ein Grüppchen getrennt und wandte sich dem nächsten zu, schwappte das erste wieder hinter ihm zusammen. Es schien aussichtslos.

Zum Glück wusste Frau Pressler immer Rat: „Mitkommen!", befahl sie den beiden jungen Referendaren, die ihr am nächsten kämpften. Mit weit ausholenden Schritten steuerten die drei das Biokabinett an. Pressler stürmte vornweg in den Vorbereitungsraum und riss einen Vorhang beiseite. Was lagerte eingestaubt dahinter? Besenstiele! Sie erinnern sich – die aus dem Sexualkundeunterricht vom letzten Schuljahr!

Zurück ging es also mit den Besenstielen auf den Schulhof.

Vor der Glastür standen Daniel und Kevin. Sie tauschten sich gerade über ihre Brawl-Stars-Spielstände aus und guckten gemeinsam in Daniels Handy.

„AUSEINANDER!“ Frau Pressler kniff die Augen zu schmalen Schlitzen zusammen und zog einen Besenstiel aus ihrem Bund. Die Knaben duckten sich. „HILFEEE!“, schrie Daniel und riss die Arme hoch. Seit Frau Pressler ihm den Mülleimer auf dem Tisch ausgekippt hatte, traute er ihr alles zu.

„Reg dich ab!“, fauchte sie und drückte ihm das Ende des Besenstiels in die Hand. „Und du nimmst das andere Ende und packst hier zu!“, befahl sie Kevin. „Die Stiellänge ist euer persönlicher Sicherheitsabstand! Wehe, ich sehe noch mal einen von euch ohne Besen!“

Ein Glück, dass vier Wochen später die Sommerferien begannen …

EPILOG

In dem harten ersten Jahr an der neuen Schule fragte ich mich öfter: War es wirklich die richtige Entscheidung gewesen? Hätten wir besser eine andere Schule für unsere Tochter gewählt?

Nein, hätten wir nicht! Inzwischen weiß ich, dass es an anderen Schulen ähnlich läuft. Die Wurzel des Problems liegt nicht in der jeweiligen Schule selbst, sondern in der Richtung, die unsere Bildungspolitik verfolgt – und die sich seit Jahrzehnten nicht verändert hat.

Während der gleichen Zeit hat sich die Lebensrealität der Schülerinnen und Schüler geradezu revolutioniert: Die jungen Leute sind im Internet zu Hause, haben somit leichten Zugang zu Wissen, sind bestens vernetzt und tagtäglich den gewaltigen – oft verwirrenden und überfordernden – Eindrücken der Medien ausgesetzt. Kinder von heute haben Möglichkeiten, sich im großen Rahmen einzubringen und etwas zu bewegen. Fridays for Future: eine Bewegung von Schulkindern! Und all diesen Reizen, Verlockungen, der unüberschaubaren Informationsflut und der Fülle an Optionen steht ein Schulsystem gegenüber, das in weiten Teilen noch funktioniert wie vor 40, 50 Jahren ...

Letztendlich haben mein Mann und ich uns mit der Situation und den Ereignissen des vergangenen ersten

Schuljahres am Gymnasium arrangiert. Mal lachten wir herzhaft – mal war uns zum Weinen zumute.

Unsere Tochter hat viele neue, liebe Freundinnen und Freunde gefunden. Das war für ihre Entwicklung entscheidender und nachhaltiger als die Launen der Lehrer oder seltsame Unterrichtsinhalte. Über diese und ihre Umsetzung wird es auch zukünftig regelmäßig Meinungsverschiedenheiten geben. Aber war nicht auch das schon immer so? In diesem Sinne wünsche ich all meinen Lesern Geduld und Kraft für den Übergang zur weiterführenden Schule – und eine großzügige Portion Gelassenheit, wenn es anders läuft als gedacht!

Herzlichst,
Ihre Meta Miller

Alle in diesem Buch veröffentlichten Aussagen und Ratschläge wurden von der Autorin und vom Verlag sorgfältig erwogen und geprüft. Eine Garantie kann jedoch nicht übernommen werden, ebenso ist die Haftung der Autorin bzw. des Verlags und seiner Beauftragten für Personen-, Sach- und Vermögensschäden ausgeschlossen.

Wir haben uns bemüht, alle Rechteinhaber ausfindig zu machen, verlagsüblich zu nennen und zu honorieren. Sollte uns dies im Einzelfall aufgrund der schlechten Quellenlage leider nicht möglich gewesen sein, werden wir begründete Ansprüche selbstverständlich erfüllen.

Die Ereignisse in diesem Buch sind größtenteils so geschehen, wie hier wiedergegeben. Für den dramatischen Effekt und aus Gründen des Personenschutzes sind jedoch einige Namen und Ereignisse so verfremdet worden, dass die darin handelnden Personen nicht erkennbar sind.

MIX
Papier aus verantwortungsvollen Quellen
FSC® C145070

echtEMF ist eine Marke der Edition Michael Fischer

1. Auflage
Originalausgabe

Covergestaltung: Yvonne Witzan, unter Verwendung der Motive 1311481253 und 114260635 über Shutterstock.com
Redaktion: Christiane Manz
Layout/Satz: Michaela Zander
Gedruckt bei GGP Media GmbH, Karl-Marx-Straße 24, 07381 Pößneck

ISBN 978-3-7459-0160-3

www.emf-verlag.de